U0531378

智合研究院
Intelligeast Research Institute

INTELLIGENT TRANSFORMATION
the Large Language Model Era of Legal Tech

智变

法律科技的大模型时代

洪祖运

孙麟飞　吴梦奇　李亦儒　翟瑞轩　刘元坤
著

智合研究院出品

法律出版社
LAW PRESS · CHINA

北京

图书在版编目(CIP)数据

智变,法律科技的大模型时代 / 智合研究院出品；洪祖运等著． -- 北京：法律出版社，2024
　　ISBN 978 - 7 - 5197 - 8887 - 2

　　Ⅰ.①智… Ⅱ.①智… ②洪… Ⅲ.①新技术 - 应用 - 法律 - 研究 Ⅳ.①D90 - 39

中国国家版本馆 CIP 数据核字（2024）第 039870 号

智变,法律科技的大模型时代 ZHIBIAN,FALÜ KEJI DE DAMOXING SHIDAI	智合研究院　出品 洪祖运　孙麟飞　吴梦奇 李亦儒　翟瑞轩　刘元坤　著	策划编辑　周　洁　林　蕊 责任编辑　周　洁 装帧设计　李　瞻

出版发行　法律出版社　　　　　　　　开本　710 毫米 × 1000 毫米　1/16
编辑统筹　司法实务出版分社　　　　　印张　17.5　　字数　228 千
责任校对　李慧艳　　　　　　　　　　版本　2024 年 4 月第 1 版
责任印制　胡晓雅　　　　　　　　　　印次　2024 年 4 月第 1 次印刷
经　　销　新华书店　　　　　　　　　印刷　三河市兴达印务有限公司

地址：北京市丰台区莲花池西里 7 号（100073）
网址：www.lawpress.com.cn　　　　　　销售电话：010 - 83938349
投稿邮箱：info@ lawpress.com.cn　　　客服电话：010 - 83938350
举报盗版邮箱：jbwq@ lawpress.com.cn　咨询电话：010 - 63939796
版权所有·侵权必究

书号：ISBN 978 - 7 - 5197 - 8887 - 2　　　定价：98.00 元
凡购买本社图书，如有印装错误，我社负责退换。电话：010 - 83938349

作者简介

洪祖运，上海之合网络科技有限公司（智合）创始人、董事会主席、首席执行官。从2014年起，致力于法律科技的创业与研究，同时担任华东政法大学律师学院特聘教授。

孙麟飞，智合研究院研究员，专注于法律服务、法律科技市场研究与观察，曾任私募基金能源化工、新材料领域研究员。

吴梦奇，智合研究院研究员，曾采访国内众多一线律所主任、高级合伙人，撰写一系列行业观察、专访报告文章，并参与撰写《中国律所访谈：四十周年纪念版》《中国法律市场观察》等图书。

李亦儒，智合研究院研究员，专注于国内外法律服务、法律科技市场研究与观察，熟悉法律行业前沿话题，关注行业里的人和法治本身。

翟瑞轩，上海之合网络科技有限公司CEO助理。加入智合之前，曾担任上海棋盘投资管理有限公司高级投资经理，在人工智能领域有较深的研究。

刘元坤，智合研究院研究员，曾撰写多份国内主要省市律师协会及政法机关的课题研究、专题报告等，撰写多篇行业观察文章。

序 一

法律科技的革新与启示

燧人氏是中国古代神话传说中的人物，他发明了钻木取火，为人类带来了光明和温暖，也开启了文明的新纪元。

当今时代，投资、贸易、金融和信息等领域的全球性发展迅速而深刻地影响着世界各国。21世纪初，WTO（世界贸易组织）与WWW（万维网）这两样事物的兴起，为经济合作与信息交流搭建了全新的平台。互联网的普及在21世纪的第二个十年进一步加速了这一进程。而我们所处的21世纪20年代，无疑会是被人工智能技术深刻改变的十年。

技术的进步总是与各行各业的进步紧密相连。在法律领域，法律科技的创新正在重塑法律秩序与法律服务，并推动法治实践的数字化转型。如同燧人氏发明钻木取火法一样，法律科技的兴起不仅推动了法律制度的完善，提升了法律服务的效率，更在无形中推动了法治精神的普及与升华。

《智变，法律科技的大模型时代》这本书，围绕法律科技，从定义、分类、行业归属、相关专业术语，到全球及中国法律科技行业的发展现状、市场格局、产业链布局，构建了一个比较全面而详尽的相关知识体系，并对法律科技在提高实施效率、推动法治普惠等方面的价值进行了分析，展现了法律科技如何通过技术创新提升法律服务的质量和效率。

此书以其跨学科的视角，将法律与科技紧密结合，不仅关注技术层面的革新，更注重法律科技在实际应用中的社会价值。书中对法律科技行业内部的挑战与机遇进行了剖析，同时也对如何通过政策支持、行业自律等途径促进法律科技健康发展提出了建设性意见。

此书对于法律科技行业的从业者、法律服务机构以及对科技感兴趣的读者，都具有一定的参考价值。同时，书中对法律科技在推动社会公平正义、提升法律服务普惠性方面的讨论，对于促进法治中国建设也具有重要意义。

法律科技，这个融合了法律专业知识与现代信息技术的领域，正以前所未有的速度改变着我们对法律的认知和实践。它不仅是技术的革新，更是法律理念与法治精神的进化。

在法律知识的传播方面，法律科技的发展推动了法律信息的普及。通过在线法律数据库、智能法律顾问等工具，公众可以更容易地获取法律信息，理解法律条文，甚至在某些情况下自行解决法律问题。这种知识的普及，无疑有助于提升公民的法律素养，促进法治社会建设。燧人氏将火种带给人类，象征着知识与智慧的传播，法律科技则在现代社会中延续了这一使命，让法治之光照亮人类社会的发展之途。

法律科技的另一个重要贡献在于其对法学研究的推动。人工智能、大数据分析、区块链等前沿技术，不可避免地为整个立法、执法、司法和法律服务体系带来变革。通过大数据分析，法律科技能够揭示法律规则背后的模式和趋势，为法律政策的制定提供科学依据。这种基于数据的法律研究方法，有助于提高法律决策的透明度和公正性，使法律更加符合社会的实际需求。

当然，法律科技的发展也可能会带来一系列挑战。随着人工智能在法律领域的应用日益深入，如何确保数据的真实性、流动性以及可用性，如何确保算法的公正性和透明度，如何保护个人隐私及其他信息权益，如何防止技术滥用等，成为亟待思考的问题。这些问题的解决需要法律、伦理和技术领域的专家共同努力，以确保法律科技的发展不会偏离法律普惠的初衷。

法律的尊严、权威的效力均在于实施。法律科技正是通过技术创新，使法律的实施更加全面、精准和高效。在法律科技的未来展望中，我们期待看到法律决策会更加公正，法律制度变得更加透明、高效和可及，法律服务更加智能化，也期待法律科技为法治社会贡献更多力量。

在今后探索法律科技的进程中，我们不能忘记从更宏观的角度审视这一领域的发展及其对法律体系的深远影响。燧人氏的故事不仅是对知识与智慧的追求，更是人类意志和创造力的颂歌——在法律科技的语境下，这种追求将转化为对法治精神的深刻理解和创新实践。我们有理由期待，法律科技的火种将照亮法治中国建设的每一个场景以及法律服务的每一个角落。

江必新

（中国法学会副会长，第十三届全国人大宪法和法律委员会副主任委员）

2024年2月

序 二
当变化成为一种常态

著名外交家基辛格在他的《世界秩序》一书中认为:"每个时代都有其主旋律。在中世纪时期,主旋律是宗教;在启蒙时期,是理性;在19～20世纪,是民族主义和历史观。科学和技术是我们这个时代的主导观念,他们推动了人类福祉史无前例的进步。"而人工智能,正是基辛格始终关注的重点:他不仅参与《人工智能时代与人类未来》专著的撰写,更是在百岁高龄冒着生命健康的风险访华,他与中国领导人探讨的主题之一也是人工智能。

以人工智能为代表的新一轮高科技浪潮,大而言之影响世界秩序和人类未来,微而观之也对法律服务和律师行业发起前所未有的挑战。在法律的殿堂中,律师们,这些传统秩序的"守护者",在一定程度上往往被视为风险的"厌恶者",对新事物抱持谨慎态度。然而,历史的车轮滚滚向前,变革已成为不可避免的趋势。在这场数字化大潮中,法律科技的兴起正悄然改变着或将重塑法律服务的面貌。

法律科技的革新首先体现在对传统法律实践的突破上。传统的法律服务模式依赖于律师的专业知识和固有经验,这在一定程度上限制了法律服务的效率化和可及性。法律科技通过引入算法和机器学习,使法律分析、合同审查、案件预测等工作得以自动化,从而打破了这一局限。这种自动化不仅提高了法律服务的效率,更重要的是,它使法律服务变得更加个性化和精准,能够更好地满足不同客户的需求。律师们开始拥抱变化,探索AI在法律服务各个场景下的可能性。在这个新时代,法律人需要勇敢地走出舒适区,去发现未知，去创造可能，去畅想未来。

法律科技，这一结合了法律智慧与科技理性的新领域，正以其独特的方式重塑法律实践。它不仅是工具的革新，更是对法律本质的深刻洞察，于是，这不仅是"器"，更是"道"。以智慧法院建设为例，一是赋能"办案"：做优"办案平台""作战平台"，提高法官办案效率，缓解"案多人少"困扰。二是赋能"管案"：通过全过程留痕，实施全方位监督，推进同案同判、适法统一，提升办案质效。三是赋能"预案"：当事人以及律师，可以对案件有一定程度预判，提高预见性，有助于减少矛盾，推动案结事了。四是赋能"借案"：参考、借鉴、运用司法大数据，为社会治理现代化提供案例支撑、智库支持，在诉源治理中展现能动司法。

智合致力于法律科技创新、创意、创业逾十年，其创始人洪祖运先生堪称中国法律科技领域奠基人，其首创的理念、闯出的模式、引领的团队始终是这一赛道的思想"先行者"、实践"领头羊"、方阵"弄潮儿"。《智变，法律科技的大模型时代》这本书，正是法律科技变革的历史见证和发展建言。它不仅系统地梳理了法律科技的发展历程，更深入地剖析了其在各个应用场景中的实践。从智慧法院的高效运作，到在线争议解决的便捷性，再到法律数据分析的精准预测，从书中的每一页中，我们都看到了关于未来的无限可能。

法律科技的发展，是对法律服务模式的破局与优化，也是对法律理性的深化和发展。在这个智能化、高效化的新图景中，法律服务将更加人性化，更加关注个体的需求和权益。正如亚里士多德的思想：法律是理性的体现。科技则是理性的工具，法律科技，正是将工具的理性与法律的理性相结合，让我们有机会畅想一个智能化、高效化的法律服务新画卷：繁花似锦，香飘满园。

作为法律服务队伍的一名成员，我与大家一样，处在这个变革的时代，有幸见证了法律科技从概念到实践的蜕变，也深切感受到它对法律行业的深远影响。我想，我们共同的发现就是，变化不是一种选择，而是一种常态。

衷心希望这本专著能成为法律科技前行道路上的一盏明灯,让每一位法律人有所思考、受此启明,看到新机遇、迎接新希望。"路漫漫其修远兮,吾将上下而求索!"

吕红兵
(全国律师行业党委委员、中华全国律师协会监事长)
2024年2月

序 三

步入新阶段的法律科技

以云计算、大数据、人工智能为代表的数字技术已经深度融入经济和社会的方方面面，从老百姓日常的社交、购物、出行到产业升级转型、公共服务智能化，科技革命的身影无处不在。

数字技术是当下创新活动最为踊跃的领域之一。随着2022年年末大语言模型(LLM)的登场，原本仅存在于科幻小说中的能力成为现实。数字革命进入新的发展阶段，一方面为经济和社会发展打开更广阔的空间，另一方面也提醒我们要为技术进步可能带来的风险做好准备。

法律工作和司法体系是守护社会公正、维持社会秩序、保障社会稳定正常运转的制度基础。"法与时转则治，治与世宜则有功"，法律工作不是一成不变的，必然要随着社会现实的变化而不断调整。而科技进步正在成为法律工作与时俱进的重要动力源，主要体现在二个方面：

首先，技术进步为法律工作带来新的工作内容。技术的跨越式发展会创造出新的产品形态和消费场景。现行的法律体系是否能有效规制这些新涌现出的社会现象？如何调整现行体系来更好地消除负面影响，让新技术、新产品在正确的轨道上健康发展？从数据安全、隐私保护到最近的大模型生成内容的版权归属，这些随着数字技术不断进步产生的新问题，也正是法律研究的前沿课题。

其次，技术进步带来法律工作工具的改变。数字技术的本质是又一次工具革命，其推进路径与历次工具革命并无不同，都是从具体而微的应用场景开始，因新的工具拓展出新的能力、新的工作对象，最终形成新的生产力。从这个意义上讲，法律课上网、案例库上云、存证电子化、区块链化，基于大数据和算法的合同智能化管理、智慧审判等，都是法律工作中数字技术的工具性体现。小荷才露尖尖角，正如本书描绘的，新工具在法律工作中潜力无限。

最后，技术进步带来的法律思想改变。法律的核心思想和原则植根于社会基本良知和普遍共识，有着长期的历史和文化积淀，具有稳定、连续、可预测的特点。而技术革命是对这一稳态的外生刺激，推动法律思想突破既有框架向前发展。以当下一些热点问题为例，在讨论界定数据权属是不是数据交换的前提这一问题时，我们讨论的是数据是不是一种一般意义上的"物"？在讨论机器创作是否享有与个人创作同等的权利时，我们讨论的是人创造的智能体是否享有（或部分享有）人的基本权利？新法律思想可能正是萌芽于对这些基本问题的深入讨论和辩证。

本书对法律工作中的数字化工具做了全景式分析。从界定法律科技的概念展开，讨论了法律科技不同的分类方式，分析了法律科技发展的宏观和政策环境，对比了中外法律科技行业发展的异同。按照法律科技应用的不同场景，分门别类地对行业生态发展和市场情况进行说明，分析产业链布局、展望行业前景，剖析发展较好的地区和行业领军企业的成功经验，为有志于此的企业和个人提供参考。

本书的逻辑清晰，内容翔实丰富，对理解包括人工智能在内的数字技术如何改变法律工作很有帮助。随着技术发展而来的伦理问题、算法偏见问题、大模型的幻觉等问题正在引起越来越多的关注。这些问题放在日常生活中或许无伤大雅，但在法律工作中会产生重大偏差，零容忍不是高标而是底线。对这些问题的讨论，在法律数字工具的开发中，不可有侥幸和回避。了解技术的发展，是所有讨论必备的基础，这也正是本书的价值所在。

陈一丹

（腾讯主要创办人、一丹奖发起人）

2024 年 2 月

自 序

人工智能，从一种技术方向，到席卷各个垂直领域，所用时间比大众想象得短。如同世纪之交的互联网热潮，从各行各业都要"互联网+"，到如今将互联网视作一种基础设施，也不过短短十数年。

我一直在思索，人工智能对于法律行业来说意味着什么？显然，不是所有技术变革都会影响法律行业，但如今我可以确定的是，人工智能不仅会影响法律行业，且会深入地改变甚至重塑法律行业。带着疑问与为法律行业服务的经验，我与团队编写了这本《智变：法律科技的大模型时代》，试图用我们对法律科技3.0的研究与实践，为法律服务行业身处的AI时代做脚注。

法律服务行业是经济社会发展的"晴雨表"，在社会治理中发挥了重要作用。伴随数字经济高速发展，互联网产业规模持续扩大，新一轮科技革命和产业变革的加速演进，传统法律体系向数字世界延伸。法律科技成为推动法律服务行业创新发展的最关键动力，法律拥抱科技，科技重塑法律，已然成为这个时代最重大的命题之一。

然而，当前国内关于法律科技行业的研究尚显不足，在法律科技行业的界定上，还没有达成统一认知。这是由于随着技术的发展，法律科技行业不断涌现出新的模式、显现出新的特点，这也导致原本对法律科技概念的定义、行业的界定过于狭隘，难以涵盖其在法律领域的所有应用。

法律与科技的融合不是一个一蹴而就的过程，必然要经历认知以及应用的演进，并在这个过程中不断融合，持续深化。回顾国内法律科技的发展历程，我们可以将其大致划分为四个关键阶段。

第一阶段是1979~1999年的探索萌芽期。随着律师制度的恢复、法律服务市场的重新崛起以及一批法律服务机构的成立，基础的法律科技在国内萌发。这一时期，北京大学法学院教授龚祥瑞和当时北京大学法律系本科毕业生李克强于1983年合著论文《法律工作的计算机化》被视为中国法律信息化的开端。同年，北京大学出版社出版的《法学基础理论》（新编本）教科书第一次将"法律与科学技术"纳入法理学的视野。

第二阶段是信息化时代，对应法律科技1.0时期。时间跨度大致为2000~2013年。在这一时期，主要是政务端的需求推动法律科技的发展，以法院系统为引领，信息化基础设施建设逐渐在法律行业各个方面普及。

第三阶段是2014~2022年的数字化时代，对应法律科技2.0时期。在2013年前后，"互联网+"的概念初现，"数据是信息时代的石油"这一观点越发普及，法律服务行业对于数据的管理、分析、应用在这一时期进一步深化。法律科技企业的数量和覆盖面在此阶段迅速增加，迎来了真正的"爆发期"。在2020~2022年的三年期间，受新冠疫情等"黑天鹅"事件的加速催化，法律科技的应用得到了进一步深化。

第四阶段是2023年至今的智能化时代，对应法律科技3.0时期。这一阶段以AIGC技术的突破为关键节点，开启了法律科技智能化应用的新时代。

2023年，我们目睹了许多新锐法律科技产品和公司的涌现，多年的酝酿使法律科技产业的蓬勃发展已近在眼前。在这一背景下，本书希望跳出法律服务行业本身的视角，纳入产业发展的视野，着眼于长期、全面的维度探求、思考并厘清法律科技当下面临的宏观微观环境、当前所处的发展阶段与面临的发展挑战、法律科技领域的供需关系，并由此推导法律科技行业的未来格局，以便将法律与科技中那些真正具有指导性的、趋势意义的维度提出来，并且系统地予以理论性的论述。

一般的观点是法律科技的核心作用是以技术驱动来改变法律行业的传统业态。但在我看来，对法律科技的最佳定义，应该是让更多人能够获得法律服务的技术及应用。党的二十大报告中提出，"加快建设法治社会，要建设覆盖城乡的现代公共法律服务体系"。

随着全社会法治意识的增强，群众对法律服务的需求日趋多元。这一阶段的需求结构异常复杂，因此必须与之相适应，建立一套非常完整、科学的法律服务供给机制，而法律科技最重要的社会价值在于能够助推法律服务的普惠化，这恰恰是律师职业受制于成本规律一直无法有效解决的。可以说，法律AI的出现极大地提升了法律普惠的可能，让法律服务可以覆盖人们所在之处。

法律科技的3.0时代已经到来，中国的法律科技行业正在以前所未有的速度变革和发展。法律社会学家马克斯·韦伯曾预言同时又担心，未来的法官会以自动售货机的方式处理案件。但也正如北京大学法学院教授朱苏力所言，"法律与科技之间存在着永恒的张力"。

我相信，法律科技的出现不仅是为了赋能法律、颠覆供需、重塑市场，更是承载法律普惠的使命，为人民群众提供更加高效便捷、均等普惠的法律服务体系，让法治插上技术的翅膀，成为人们的生活习惯。真正能够实现"让法治的阳光照亮每一个角落"的目标。

以上，即是编写这本小书的出发点。

本书的主题涉及较为广泛的领域，这背后凝聚了许多同事的辛勤和智慧，他们不仅在内容的深度和广度上进行了深入挖掘，在书籍的最终呈现上也倾注了心血。我要特别感谢孙麟飞、吴梦奇、李亦儒、瞿瑞轩、刘元坤几位同事，他们在法律科技研究领域有长期的积累，在本书的撰写过程中提供了大量研究成果，同时还感谢林戈、毛姗姗、吴剑霞、郭凌君等同事在内容编排和文字上提出的宝贵建议。

最后，感谢法律出版社的周洁、林蕊，他们的专业素养是这本小书质量的保证。

本书的一切错漏之处都归我自己。希望读者批评指正，争取有机会再版时改正。

洪祖运

（智合创始人、董事会主席、首席执行官）

2024年1月16日

目 录 CONTENTS

·综述篇·

第一章　法律科技行业综述 ………………………………………… 003
一、法律科技的界定 ………………………………………………… 003
　（一）法律科技概念形成的背景 ………………………………… 003
　（二）法律科技的定义 …………………………………………… 003
　（三）法律科技的价值 …………………………………………… 005
二、法律科技的分类 ………………………………………………… 005
　（一）按照技术层次分类 ………………………………………… 005
　（二）按照应用场景分类 ………………………………………… 006
　（三）按照需求领域分类 ………………………………………… 008
　（四）按照业务模式分类 ………………………………………… 008
三、法律科技所属行业 ……………………………………………… 010
　（一）行业归属国民经济分类 …………………………………… 010
　（二）行业归属数字经济分类 …………………………………… 010
四、相关专业术语说明 ……………………………………………… 013
五、本书研究范围界定 ……………………………………………… 015
　（一）本书法律科技行业的界定 ………………………………… 015
　（二）法律科技行业相似概念辨析 ……………………………… 017

第二章　法律科技行业宏观环境分析 ……………………………… 019
一、中国法律科技行业政策环境分析 ……………………………… 019

（一）中国法律科技行业监管体系 ··· 019
  1. 中国法律科技行业主管部门 ··· 019
  2. 中国法律科技行业行业组织 ··· 019
（二）中国法律科技行业相关政策 ··· 020
（三）上海法律科技行业相关政策 ··· 024

二、中国法律科技行业经济环境分析 ··· 026
 （一）中国数字经济发展与法律科技产业 ··· 026
 （二）数字经济大发展背景下法律科技的机遇与挑战 ······························· 027
 （三）数字经济时代法律科技产业的未来 ··· 029

三、中国法律科技行业社会环境分析 ··· 030
 （一）中国法律科技行业外部环境 ··· 030
 （二）中国法律科技行业内部环境 ··· 031

四、中国法律科技行业技术环境分析 ··· 034
 （一）法律科技行业技术层次 ··· 034
 （二）法律科技行业关键技术 ··· 035
  1. 人工智能技术应用 ··· 035
  2. 大数据技术应用 ··· 038
  3. 云计算技术应用 ··· 041
  4. 区块链技术应用 ··· 042

· 现 状 篇 ·

第三章 全球法律科技行业发展现状 ··· 047
 一、全球法律科技行业发展历程 ··· 047
 二、全球法律科技行业市场现状 ··· 049
  （一）全球法律科技行业发展现状 ··· 049
  （二）全球法律科技行业应用市场结构 ··· 051
  （三）全球法律科技市场规模 ··· 052

三、全球法律科技行业区域市场 ·· 053
四、全球法律科技行业竞争格局 ·· 055
 （一）全球法律科技行业市场竞争格局 ·································· 055
 （二）全球法律科技企业资本市场状况 ·································· 061
  1. 全球法律科技企业投融资概况 ··································· 061
  2. 全球法律科技企业收并购概况 ··································· 064
 （三）全球法律科技行业重点企业案例 ·································· 064
  1. 汤森路透 ··· 064
  2. Harvey AI ·· 068
  3. 威科集团 ··· 071

第四章　中国法律科技行业供需状况 ·· 075
一、中国法律科技行业发展历程 ·· 075
 （一）1979~1999 年：探索萌芽期 ······································ 075
 （二）2000~2013 年：信息化时代 ······································ 076
 （三）2013~2022 年：数字化时代 ······································ 077
  1. 奠基期（2013~2017 年） ·· 078
  2. 发展期（2017~2019 年） ·· 079
  3. 催化期（2020~2022 年） ·· 080
 （四）2023 年至今：智能化时代 ·· 080
二、中国法律科技行业市场参与者 ·· 081
 （一）中国法律科技行业市场参与者类型 ································ 081
  1. 综合性——综合性科技企业布局法律科技领域 ····················· 081
  2. 垂直类——法律科技企业 ······································· 082
 （二）中国法律科技行业市场主体数量规模 ······························ 083
三、中国法律科技行业市场供给状况 ·· 084
 （一）市场平台 ·· 084
 （二）流程管理 ·· 090

(三) 在线法律教育 ··· 092

(四) 文档自动化 ··· 096

(五) 智能分析 ·· 099

(六) 在线争议解决 ··· 103

(七) 法律研究 ·· 106

(八) 电子证据 ·· 108

(九) 企业合规 ·· 113

四、中国法律科技行业市场需求状况 ································· 115

(一) 中国法律科技行业市场需求特征 ····························· 115

1. G端市场需求 ·· 115

2. L端市场需求 ·· 116

3. B端市场需求 ·· 116

4. C端市场需求 ·· 117

(二) 中国法律科技行业市场需求规模 ····························· 118

1. To G市场规模估算 ·· 118

2. To L市场规模估算 ··· 118

3. To B市场规模估算 ·· 119

4. To C市场规模估算 ·· 120

五、中国法律科技行业市场痛点分析 ································· 122

(一) 缺乏资本加持 ··· 122

(二) 低端同质竞争 ··· 123

(三) 缺乏技术引领 ··· 123

(四) 复合人才缺失 ··· 124

(五) 政策驱动不明显 ·· 124

第五章 中国法律科技行业市场格局

一、中国法律科技行业波特五力模型分析 ·························· 125

(一) 中国法律科技行业现有竞争者分析 ·························· 125

（二）中国法律科技行业供应商议价能力分析 ……………………… 127
　　（三）中国法律科技行业消费者议价能力分析 ……………………… 127
　　（四）中国法律科技行业潜在进入者分析 …………………………… 128
　　（五）中国法律科技行业替代品风险分析 …………………………… 128
　　（六）中国法律科技行业竞争情况总结 ……………………………… 129
二、中国法律科技行业市场竞争格局分析 ………………………………… 131
　　（一）中国法律科技行业企业竞争格局分析 ………………………… 131
　　（二）中国法律科技行业区域竞争格局分析 ………………………… 132
三、中国法律科技行业市场集中度分析 …………………………………… 133
四、中国法律科技行业投融资、兼并与重组状况 ………………………… 134
　　（一）中国法律科技行业投融资发展状况 …………………………… 134
　　　　1.中国法律科技行业投融资方式 ………………………………… 134
　　　　2.中国法律科技行业投融资事件分析 …………………………… 135
　　　　3.中国法律科技行业投融资趋势分析 …………………………… 138
　　（二）中国法律科技行业兼并与重组状况 …………………………… 138

第六章　中国法律科技产业链布局 ……………………………………… 140

一、中国法律科技产业链结构分析 ………………………………………… 140
　　（一）中国法律科技产业链结构梳理 ………………………………… 140
　　（二）中国法律科技产业链生态图谱 ………………………………… 141
二、中国法律科技行业上游供给分析 ……………………………………… 142
　　（一）数据支持方 ……………………………………………………… 142
　　（二）技术支持方 ……………………………………………………… 144
　　（三）人才支持方 ……………………………………………………… 145
三、中国法律科技行业下游需求分析 ……………………………………… 149
　　（一）To G 政府端需求情况 …………………………………………… 149
　　　　1.政府端发展现状 ………………………………………………… 149
　　　　2.政府端需求情况 ………………………………………………… 150

（二）To L 律师律所端需求情况 ………………………………………… 152
    1. 律师律所端发展现状 ………………………………………… 152
    2. 律师律所端需求情况 ………………………………………… 153
（三）To C 个人端需求情况 ………………………………………………… 154
    1. 个人端发展现状 ……………………………………………… 154
    2. 个人端需求情况 ……………………………………………… 155
（四）To B 企业端需求情况 ………………………………………………… 157
    1. 企业端发展现状 ……………………………………………… 157
    2. 企业端需求情况 ……………………………………………… 159

·展 望 篇·

第七章　中国法律科技行业发展前景 …………………………………… 163
一、中国法律科技行业发展现状总结 …………………………………… 163
  （一）行业发展促进因素总结 ………………………………………… 164
  （二）行业发展制约因素总结 ………………………………………… 164
二、中国法律科技行业发展潜力评估 …………………………………… 164
  （一）行业的生命发展周期 …………………………………………… 164
  （二）行业发展潜力综合评价 ………………………………………… 165
三、中国法律科技行业发展前景预测 …………………………………… 165
  （一）法律数据智能化 ………………………………………………… 165
  （二）律师行业数字化加速 …………………………………………… 166
  （三）垂直类大模型落地应用 ………………………………………… 168

第八章　法律科技行业建设机遇——以上海为例 ……………………… 170
一、法律科技产业发展机遇 ……………………………………………… 170
  （一）法治需求"内驱＋科技"融合发展 …………………………… 170
  （二）国际法律服务中心建设的重要构成与支撑 …………………… 170

（三）推动法律科技发展是建设科创中心、推进城市数字化转型的

  重要组成部分 ………………………………………………… 171

二、推动法律科技产业发展的现有基础与有利条件 ………………… 172

 （一）法律科技产业基础 ………………………………………… 172

 （二）法律科技技术基础 ………………………………………… 172

三、探索打造国际法律科技产业的创新发展路径 …………………… 173

 （一）打造法律科技全链条的产业集群 ………………………… 173

  1. 培育引进法律科技企业，形成法律科技全产业链 ……… 173

  2. 优化提升产业空间布局，打造法律科技产业中心 ……… 173

 （二）培育法律科技企业快速发展 ……………………………… 174

 （三）推动法律科技技术加快创新 ……………………………… 174

附录1　中国法律科技行业代表企业案例 ……………………………… 176

一、华宇软件 ……………………………………………………………… 176

 （一）企业基本信息 ……………………………………………… 176

 （二）业务布局现状 ……………………………………………… 177

 （三）企业发展历程 ……………………………………………… 178

 （四）未来规划展望 ……………………………………………… 179

二、国投智能（美亚柏科） …………………………………………… 179

 （一）企业基本信息 ……………………………………………… 179

 （二）业务布局现状 ……………………………………………… 180

 （三）企业发展历程 ……………………………………………… 182

 （四）未来规划展望 ……………………………………………… 182

三、北大法宝 …………………………………………………………… 183

 （一）企业基本信息 ……………………………………………… 183

 （二）业务布局现状 ……………………………………………… 183

 （三）企业发展历程 ……………………………………………… 185

（四）未来规划展望 …………………………………………… 186

四、法大大 ………………………………………………………… 187
　　（一）企业基本信息 …………………………………………… 187
　　（二）业务布局现状 …………………………………………… 187
　　（三）企业发展历程 …………………………………………… 189
　　（四）未来规划展望 …………………………………………… 190

五、智合 …………………………………………………………… 190
　　（一）企业基本信息 …………………………………………… 190
　　（二）业务布局现状 …………………………………………… 191
　　（三）企业发展历程 …………………………………………… 192
　　（四）未来规划展望 …………………………………………… 193

附录2　中国法律科技企业基本情况介绍 ………………………… 194

参考文献 …………………………………………………………… 254

综述篇

第一章

法律科技行业综述

一、法律科技的界定

（一）法律科技概念形成的背景

法律科技，英文称为 Legal Technology，常简称为 Legal Tech。

这一术语最早起源于美国，并于近年来在全球范围内得到广泛认可。哈佛大学、斯坦福大学以及英国法律服务委员会等各大机构的学术报告、论文著作中已逐渐形成固定短语词组，解释为"法律科技"或"法律技术"。

在我国，"法律科技"这一概念自 2013 年起逐渐进入大众视野。早期，行业内的讨论更多集中在"法律+互联网"或"互联网+法律"的概念上。但随着时间的推移，该行业已逐步形成统一的认知。"法律科技"概念作为法律和科技融合的产物，最初由科技企业在国家提出审判能力和审判体系现代化的背景下提出，意在"通过数字化法律体系的建设，使法律服务智能便捷、业务管理精准高效、工作开展协调有序、响应处置及时迅速，全面提升法治惠民成效"。

（二）法律科技的定义

全球范围内对法律科技的定义经历了多次变革，截至目前法律科技尚无统一的、法律层面上的定义，不同个体和机构也对其有不同的理解。具体如表 1-1 所示。

表 1-1　不同机构对于法律科技的定义

机构/企业	释义	来源/发布时间
波士顿 BCG（Boston Consulting Group）	法律科技起初关注标准法律任务的自动化，但现已发展为支持律师执行更定制化、专业化的活动，或利用大数据分析为律师提供有价值的洞察	报告：How Legal Technology Will Change the Business of Law/2016 年 1 月
牛津大学（University of Oxford）	法律科技，即涵盖一切可以用于与法律实质互动或辅助用户与法律互动的设备，以及使用这些设备的技能和技巧	文章：Defining Legal Technology and Its Implications/2022 年 4 月
斯坦福大学（Stanford University）	法律科技，即促进法律服务并使更多人能够获得法律服务的数字应用程序和系统	斯坦福大学法律信息学中心（CodeX）/2015 年
英国律师协会（The Law Society）	法律科技，即支持、补充或替代传统法律服务交付方式，或改善司法系统运作的技术	文章：Legal Tech and Lawtech：Towardsa Framework for Technological Trends in the Legal Services Industry/2021 年 4 月
福布斯技术委员会（Forbes Technology Council）	法律科技，即"提供法律服务和支持法律行业"的技术。不仅是服务于律师的工具，而是让所有企业和没有法律背景的人都能够轻松管理法律事务	文章：How Legal Tech Is Being Reimagined/2021 年 11 月
维基百科（Wikipedia）	法律科技，是指利用技术和软件提供法律服务、支持法律产业	Legal Technology 词条/2023 年 12 月
华宇软件	法律科技，即"法律+科技"，通过利用大数据、人工智能、区块链等前沿技术和各类科技手段创新，为法律相关行业和法律服务领域提供产品、解决方案和服务，提高法律业务智慧决策能力和自动化处理水平，为法治社会治理提供支撑	华宇软件 2022 年年度报告/2023 年 4 月

资料来源：智合研究院整理。

(三)法律科技的价值

法律科技的核心,是以技术驱动改变传统法律行业的业态。法律科技作为与教育科技、医疗科技、金融科技同等类属的信息科技,在法律领域将越来越凸显必要性和重要性,见表1-2。

表1-2 法律科技的价值

价值	解析
提升司法效率	传统的司法系统通常存在烦琐的手续、冗长的诉讼过程和庞大的案件负荷,导致审判速度缓慢。而借助法律科技的发展,可以利用人工智能、自动化技术等加快案件处理、信息筛选和文书生成的速度,极大地提高司法效率
加强法治公正	法律科技可以提供更为客观和准确的判断依据,并对案件进行预测和模拟分析,从而减少可能的主观偏见和错误判断,增强司法公正性。通过引入人工智能、大数据分析和区块链技术等,可以加快案件处理速度,并提供更为准确和客观的判断。这有助于提高司法决策的可预测性和一致性,从而增强法治的公正性
推动司法普惠	通过数字化技术和在线平台,法律服务能够更便捷地普及和覆盖更广泛的人群,为更多人提供满足法律需求的渠道,提高司法服务的普及性和平等性
适应科技发展的需求	随着科技的不断进步和社会变革的加速,传统法律体系面临新的挑战和问题。法律科技的发展可以有效应对这些挑战,创造适应时代需求的法律服务和司法机制,保持法律的有效性和可持续性

资料来源:智合研究院整理。

二、法律科技的分类

(一)按照技术层次分类

基于全球性企业管理咨询公司BCG(Boston Consulting Group)与德国汉堡法学院(Bucerius)的报告,法律科技可以划分为三大类技术类型:使能技术、支持流程解决方案、实质性法律解决方案,见表1-3。

表1-3 法律科技的分类——按照技术层次分类

类型	概述
使能技术（Enabler Technologies）	第一类是比较通用的技术，包括以促进数字化为重点的使能技术。通常是由通用技术供应商开发的，适用于各种行业，如云存储工具、网络安全解决方案。第二类是为管理法律行业的特定流程而开发的，如为律师事务所打造的法律协作平台
支持流程解决方案（Support-process Solution）	旨在提升律师事务所的案件管理和后台工作等流程的效率，涵盖从人力资源管理和业务发展到客户关系管理以及会计、计费和财务等。大多数律师事务所都使用这样的解决方案，但其复杂程度和与日常工作的整合程度各不相同
实质性法律解决方案（Substanive Law Solution）	支持甚至替代律师执行交易和诉讼案件中的核心法律任务。这一类包含许多子类别： （1）专注于商品化法律解决方案，提供针对高度标准化的法律案件的在线服务，主要用于法律咨询；（2）基础支持解决方案，便于执行低技能法律任务，如起草标准信件或截止日期控制，或帮助自动化重复性任务，包括简单的合同起草和合同分析； （3）高级支持解决方案，帮助律师管理他们法律工作的更复杂方面，如分析以前的法院和法官决策数据，以评估客户赢得案件的可能性

资料来源：How Legal Technology Will Change the Business of Law，智合研究院整理。

上述分类并不是绝对的标准，且会被不断发展的技术实践超越，但对认识当下的法律科技不失参考意义。

（二）按照应用场景分类

参考斯坦福大学法律信息学中心（CodeX）自2015年以来编制的"改变律师工作方式"的公司名单CodeX Tech Index，法律科技可以划分为9类应用场景，见表1-4。

表 1-4　法律科技的分类——按照应用场景分类

类型	概述
市场平台 （Market Place）	连接法律服务供给侧（律师事务所、律师）与法律服务需求侧（企业、个人等）的平台，如律师案源交换平台、律师电商平台（客户寻找律师的平台）、律师服务平台（法律部门和律师事务所寻找其活动服务的市场）及替代性法律服务提供商（ALSP）法律服务平台
流程管理 （Practice Management）	为提高律师事务所、律师、法官、法院等法律部门的办公效率，及以面向企业法律事务日常工作的数字服务。流程管理自身不涉及核心法律活动，不具备法律服务能力，如律师的日程安排或律师事务所的客户信息电子化存储、案件管理系统等
在线法律教育 （Legal Education）	支持学生、律师、法务和其他有兴趣的人士学习法律内容的线上平台，如司法考试在线学习平台、律师实务技能在线学习平台等
文档自动化 （Document Automation）	在法律部门和律师事务所中对文档管理进行结构化和自动化的应用。例如，通过电子合同和数字化签名技术，可以实现合同的在线签署和管理
电子证据 （E-Discovery）	在法律诉讼、政府调查等场合中，针对计算机、手机、移动硬盘等各类存储设备中的电子数据（通常包括电子邮件、文档、表格、音频和视频文件、社交媒体内容等）进行采集、分析，形成符合司法有效性的电子数据的应用
法律研究 （Legal Research）	简化或自动化法律研究的应用。例如，依托大数据技术搭建法律数据库、案例库，快速检索相关法律文书和法规，或运用人工智能技术搭建法律智能搜索引擎
智能分析 （Analytics）	利用数字化、智能化技术，协助或替代法律专业人士进行数据、信息、案件分析的应用。例如，借助数据分析的结果，辅助律师在诉讼中进行预测，作出决策；或法律人工智能助理：利用自然语言处理和机器学习技术，回答法律问题、提供法律咨询
在线争议解决 （Online Dispute Resolution）	实现在线解决纠纷的数字解决方案。例如，借助互联网和视频会议技术，搭建互联网法庭和在线调解、在线仲裁等

续表

类型	概述
企业合规（Compliance）	揭示企业合规风险的应用。例如，通过人工智能和大数据分析技术，帮助企业实现合规管理和风险评估，预测法律风险并提供相应建议

资料来源：CodeX Tech Index，智合研究院整理。

（三）按照需求领域分类

法律科技的下游需求领域为司法领域和法律服务领域。国家一直在持续推动司法改革和法律信息化，"互联网+法律"也成为重要的创新创业方向，而随着人工智能技术的兴起，一批面向B端或者C端的法律人工智能产品逐步进入公众视野。

目前，法律科技正在进入细分市场赛道，主要围绕三大生态系统：一是以法院为中心的生态系统，二是企业生产经营数字化生态系统，三是以律师为主的法律服务生态系统。其中，服务律师的品类中，法律检索平台众多。To B端的品类目前主要针对各个垂直细分领域开发，见图1-1。

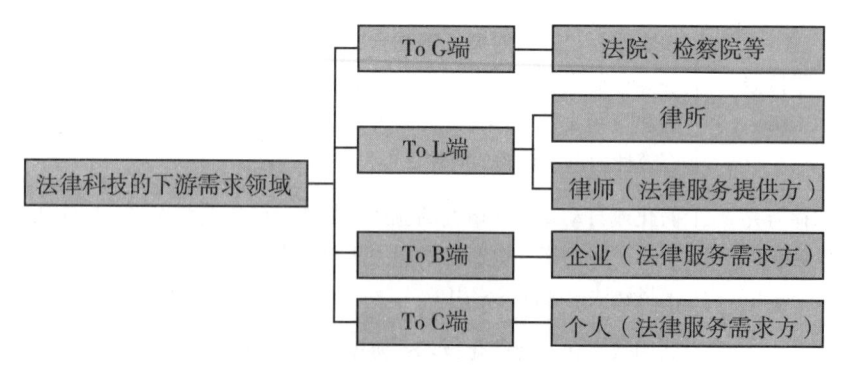

```
                            ┌─ To G端 ── 法院、检察院等
                            │
                            │           ┌─ 律所
法律科技的下游需求领域 ──────┼─ To L端 ──┤
                            │           └─ 律师（法律服务提供方）
                            │
                            ├─ To B端 ── 企业（法律服务需求方）
                            │
                            └─ To C端 ── 个人（法律服务需求方）
```

图1-1　法律科技的需求领域

资料来源：智合研究院整理。

（四）按照业务模式分类

法律科技的业务模式经历了从最初辅助律师和律师事务所数字化日常法律任务、提高效率的应用程序，到利用人工智能、云计算、大数据、区块链等信息技术，直接向客户提供法律服务的转变。整体上，法律科技公司的产品或服务可分为两大类：一是服务律师的（律师支付费用），二是替代律师的（客户支付费用），见图1-2。

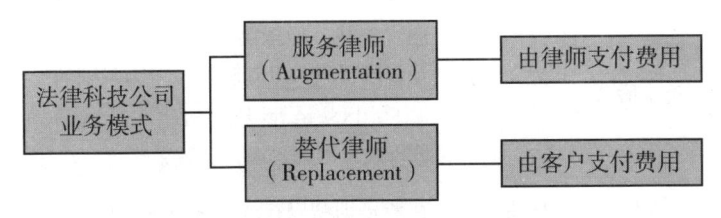

图 1-2 法律科技公司典型业务模式

资料来源：智合研究院整理。

其客观表现为各类法律科技产品、技术或服务，其中产品通常指的是软件系统，而非计算机、打印机和扫描仪等传统硬件。

随着技术的不断发展，法律科技企业的业务模式从单纯提高效率的应用软件，扩充为包含各种硬件设备、平台、技术服务和SaaS业务的综合体系，以支持法律行业的数字化转型和高质量发展。其中，SaaS作为一种软件服务形式的业务模式，因其灵活性和扩展性，已成为企业和组织管理的主流方式，迅速取代了过去传统的本地软件，见表1-5。

表 1-5 不同类型法律科技企业的业务模式

大类	类型	概述	示例
产品	硬件	集成式自助服务终端（智能终端机）	律兜—无人律所
	软件	应用软件：通用软件	企查查—专业版
		应用软件：行业软件	北大法宝—法律法规库
SaaS	业务垂直型SaaS	专门为财税管理等特定场景提供的SaaS	法大大—电子签SaaS
	行业垂直型SaaS	专门为法律服务等特定行业提供的SaaS	华宇元典—律师工作平台

续表

大类	类型	概述	示例
服务	技术服务	（1）通过互联网查找、检索储存在其他站点上的信息的服务活动，提供互联网资讯，以互联网技术为基础的大数据处理、云计算、云加工、区块链等服务活动； （2）司法领域行政、办公自动化，数字化效率提升	
	培训服务	在线教育、在线培训和以在线学习等为主的互联网学校教育和职业技能培训等	

资料来源：智合研究院整理。

三、法律科技所属行业

（一）行业归属国民经济分类

基于前文对于"法律科技"的定义，"法律科技"属于在法律和社会治理领域应用的科学技术，而且该技术与各类立法、司法、执法、行政及法律服务等法律活动密切相关，其客观表现为各类法律科技产品、服务或技术。

根据国家统计局《国民经济行业分类》（GB/T 4754-2017），法律科技行业所在行业门类名称及代码主要有"信息传输、软件和信息技术服务业（I）"中的"互联网和相关服务"，行业大类代码为64；"软件和信息技术服务业"，行业大类代码为65；"科学研究和技术服务业（M）"中的"科技推广和应用服务业"，行业大类代码75。

（二）行业归属数字经济分类

数字经济是指以数据资源作为关键生产要素、以现代信息网络作为重要载体、以信息通信技术的有效使用作为效率提升和经济结构优化的重要推动力的一系列经济活动。

法律科技行业各类细分活动均属于数字经济。根据2021年5月由国家统计局公布并实施的《数字经济及其核心产业统计分类（2021）》（国家统计局令第 33 号），01-04 大类是数字经济核心产业，即数字产业化部分，是指为产业数字化发展提供数字技术、产品、服务、基础设施和解决方案，以及完全依赖于数字技术、数据要素的各类经济活动。法律科技硬件设备智慧司法服务终端（智能终端机）归属于 01 数字产品制造业大类；法律科技各类应用软件、平台、SaaS 归属于 03 数字技术应用业与 04 数字要素驱动业大类。

第 05 大类为产业数字化部分，指应用数字技术和数据资源为传统产业带来的产出增加和效率提升，是数字技术与实体经济的融合。法律科技技术服务与培训服务归属于 05 数字化效率提升业大类，见表 1-6。

表 1-6 《数字经济及其核心产业统计分类（2021）》中法律科技行业归属

代码			说明	国民经济行业代码及名称（2017）
大类	中类	小类		
01 数字产品制造业	0101 计算机制造	010106 其他计算机制造	计算机应用电子设备（以中央处理器为核心，配以专业功能模块、外围设备等构成各行业应用领域专用的电子产品及设备，如信息采集及识别设备、数字化 3C 产品），以及其他未列明计算机设备的制造	3919 其他计算机制造
03 数字技术应用业	0301 软件开发	030103 应用软件开发	独立销售的面向应用需求和解决方案等软件的开发活动，包括通用软件、工业软件、行业软件、嵌入式应用软件等	6513 应用软件开发
		030104 其他软件开发	其他未列明软件的开发活动，如平台软件、信息安全软件	6519 其他软件开发
	0303 互联网相关服务	030302 互联网搜索服务	利用互联网查找、检索存储在其他站点上的信息的服务活动	6421 互联网搜索服务

续表

代码			说明	国民经济行业代码及名称（2017）
大类	中类	小类		
03 数字技术应用业	0303 互联网相关服务	030304 互联网资讯服务	除基础电信运营商外，通过互联网提供网上新闻、网上新媒体、网上信息发布等信息服务的活动	8610* 新闻业 6429* 互联网其他信息服务
		030306 互联网数据服务	以互联网技术为基础的大数据处理、云存储、云计算、云加工、区块链等服务活动	6450 互联网数据服务
04 数字要素驱动业	0401 互联网平台	040102 互联网生活服务平台	专门为居民生活服务提供第三方服务平台的互联网活动，包括互联网销售平台、互联网教育平台、互联网社交平台等	6432 互联网生活服务平台
		040103 互联网科技创新平台	专门为科技创新、创业等提供第三方服务平台的互联网活动，包括知识产权交易平台等	6433 互联网科技创新平台
		040104 互联网公共服务平台	专门为公共服务提供第三方服务平台的互联网活动，包括互联网政务平台、互联网数据平台等	6434 互联网公共服务平台
		040105 其他互联网平台	其他未列明的互联网平台	6439 其他互联网平台
05 数字化效率提升业	0507 数字社会	050701 智慧教育	利用数字化技术和信息化平台进行内容传播和快速学习的活动，包括在线教育、在线培训、网络学院、网络教育和以在线学习等为主的互联网学校教育和职业技能培训等	83* 教育

续表

代码			说明	国民经济行业代码及名称（2017）
大类	中类	小类		
05 数字化效率提升业	0507 数字社会	050703 数字化社会工作	利用数字化技术和信息化平台开展的慈善、救助、福利、护理、帮助等社会工作的活动	85* 社会工作
	0508 数字政府	050801 行政办公自动化	各级行政机关应用现代信息技术、网络技术、计算机等进行的内部办公活动	S* 公共管理、社会保障和社会组织
		050805 其他数字政府	其他未列明的电子政务活动	
	0509 其他数字化效率提升业	050905 专业技术服务业数字化	利用信息化技术，通过大数据、云计算等技术手段进行的专业技术服务	M* 科学研究和技术服务业
		050907 互联网居民生活服务	利用信息化技术，通过互联网联络、承接业务、签单、付款等提供的居民服务业	O* 居民服务、修理和其他服务业

注：考虑到法律科技领域的动态性和不断的技术创新，当前的分类框架由智合研究院整理，旨在反映法律科技现状，并凸显当下的客观情况，其中进行了一定的合并、省略处理。例如，与法律服务智能服务终端产品相关的批发、零售、租赁、维修等活动，原本应被归类到数字产品服务的某些子类中，然而，由于法律科技领域中硬件产品相对较少，上述表格中对这一部分内容进行了简化处理。

资料来源：国家统计局《数字经济及其核心产业统计分类（2021）》，智合研究院整理。

四、相关专业术语说明

本书相关专业术语说明见表1-7。

表 1-7　法律科技专业术语说明

专业术语	专业术语说明
ALSP	Alternative Legal Service Providers 的缩写，意为"替代性法律服务提供商"，是指除传统律所外，具有法律服务能力的企业、机构，包括会计师事务所、法律科技公司、合约律师平台、法律流程外包商、咨询机构以及各类新型法律公司
ESI	Electronically Stored Information 的缩写，意为"电子方式存储的信息"
LPO	Legal Process Outdourcing 的缩写，意为"法律流程外包"
CLM	Contract Lifecycle Management 的缩写，意为"合同生命周期管理"
OA	Office Automation 的缩写，意为"办公自动化"，是指将现代化办公同计算机网络功能结合起来的一种企业级信息管理系统
CRM	Customer Relationship Management 的缩写词，意为"客户关系管理"
SaaS	Software as a Service 的缩写，意为"软件即服务"，是指通过云计算技术，将应用程序部署在服务器上，并通过网络向用户提供服务
PaaS	Platform as a Service 的缩写，意为"平台即服务"
ODR	Online Disputere Resolution 的缩写，意为"在线争议解决"，是指对于符合适用非诉程序解决的争议，借助技术进行网上调解等，实现定分止争
OCR	Optical Character Recognition 的缩写，意为"光学字符识别"
AI	Artificial Intelligence 的缩写，意为"人工智能"，是指研究如何使计算机能够模拟、模仿和执行人类智能活动的科学与技术
AIGC	Artificial Intelligence Generative Content 的缩写，意为"人工智能生成物"，是指利用人工智能自动创作生产的内容，是人工智能技术持续发展的产物
数字经济	以数据资源作为关键生产要素、以现代信息网络作为重要载体、以信息通信技术的有效使用作为效率提升和经济结构优化的重要推动力的一系列经济活动

续表

专业术语	专业术语说明
信息化	IT建设、采集留存数据为主要任务，常见的OA办公自动化系统、CRM客户管理等都属于信息化产品
数字化	信息化的高级阶段，从留存数据到形成数据资产，是指从收集数据到分析数据在到经营数据的全过程
智能化	也称数智化，是指通过智能工具的叠加，即将人工智能、大数据等各类数字工具融入业务的方方面面，实现重构商业要素
"互联网+"	国内于2012年首次提出"互联网+"的理念，国家有关部门多次颁发与互联网及"互联网+"发展相关的文件及规划。至今互联网已与众多传统行业融合形成"耦合"式发展业态，并成为各行各业积极挑战和变革的主要途径
智慧法院	依托现代人工智能，围绕司法为民、公正司法，坚持司法规律、体制改革与技术变革相融合，以高度信息化方式支持司法审判、诉讼服务和司法管理，实现全业务网上办理、全流程依法公开、全方位智能服务的人民法院组织、建设、运行和管理形态
智慧审判	通过积极推进现代科技在司法领域的深度应用，全面推进审判体系和审判能力现代化，以服务法官办案为目标，以"审判流程管理为基础、电子卷宗随案同步生成和应用为核心"，实现各类案件立案、分案、庭前准备、审理、合议、裁判、结案、归档、上诉移送等全流程网上办理；同时，采集案件办理过程中的诉讼材料，经过数字化、要素化、深度分析和挖掘，为法官立案、庭审质证、庭审笔录、文书撰写、结案、归档等提供全方位的智能化服务，为当事人提供流程公开、网上阅卷、网上送达等提供支持

资料来源：智合研究院整理。

五、本书研究范围界定

（一）本书法律科技行业的界定

基于上述机构、企业对于法律科技的界定。本书所研究的法律科技行业主要是指运用各类信息化、数字化、智能化技术，为协同法律业务而研发的各种工具、设备、技术和服务。法律科技（Legal Tech）即运用各类信息化、数字化、智能化技术，为协同法律业务而研发的各种工具、设备、技术和服务，见表1-8。

表1-8 本书法律科技行业的界定

内容	解析
法律科技行业包括	面向政府司法（法院信息化、智慧法院、在线争议解决、智慧司法服务终端）； 面向律师、律所，面向企业用户，面向个人用户的法律服务应用软件、SaaS、互联网平台和技术服务
法律科技行业不包括	隐私保护技术：面对数据泄露和隐私侵犯等问题，隐私保护技术如数据加密、区块链等可以确保个人数据的安全性，并加强个人隐私的保护
	互联网安全服务：如网络安全集成服务、网络安全监测和应急服务、网络安全认证检测服务、网络安全风险评估服务、网络安全咨询服务、网络安全培训服务。涉及国安、公安、电信网络运营商中防赌反诈、互联网信息安全监管、治理等，AI巡检、洞察等领域，属于国家/互联网安全服务范畴，互联网信息治理平台，拦截、协同联动，取证，市场监测软件、技术、平台

注：需要注意的是，法律科技应用的过程中也面临一些挑战和风险，比如数据安全、个人隐私保护、伦理道德等方面的问题，基于本书的界定，其不属于法律科技行业本身。

资料来源：智合研究院整理。

本书所指法律科技企业是指业务涉及一种或多种法律科技业务的科技企业。其中，对于"科技企业"的界定为具有独立法人资格的企业。根据《上海市科技企业界定参考标准》（沪科〔2015〕70号），在上海注册的具有独立法人资格的企业，同时符合以下五项条件中任何三项条件的，可以界定为科技企业：

- 企业主要从事技术开发、技术转让、技术咨询、技术服务、技术检测，或高新技术产品（服务）的研发、生产、经营等科技与创新活动；

- 企业直接从事研究开发的科技人员占职工总数的比例不低于 5%；
- 企业技术性收入和高新技术产品（服务）的销售收入之和占企业销售总收入的比例不低于 30%；
- 企业年度研究开发费用占销售收入总额的比例不低于 3%；
- 企业拥有专利权、著作权、集成电路布图设计权、植物新品种权等知识产权，或掌握专有技术。

（二）法律科技行业相似概念辨析

本节旨在深入辨析"法律科技"及其相似概念。表 1-9 是对主要概念的辨析。

表 1-9 法律科技行业相似概念辨析

概念	解析
法律服务行业	专指提供各种法律服务的行业，涵盖律师、法律顾问、法律援助、仲裁、公证、调解和普法等多元法律业务
法律科技行业	专指运用各类信息化、数字化、智能化技术，为协同法律业务而研发的各种工具、设备、技术和服务的行业
替代性法律服务行业	专指替代传统律师的法律服务，如会计师事务所、法律科技公司、合约律师平台、法律流程外包商和咨询机构等，均被视为具有法律服务能力的新型法律机构
法律生态服务行业	专指不具备法律服务的能力，而是辅助和服务于法律服务主体的行业，服务对象包括律师事务所和律师等，属于法律服务的衍生行业

资料来源：智合研究院整理。

韦恩图（Venn）用于可视化集合之间的交集和并集关系，探讨"法律科技"与相关领域之间的交叉和区分，主要涵盖三个区域，见图 1-3。

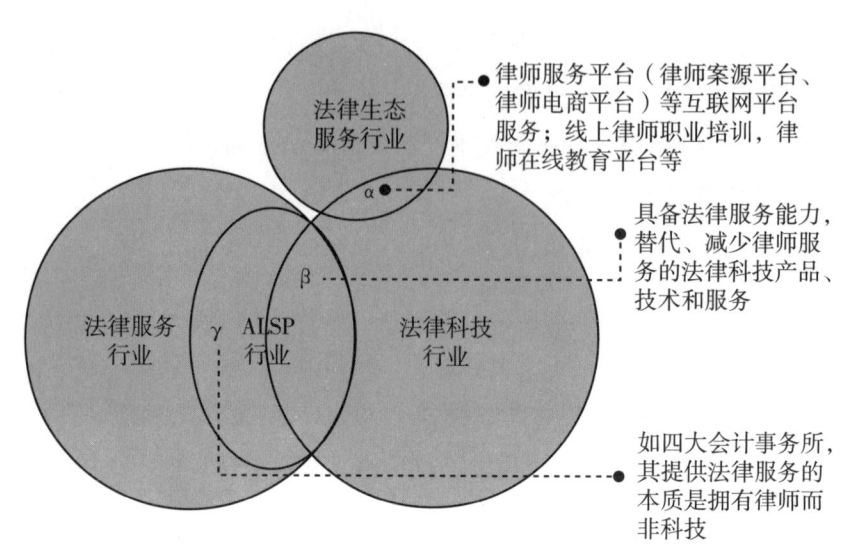

图 1-3 法律科技相似概念韦恩图（Venn）

注：α 区域：法律生态服务行业与法律科技的交集。

此区域指的是法律生态服务行业与法律科技行业重叠的部分。虽然媒体、评价等生态服务属于互联网新闻信息服务和信息咨询服务，不具备"科技"属性，但律师平台（如律师电商、社交平台）和部分在线学习平台则具有科技属性。该区域不包括线下法律培训、媒体、评价和平台服务等非科技的法律生态服务。

β 区域：法律科技与法律服务行业的交集。

此区域指的是法律科技行业与法律服务行业的重叠部分，主要包括那些具有法律服务能力，其产品和服务本质上是替代或补充传统律师服务的法律科技企业。

γ 区域：法律科技与 ALSP 的非重叠部分。

此区域涵盖的是法律科技与替代性法律服务提供商（ALSP）不重叠的部分。该部分包括如四大会计事务所等替代性法律服务提供商，它们虽提供法律服务，但本质上是拥有律师资源，而非依赖科技。这些机构完全属于法律服务行业，但不属于法律科技行业。

资料来源：智合研究院整理。

第二章

法律科技行业宏观环境分析

一、中国法律科技行业政策环境分析

（一）中国法律科技行业监管体系

1. 中国法律科技行业主管部门

我国法律科技行业主管部门主要包括市场监督管理部门、市场监管部门、工业和信息化部门、科技部门、互联网管理部门、司法行政部门等。工商部门主要负责法律科技企业的登记管理、确认市场主体资格、规范市场主体行为等。市场监管主要负责市场综合监督管理、规范和维护市场秩序等。工信部门主要负责拟订实施行业规划、产业政策和标准、推动装备发展和自主创新、指导推进信息化建设等。科技部门主要负责拟订科技发展规划和方针、政策，推动企业自主创新能力建设等。互联网管理部门主要负责互联网信息传播方针政策、互联网信息内容、传播管理、查处违法违规网站等。司法行政部门负责公共法律服务管理等。

2. 中国法律科技行业行业组织

法律科技行业尚处于早期发展阶段，目前业内尚未形成全国性行业组织与社会团体，但是与法律科技关联较为密切的行业协会、高校智库机构等陆续就法律科技设立了相关专业委员会或研究院、实验室，自发从事法律科技探讨、研究、交流等推动法律科技发展的行业活动，如深圳市律师协会成立法律科技法律专业委员会、安徽省律师协会成立科技与大数据专委会、中国中小企业协会成立智慧法务分会等。

(二)中国法律科技行业相关政策

随着互联网、大数据、云计算、人工智能、区块链等技术加速创新,数字经济逐渐成为我国经济社会发展的重要支柱产业。数字技术也正以新理念、新业态、新模式全面融入经济、政治、文化、社会、生态文明建设各领域和全过程,由数字科技催生的新产业新业态新模式大大丰富了国民经济与社会发展的内涵。

党的十八大以来,以习近平同志为核心的党中央高度重视发展数字经济,提出了"数字经济、数字政府、数字中国"等一系列"数字+"的战略构想,近年来,我国在完善数字治理体系方面制定颁布诸多政策法规,先后出台了《网络安全法》《数据安全法》《个人信息保护法》《关键信息基础设施安全保护条例》《国家网络空间安全战略》等网络安全法律法规,还印发了《"十四五"数字经济发展规划》《数字中国建设整体布局规划》等政策文件。《国民经济和社会发展第十四个五年规划和2035年远景目标纲要》提出"打造数字经济新优势"。

数字技术以信息化、智能化、网络化等手段推动各行业的数字化转型,"法治+技术"则开启法治中国"智治"新时代,数字革命催生出数字法治这一现代法治文明的新形态。党的十八大以来,我国法治领域加快数字科技应用,将数字技术与法治方式结合起来,推动法治领域的数字化变革,数字人大、数字政府、数字法院、数字检察院、数字律所等数字机构建设已成为法治建设新潮流,在数字司法、数字警务、数字检察、数字法律服务等方面已位居全球前列,法律科技行业相关法律法规、政策文件密集出台,形成系统政策体系,见表2-1。

表 2-1 中国法律科技行业发展政策文件节选（截至 2023 年）

时间	机构	政策	内容
2019 年	中共中央办公厅、国务院办公厅	《关于加快推进公共法律服务体系建设的意见》	加强科技保障。推动公共法律服务与科技创新手段深度融合，着力打造"智慧法律服务"。大力发展公共法律服务科技创新支撑技术，重点突破法律援助创新、律师执业保障与执业监管、电子公证、社会矛盾纠纷排查与预警、法律援助智能保障等关键技术。研发深度学习、智能交互技术，推广应用智能法律服务技术，以精准公共法律服务支撑技术与装备研究为突破，通过人群精准分类，动态评估不同人群的法律需求。研制关键系统和新型装备，研发面向亿级用户、处理海量数据的高效公共法律服务平台
2019 年	中央全面深化改革委员会	《关于政法领域全面深化改革的实施意见》	推动科技创新成果同政法工作深度融合
2020 年	中共中央	《法治社会建设实施纲要（2020—2025 年）》	推动大数据、人工智能等科技创新成果同司法工作深度融合，完善"互联网+诉讼"模式，加强诉讼服务设施建设，全面建设集约高效、多元解纷、便民利民、智慧精准、开放互动、交融共享的现代化诉讼服务体系。推动公共法律服务与科技创新手段深度融合，尽快建成覆盖全业务、全时空的公共法律服务网络

· 021 ·

续表

时间	机构	政策	内容
2021年	中共中央	《法治中国建设规划（2020—2025年）》	加强科技和信息化保障。充分运用大数据、云计算、人工智能等现代科技手段，全面建设"智慧法治"，推进法治中国建设的数据化、网络化、智能化。优化整合法治领域各类信息、数据、网络平台，推进全国法治信息化工程建设。加快公共法律服务实体平台、热线平台、网络平台有机融合，建设覆盖全业务、全时空的公共法律服务网络
2021年	中共中央、国务院	《法治政府建设实施纲要（2021—2025年）》	健全法治政府建设科技保障体系，全面建设数字法治政府。坚持运用互联网、大数据、人工智能等技术手段促进依法行政，着力实现政府治理信息化与法治化深度融合，优化革新政府治理流程和方式，大力提升法治政府建设数字化水平
2021年	中共中央	《关于加强新时代检察机关法律监督工作的意见》	加强检察机关信息化、智能化建设，运用大数据、区块链等技术推进公安机关、检察机关、审判机关、司法行政机关等跨部门大数据协同办案，实现案件数据和办案信息网上流转，推进涉案财物规范管理和证据、案卷电子化共享
2021年	中央政法委	《关于充分运用智能化手段推进政法系统顽瘴痼疾常治长效的指导意见》	运用大数据分析技术常态化组织开展执法司法巡查和流程监督，加快推动跨部门大数据办案平台建设，探索建立检察大数据法律监督平台，加强法院、检察院离任人员信息共享，创新更多政法服务"马上办、网上办、一次办"

续表

时间	机构	政策	内容
2020年	最高人民法院	《人民法院信息化建设五年发展规划（2021—2025）》	推动全国法院建设全方位智能化、全系统一体化、全业务协同化、全时空泛在化、全体系自主化的人民法院信息化4.0版
2022年	最高人民法院	《关于加强区块链司法应用的意见》	到2025年，建成人民法院与社会各行各业互通共享的区块链联盟；区块链在多元解纷、诉讼服务、审判执行和司法管理工作中得到全面应用；司法区块链跨链联盟融入经济社会运行体系，实现与政法、工商、金融、环保、征信等多个领域跨链信息共享和协同，形成中国特色、世界领先的区块链司法领域应用模式，为新时代我国经济社会数字化转型和高质量发展提供坚强有力的司法服务和保障
2022年	最高人民法院	《关于规范和加强人工智能司法应用的意见》	到2025年，基本建成较为完备的司法人工智能技术应用体系。到2030年，建成具有规则引领和应用示范效应的司法人工智能技术应用和理论体系
2021年	最高人民检察院	《"十四五"时期检察工作发展规划》	推进智慧检务工程建设，加强大数据、人工智能、区块链等新技术应用。加快推进智慧检务创新平台、视频云平台、融媒体平台等建设，提升检察工作智能化水平
2023年	最高人民检察院	《2023—2027年检察改革工作规划》	总体考虑完善检察机关法律监督体系、建立健全数字检察工作机制，构建"业务主导、数据整合、技术支撑、重在应用"的数字检察工作模式，以数字检察赋能法律监督等方面持续深化改革

·023·

续表

时间	机构	政策	内容
2021年	司法部	《全国公共法律服务体系建设规划（2021—2025年）》	推进"智慧法律服务"。大力发展公共法律服务领域科技创新支撑技术，推进智慧法律服务重点实验室建设，探索区块链技术在公共法律服务领域的应用，提高法律服务智能化水平。完善法律职业资格管理系统和法律职业资格考试信息管理系统。提高在线服务能力水平，逐步建立主动服务、精准服务机制，推进公共法律服务向移动服务、随身服务方向发展。支持法律科技企业研发实用的公共法律服务产品
2021年	司法部	《"十四五"司法行政事业发展规划》	加快"智慧法治"建设与应用，着眼于发挥重大工程项目的载体作用，研究部署了"智慧法治"信息化工程等重大工程项目
2023年	上海市司法局	《关于推动上海法律科技应用和发展的工作方案》	以赋能法律服务行业高质量发展；深化法律与科技良性互动、融合发展；激发法律科技企业、法律服务机构的创新动力和发展活力；推进法律科技产业集聚发展，打造应用示范高地；为法律科技创新发展提供保障和支撑为总体要求和目标

资料来源：智合研究院整理。

（三）上海法律科技行业相关政策

2023年11月9日，上海市司法局印发《关于推动上海法律科技应用和发展的工作方案》（以下简称20号文），20号文包括总体要求、促进数据开放共享、深化法律科技应用、加大政策支持力度、加强组织实施保障4个部分共 21 项工作举措，见表 2-2。

表 2-2　上海市司法局《关于推动上海法律科技应用和发展的工作方案》

部分	具体内容
促进数据开放共享	（1）加强政法单位公共数据归集；（2）推进政法单位公共数据共享；（3）深化政法单位公共数据开放和开发利用；（4）推动法治领域社会数据流通交易；（5）提高法治领域数据质量
深化法律科技应用	（1）持续推进政法单位科技应用；（2）提升行政执法和行政复议智能化水平；（3）深化律师行业科技应用；（4）提升仲裁、调解工作智能化水平；（5）加快公证、司法鉴定行业数字化转型；（6）加强智能化公共法律服务供给
加大政策支持力度	（1）支持法律科技企业发展；（2）吸引法律科技企业集聚；（3）支持法律服务机构强化法律科技力量支撑；（4）鼓励法律服务机构加大科技投入；（5）推动法律科技产品研发
加强组织实施保障	（1）加强组织领导；（2）加强指导服务；（3）加强交流宣介；（4）加强人才培养；（5）加强安全保障

资料来源：智合研究院整理。

20 号文是上海首个促进法律科技产业发展的工作方案，以赋能法律服务行业高质量发展；深化法律与科技良性互动、融合发展；激发法律科技企业、法律服务机构的创新动力和发展活力；维护数据安全，保护个人信息和商业秘密；推进法律科技产业集聚发展，打造应用示范高地；为法律科技创新发展提供保障和支撑为总体要求和目标。同时，还前瞻性地对行业管理和文化建设做了规范，如成立市法律科技领域专业性协会、举办法律科技专题研讨活动、提升上海在法律科技领域的影响力和话语权等。

当前，上海通过一系列政策措施，正在积极构建一个国际化、专业化、科技创新驱动的法律服务体系。20 号文旨在通过科技的融合，推动法律服务向价值链高端延伸。通过科技的助力，法律服务能够更好地适应全球化的市场需求，提供更加精准和高效的法律解决方案，从而增强上海在全球法律服务市场中的竞争力。同时也为上海打造国际法律服务中心提供坚实的法律基础。综上，法律科技行业受到国家及地方政府政策方面的有力支持，为行业未来持续、稳定发展提供了保障。政府的政策激励措施进一步促进了法律科技的应用和发展，使其成为推动法律服务现代化和效率提升的重要力量。

二、中国法律科技行业经济环境分析

（一）中国数字经济发展与法律科技产业

中国法律科技行业近年来的快速发展，经济层面主要得益于"数字经济"这一时代宠儿的高速爆发式增长。数字经济，也称智能经济，是工业4.0或后工业经济的本质特征，是信息经济—知识经济—智慧经济的核心要素。技术层面的大数据、云计算、物联网、区块链、人工智能、5G通信，以及应用层面的"新零售""新制造""互联网+"等，都在数字经济的理念范畴下加速推动经济形态的转型升级，推动"高质量发展"的新时代经济形态，并实现各个产业的智能化发展。数字经济的本质在于信息化。

作为经济社会发展的"晴雨表"，法律服务行业也在数字经济的快速发展之下加速走向变革，进而为法律科技的发展铺就了充分的经济基础。基于本书第一章对于法律科技行业的界定，法律科技行业归属于"软件和信息技术服务业"，行业大类代码为65。软件和信息技术服务业作为关系国民经济和社会发展全局的基础性、战略性、先导性产业，贯穿数字经济发展始终。

根据中国信息通信研究院统计数据，中国数字经济规模由2016年的22.4万亿元增加至2021年的45.5万亿元，数字经济增速达到GDP增速1倍以上。与此同时，数字经济在GDP中所占的比重逐年提升，由2016年的30.1%提升至2021年的39.8%，见图2-1。

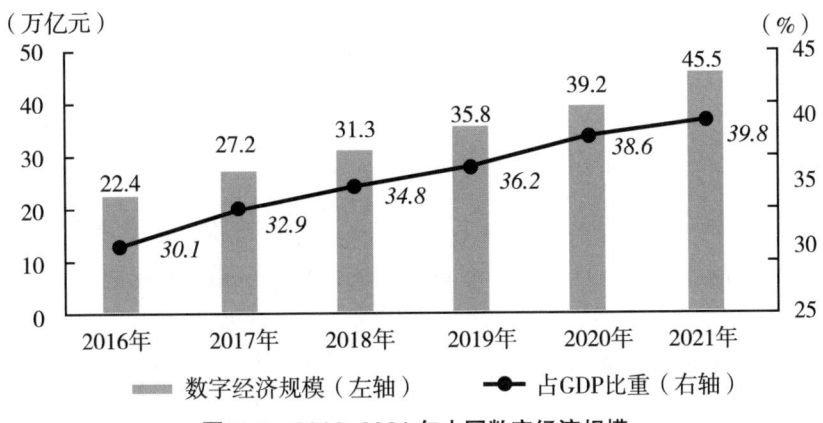

图 2-1 2016~2021 年中国数字经济规模

资料来源：中国信息通信研究院，智合研究院整理。

从 2017 年的"促进数字经济加快成长"，到 2019 年的"壮大数字经济"，到 2020 年的"全面推进'互联网+'，打造数字经济新优势"，到 2021 年的"加快数字化发展，打造数字经济新优势"，到 2022 年的"促进数字经济发展，完善数字经济治理"，再到 2023 年的"大力发展数字经济"，"数字经济"已经第六次被写入政府工作报告，数字经济在国民经济和社会发展中的战略地位越发清晰明确。

随着数字经济在未来的进一步发展，法治数字化的进程必然随之进一步加速，借由数字化手段持续赋能中国法治建设，并不断推动国家治理体系与治理能力的现代化。在"产业+技术+法律"的方针指导下，法律服务行业正持续探索各类手段，为数字经济企业全域法律服务需求提供"一站式"、综合性的法律服务方案，推动数字经济与法律服务的跨界深度融合。

（二）数字经济大发展背景下法律科技的机遇与挑战

从发展潜力维度，数字经济时代下的法律服务行业迎来了以下新局面，而这些新局面与法律科技的结合前景为中国法律科技行业带来了重重机遇与对应挑战：

一是法律服务效率的阶段性跨越式发展。互联网时代下数字技术的快速发展已经在逐步淘汰法律服务行业过往的传统服务手段，推动数字化技术在律所的全面普及，同时，正在快速发展上升期的智能法律系统也在逐步迸发出活力，为法律行业的提质增效提供动力。例如，许多律所正在使用的律所统筹线上办公系统，已经能够提供包括会议室线上预约、电子签章、电子函件、线上收付款等全方位服务，甚至已经能在部分场景下实现"律师仅负责办案，其他事务均交由系统处理"的效果，大幅度降低了法律服务开展对于时间、空间的要求，在保障客户服务体验的前提下取得了服务效率的跨越式发展。

对应到法律科技领域，随着人工智能技术的进一步运用，传统的高重复性基础性法律事务将被优化和替代，律师提供的法律服务将越发趋向复杂化、精细化、多元化、集成式的高智能发展方向。而这种发展趋向必然驱使法律服务行业积极吸收采用法律科技，与数字经济发展建立起更加紧密的联系，进而为法律科技的快速迭代提供动力。挑战则在于，如果法律服务机构与法律科技企业无法顺应潮流快速提升自身技术和应用技术的速度，很可能在下一轮"军备竞赛"中更快地遭到淘汰，跌入低质量竞争区甚至是退出市场。

二是法律服务内容的扩充和质量要求的提高。数字经济的活跃催生了一批新的产业，而新产业与传统产业间的交叉覆盖、新产业新业态与传统法律服务领域间的结合互动又进一步带动了新的法律服务门类、新的法律服务需求和供给方式的接连出现。2022年以来，多家律所持续推进数字经济范畴下的相关研究与业务开展，如金杜的国际数字经济团队与"数字经济国际法律服务中心"、安杰世泽的安杰数字经济法律研究院、德和衡（上海）的数字经济全产业法律服务团队、华商的华商数字经济法律研究院、广东广悦的互联网与数字经济团队。

随着数字经济发展的持续深化和数字经济与法律服务的更深层次融合，其所涉及的科技性、技术性要素越发增多，无论是进一步开拓"法律服务＋数字经济"的需要，还是加强研发应用科技手段强化对新兴技术的研究学习，乃至依托数字经济与法律服务的深度融合加速发展法律科技产业，都将较大幅度地促进法律科技的进阶发展，并拓展法律服务的内容、边界，为法律科技产业持续赋能。挑战的一面则在于，这种综合化、规模化的发展潮流会驱使法律服务机构、法律科技企业也不得不往规模化、综合化的方向发展，为客户提供复合型乃至"一站式"的服务——兼并和吸收会更频繁，"赢家通吃"的局面也更有可能出现，高烈度的竞争必然要求机构寻求差异化创新突围的方法。

三是法律服务与法律科技跨界发展的必要性日益突出。在数字经济大发展的时代，"数字经济+"赋予不同产业的发展新要素大大提升了法律服务所面临局面的复杂性。2023年，律所等法律服务机构寻求跨界发展的案例越来越多，引入金融、财税、互联网等领域复合型人才的情形也在快速增多，这些都为次世代的法律科技融入了更多需要考量的发展变量。

这些变量一方面与监管等要素一道遏制了法律科技的过快增长，为仍处于早期探索阶段的国内法律科技产业设置了客观存在的发展门槛，另一方面也赋予了入局者更高的成长天花板——同时融入技术变量和跨界要素后，国内法律科技企业越发成为前沿科学技术和高素质人才的聚合体，具备了真正融入世界前沿潮流乃至成为全球引领者的基础要素。

（三）数字经济时代法律科技产业的未来

2024年，数字经济迎来加速发展的一年。

一方面，多地数据基础性制度"地方法案"正在加速出台，已有20余省市发布数据条例探索数据确权、流通、使用、治理等方面的本地应用制度环境，并依托定制化的行业数据流通规则/准则/指导方案推动大数据在各个行业领域的流通应用，并打造多种多样的平台促进数据流通生态的形成和数据应用场景的持续创新突破。根据2023年的企业发展情况来看，数实融合的趋势越发明显，在政策环境愈发协调完善的环境下，数字产业的发展水平仍将在探索中快速提升。

另一方面，以人工智能大模型全链条和专用化布局、"AIGC+"产品创新为代表的新生代创新数字产业正在为数字经济的内生式增长和活力的延续不断提供动力。通用性产品的快速迭代必然会驱动法律科技领域的定制化产品不断调整更新，吸引更多资金、人才进驻，进而朝着百花齐放的行业快速成长期迈进，推动法律科技产业的体量成长到足够适配法律服务行业和社会数字经济发展需要的程度。

三、中国法律科技行业社会环境分析

（一）中国法律科技行业外部环境

过往数十年的高速经济发展，催生了庞大的法律服务需求。随着近年经济发展增速的放缓，政府、企业、个人对于法律服务的需求方向亦发生改变。这种改变主要体现在以下几个方面：

一是法律服务质量要求的不断提高。经由长期法治建设，法治意识与法治理念在社会层面的普及度不断提高，各方对于法治、合规的关注度也随之上升，要求律师为其提供更加精细、更加深度的法律服务。部分法务部门功能完善的企业会进一步淘汰低端、机械的法律服务，而要求外部律师为其解决法务部门难以单独完成的复杂疑难事项。这些都对律师处理法律问题、以法律服务帮助客户实现核心诉求的能力提出了更高要求。

复杂化、精细化的法律服务需求发展方向正在驱动越来越多的律所选择"高质量"发展路线。而律所语境下的高质量发展很大程度上依赖于技术手段对流程的简化和对重复性工作的效率提升。在相关行业信息化、智能化水平与日俱增的同时，法律服务行业亦需要保持与之并驾齐驱，保证为客户提供法律服务的精准、专业与高效。

二是法律服务结构类型的发展转变。经济环境的变化、法治进程的加速与合规意识的普及均对现有法律服务的结构形成影响，经济环境变化要求律师、律所针对企业新的发展需求提供更多样的新服务，法治进程加速要求律师、律所提供更系统、更全面的服务，合规意识普及要求律所、律师具备帮助企业建立合规管理体系、规避风险于事前的能力。

更多样的法律服务需求一方面会加大对律师专业素质、知识储备的考验，另一方面也会提高对律所组织运营水平与风险管控能力的要求。对此，信息时代的律师一方面需要借助数据库或 AI 助手等法律科技手段不断强化自身专业能力，紧跟行业发展前沿动向，另一方面也得综合运用种种科技工具提升团队、律所层面的整体竞争力。

三是法律服务供给方式的拓展升级。社会信息化程度的提升和软硬件系统的不断迭代，使客户对于快速、高效、即时、可视的法律服务的期待值提升。同时，企业也越来越倾向于获取更低成本、更完善的全链条/全生命周期法律服务，要求律师更多以律所为单位进行团队作战。

客户对于法律服务供给手段和供给效率的期待，可以通过即时通信平台和法律服务在线工具加以满足；而要协同为企业提供综合化法律服务，则需要在律所层面搭建起合适的管理协同平台来实现。这些都离不开法律科技的参与介入。

除以上因素外，环境的全面变化亦在驱使法律服务的客户单位主动寻找更低成本、更高效率的法律服务供应商，这在一定程度上为法律科技信息平台提供了生存发展的土壤。

（二）中国法律科技行业内部环境

从行业内部看，日趋激烈的同业竞争正在倒逼律所、律师通过差异化的发展手段取得足够的市场空间。

21 世纪的第二个十年，律师行业从业人数保持了连年的高速增长。截至 2022 年年底，全国执业律师人数已达 65.16 万人，较上年新增 7.68 万人。23 省市律师人数超 1 万人，8 省市律师人数超 3 万人；律所 3.86 万家，百人以上律所 500 家，10 人以下律所 2.53 万家。同时，全国基层法律服务机构 1.3 万多家，基层法律服务工作者 5.6 万多人[①]，见图 2-2。

[①] 司法部：《2022 年度律师、基层法律服务工作统计分析》，载司法部网，http://www.moj.gov.cn/pub/sfbgw/gwxw/xwyw/202306/t20230614_480739.html?eqid=b688005e00042295000000066490242c。

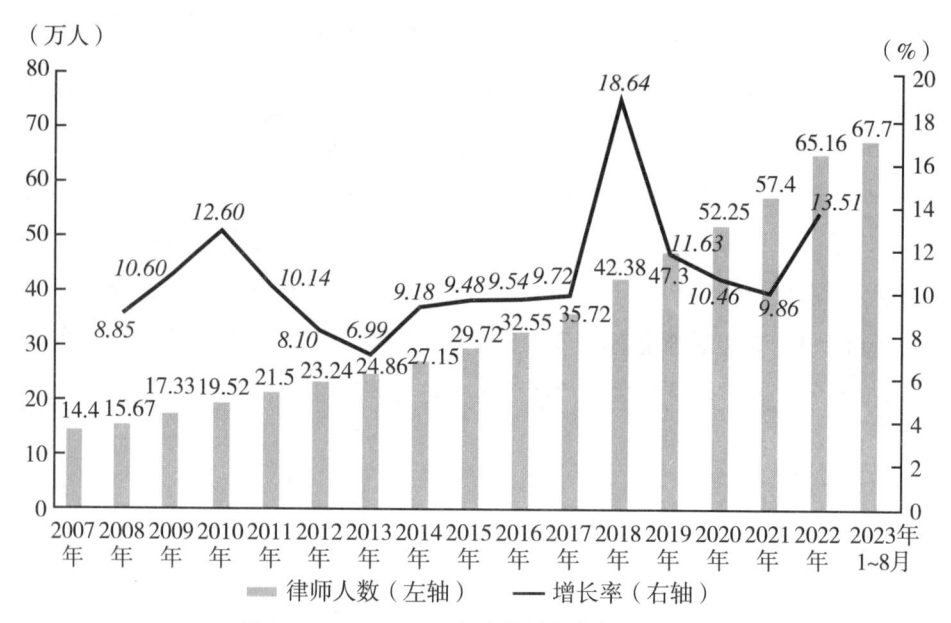

图 2-2 2007~2023 年中国律师人数及增长率

资料来源：国家统计局、司法部，智合研究院整理。

与此同时，法律服务案件量的增速远远低于律师从业人数的增速，"僧多粥少"的局面仍在进一步加剧。2022 年，全国律师办理各类法律事务 1274.4 万多件。其中，办理诉讼案件 824.4 万多件，办理非诉讼法律事务 141.6 万多件，为 87.6 万多家党政机关、人民团体和企事业单位等担任法律顾问。824.4 万多件诉讼案件中，刑事诉讼辩护及代理 99 万多件，占诉讼案件的 12.01%；民事诉讼代理 697.5 万多件，占诉讼案件的 84.61%；行政诉讼代理 25.4 万多件，占诉讼案件的 3.09%；代理申诉 2.3 万多件，占诉讼案件的 0.29%。

高人数增速和低业务量增速会进一步激化行业内的案源矛盾，为解决这一问题，律师、律所需要采取更具特异性的发展措施，以更高质量的发展对冲掉行业竞争的影响。

具体到律所层面，类似的不平衡竞争格局也同样存在：

一是行业"二八定律"的持续。80%的高质量案源由 20%的头部律所主导，中间律所尝试通过规模化等手段冲入头部阵营，大多数的中小律所则只能在较小的市场份额中维持自身生存。由于机构客户在法律服务选择中往往具有思维惯性，在法律服务行业的信息差局面未被彻底打破前，这一定律仍将长期延续。

二是优秀人才争夺的白热化。在法律服务行业，能力出众的律师或合伙人往往能够获取更多优质客户、案源，因而此类"造雨者"也是律所首要争取的对象。在市场增量追不上人数增速时，头部律所对于一小撮最优秀的人才的争夺也就更加激烈，而中小型律所则越发缺少选择权——同样的场景也发生在品牌影响力较强的全国性品牌所和品牌影响力相对偏弱的区域性品牌所之间。

三是律所资源投入的不平衡。经过多轮规模化后的规模型律所能够更轻松地积累律所公共成本，用于内部管理优化、软硬件技术升级等方面，并在如法律科技等需要持续投入高成本的类目形成对中小律所的壁垒。

以上的不平衡发展格局恰恰给了法律科技行业发挥空间：

通过构筑数据库、信息资讯平台类法律科技产品，或是搭建律所—企业间的交流互通平台类法律科技产品，供需双方的信息差将被逐步抹平。

通过打造高管教育、进阶培训类法律科技产品，或是形成在线课程学习平台，律所、律师可以获得更个性化、定制化的初中高级培训，在不同领域实现个体、群体专业素质的持续提升，进而带动法律行业整体人员素质的提高，缓解直至最终化解行业内部的人才竞争问题。

……

法治是最好的营商环境。在党的二十大提出加快建设中国式社会主义现代化强国后，建设法治社会已经成为全社会的共识，中国的发展迫切需要和国际法律服务市场接轨。在此时代背景下，持续加大法律科技方向的产业投入，有助于进一步建设科学、现代的法律服务行业，进而为经济社会长效发展赋能。

从社会的角度看，科技将法律服务业务转移到线上进行，极大地节约了时间、空间、经济成本，降低了社会资源的消耗，创造出多方共赢的结果。

更重要的是，法律是社会中的重要一部分，它的好坏决定了一个社会的整体面貌。科技法律服务创造了可信环境，制定了内含可信规则的程序，使社会遵循规则与程序有序发展，促进社会和谐，实现公平正义。同时提高了社会管理效率，间接创造社会价值。

新的科技法律时代已然到来，深刻改变了法律服务行业的商业模式和作业模式，法律人应当作出改变、更新观念、勇于创新，共享技术赋能法律的新时代。

此外，法律科技的社会价值是实现社会公平正义，降低法律服务门槛，普及法律知识。为此，必须正确把握和认知法律科技发展的一般规律和社会价值，既要提升和发挥技术的进步力量，推动法治建设和社会公平正义的实现，又要在法律科技发展的初级阶段提前布局并采取必要措施规制法律科技的野蛮生长。

四、中国法律科技行业技术环境分析

（一）法律科技行业技术层次

当今世界互联网、大数据、云计算、人工智能等数字技术加速发展，逐步成为改变世界各行各业发展模式的重要力量，重塑产业竞争格局。法律行业紧抓新一轮科技革命及产业变革机遇，借助全球科技创新力量，将法律与科技深度结合，塑造法律科技新格局。

根据哈佛大学奥利弗·R.古迪纳夫（Oliver R.Goodenough）教授的提议，海外市场常常将法律科技分为三个阶段：Legal Tech 1.0、2.0和3.0。其中，Legal Tech 1.0、2.0阶段主要聚焦于当前法律系统下应用科技增强信息处理能力，实现信息处理的自动化。来到Legal Tech 3.0阶段，自动化和技术替代人不再是问题的关键，自主决策的可能性才是关注和发展的重点，见表2-3。

表 2-3　法律科技行业技术层次

阶段	概述	涉及领域	主要产品
法律科技 1.0 阶段	支持律师工作的技术和软件	律师事务所的组织和运作、文件起草和制作、法律信息系统、专家系统、以及其他众所周知的在线服务系统等	视频会议、与法院的在线交流、在线审判、在线教育等
法律科技 2.0 阶段	实现律师工作自动化的技术和软件	事实调查或事实评估、文档自动化、合同或索赔起草等	法律文件管理系统（Westlaw、LexisNexis、LegalZoom、RocketLawyer）等
法律科技 3.0 阶段	自主决策 AI 技术和软件	开庭前辅助判断的证据链，庭审过程的审判提示以及审判结果的预测，庭审后的分析、司法管理等	司法裁判模型、语义分析模型、立法实验等

资料来源：智合研究院整理。

（二）法律科技行业关键技术

倘若缺少技术力量的推动，仅凭政策和下游需求，再完备的法律科技应用规划恐怕也只是镜中花、水中月。近年来，中国法律科技取得迅猛发展，与以信息技术、人工智能为代表的新兴科技快速发展是密不可分的。新技术、新业态不断拓展法律科技的边界，夯实法律科技产品的细节，法律+科技已然成为法律科技行业最重大的命题之一。

结合法律科技行业实际技术应用来看，人工智能和大数据挖掘带来模拟方法和分析系统的发展；云计算技术的应用精简了无数程序，在线服务和云储存功能降低了诉讼成本；区块链技术更是加速区块链存证及智能合约应用，为互联网司法模式带来了创新空间。

1. 人工智能技术应用

（1）人工智能技术的发展

人工智能自 1956 年诞生以来，相关理论和技术持续演进。得益于深度学习等算法的突破、算力的不断提升以及海量数据的持续积累，在计算机视觉、智能语音、自然语言处理等领域广泛应用，产业实践成为现实，见表2-4。

表2-4 人工智能代表技术概述

代表技术类型	概述
机器学习（ML）	通过大量数据的学习和训练，让计算机能够自动提取数据中的规律和特征，并据此作出判断和预测。它是人工智能的重要基础之一
深度学习（DL）	机器学习的一种高级形式，利用多层神经网络对数据进行处理和分析，实现更加复杂的任务，如图像识别、语音识别、自然语言处理
自然语言处理（NLP）	让计算机能够理解和处理人类自然语言，实现语音识别、语音合成、自动翻译等任务
机器视觉（CV）	让计算机能够理解和处理图像和视频，实现图像识别、目标检测、人脸识别等任务

资料来源：网络安全等级保护与安全保卫技术国家工程研究中心《通用人工智能AGI等级保护白皮书2023版》，智合研究院整理。

2022年11月30日，由OpenAI研发的通用聊天系统ChatGPT正式上线，ChatGPT创造了最快达到一亿月活跃用户的纪录，成为人工智能领域最火的革新性产品。

相较于之前的聊天机器人而言，ChatGPT所给出的针对用户提问的回答在连贯性与准确度上均有大幅提升，更被开发出了程序编写、代码勘误、诗歌创作、市场研究、金融分析与论文撰写等功能，且均有不俗的表现，被赞颂为"新一代操作系统平台的雏形""可以改变世界信息化格局"。强大的功能使各行各业都在探索ChatGPT对行业能够带来的变革，法律领域亦不例外。

（2）法律科技领域的应用

人工智能是以生物进化的观点模拟、延伸和拓展人的智能，该技术的应用将为法律领域将带来极大的冲击和便利。目前法律科技领域应用的人工智能技术包括自然语言处理（NLP）、深度学习、语义分析、知识图谱等。

ChatGPT 作为万众瞩目的产品，属于自然语言处理（Natural Language Processing，NLP）领域的产品之一，综合了自然语言理解与自然语言生成两方面的技术，开拓了人工智能技术在法律科技行业的应用边界。

从实际应用来看，近几年，自然语言处理（NLP）得到了一些国家法律体系的重点关注。许多国家的法院都在试图通过使用几种不同的算法预测不同类型的判决。然而，这些尝试也都多数停留在事实描述，而没有深入实际裁判的领域中。随着法律生成式人工智能的不断发展，相关研究对自然语言处理在法律领域的适用现状进行总结，并重点研究该技术在法律领域的运行机制以及现实挑战，最终得出结论认为虽然自然语言处理技术还很难适用于如法律推理这种专业性较高的法律实务，但是该技术的发展对于法律科技的发展无疑是一个利好的信息，见表 2-5。

表 2-5 "自然语言处理（NLP）+法律"代表应用

大类	小类	概述
法律文本分析	法规解析与信息提取	NLP 技术可以帮助从海量法规文本中提取关键信息，支持法律专业人士更快速地了解和应用法规
	法律案例分析	NLP 技术可以通过对法律案例进行自动化分析，为律师提供有关判决趋势、法官偏好等方面的见解
合同智能化管理	合同信息提取	NLP 技术可以自动提取合同中的关键信息，帮助企业更好地管理和监控合同履行
	合同风险评估	NLP 技术可以通过对合同文本进行风险评估，帮助企业更好地了解合同中可能存在的法律风险
司法决策支持	司法文书分析	NLP 技术可以通过对司法文书的分析，为法官提供关于先前案例和判决趋势的信息，辅助决策过程
	法律问答系统	NLP 技术还支持开发法律问答系统，帮助律师和法官更迅速地获取法律知识和信息

资料来源：腾讯云［自然语言处理 |NLP］法律 NLP 中的应用：从原理到实践，智合研究院整理。

除"当红"的自然语言处理（NLP）技术之外，深度学习、语义分析、知识图谱、认知智能等关键技术可构建"精准分案"和"智能化推荐"等可视化系统，提高司法审判的效率和质量，见表2-6。

表2-6 "其他人工智能代表技术 + 法律"应用

类别	概述
机器学习	借助机器学习，可对大量的法律文献、判决和案例等进行分类、整理和管理，帮助律师和法官更加快速、准确地分类和搜索这些文献和判决，以及从中获取必要的信息和指导等
深度学习	文本分类、合同自动化、法律咨询系统、法律风险评估、数据处理和预处理方法，搭建法律模型架构等
机器视觉	智慧司法便民设施中集成人脸识别等设备，提供自主存证、自主立案等便民服务
语义分析	结合法律信息，如法律、案例、理论、程序、规则等进行深度挖掘，进行诸如法律知识的语义表达、法律语义检索和查询等研究
知识图谱	凭借知识图谱搭建的可视化领域知识体系，作为量刑、处罚等方面的预测依据
认知智能	借助语音和形象智能合成技术、合成AI虚拟法官，提供浸入式诉讼指引和在线智慧诉讼服务

资料来源：智合研究院整理。

2. 大数据技术应用

（1）大数据技术的发展

互联网的诞生催生出大数据，而大数据为人工智能的发展提供了源源不断的资源。2017年12月8日，中共中央政治局就实施国家大数据战略进行第二次集体学习。习近平总书记强调，推动实施国家大数据战略，加快完善数字基础设施，推进数据资源整合和开放共享，保障数据安全，加快建设数字中国，更好服务我国经济社会发展和人民生活改善。

2023年1月，中国信通院颁布的《大数据白皮书（2022年）》中指出，我国大数据领域良好的发展态势进一步巩固。从细分领域来看，数据存储与计算、数据管理、数据流通、数据应用、数据安全五大核心领域均伴随相关政策、技术、产业、应用的不断演进，发展目标进一步明确和丰富，发展成效不断显现，见表2-7。

表2-7 五大核心领域发展现状及新形势下的发展方向

类别	发展现状	新形势下的发展方向
数据存储与计算	实现了海量数据的高校存储、计算	降低运维成本，提升处理效率
数据管理	头部行业实现关键数据的管理	各行业均实现全域数据管理
数据流通	点对点间流通路径完成初步探索	全社会范围规范化流通
数据应用	支撑核心业务分析和顶层决策	以无感形式嵌入全域业务
数据安全	推进外规内化与风险治理	安全左移*的智能化治理

* 安全左移（Security Left Shift）是一个网络安全概念，它强调在软件开发生命周期的早期阶段就引入安全措施。

资料来源：信通院《大数据白皮书（2022年）》，智合研究院整理。

（2）法律科技领域的应用

法律大数据分析的发展使立法、司法、执法及法律服务市场在一定程度上呈现出自动化发展趋势，目前涉及大数据运用的主要是大数据侦查、大数据调查、大数据证据等探索；开展大数据法律监督，包括基于大数据的刑事法律监督、基于大数据的民事法律监督、基于大数据的行政法律监督和基于大数据的检察公益诉讼的摸索等。这些都是以法律监督为本位和目标，以大数据为动能的探索创新。

根据大数据技术面向对象来看，分为面向内部的全量数据仓库及面向外部可公开信息形成的较全量数据仓库两类，见表2-8。

表 2-8　大数据技术应用分类——按面向对象

类别	概述
面向内部的全量数据仓库	以最高人民法院的全国大数据平台以及各高级人民法院和有条件的中级人民法院的大数据分平台为基础的海量数据，主要为内部司法人员提供大数据分析类服务
面向外部可公开信息形成的较全量数据仓库	以中国裁判文书网、中国庭审公开网、中国执行信息公开网和中国司法案例网等为基础的全国法院可公开的案件数据，是社会公众了解相关信息以及研究人员进行司法大数据研究较为全量的数据仓库

资料来源：中国法学，智合研究院整理。

面向内部应用以建设智慧法院为主，在以习近平同志为核心的党中央坚强领导下，在最高人民法院统筹、各级人民法院共同努力下，"十三五"期间智慧法院建设取得跨越发展，在"十二五"时期建成的以网络为中心的人民法院信息化2.0版基础上，转型升级建成了以数据为中心的人民法院信息化3.0版，形成了全业务网上办理、全流程依法公开、全方位智能服务的智慧法院。

2018年中国最高人民法院正式上线运行了以案情事实、争议焦点、法律适用等为要素的"类案智能推送系统"；2019年，上海"206"系统推出"刑事案件智能辅助办案系统"，随后安徽、贵州、重庆等地方法院纷纷推出针对某类案件的类案指引。

基于以上系统研发及推广，我国政府进一步规划大数据在法律科技领域的应用。2021年，最高人民法院发布的《人民法院信息化建设五年发展规划（2021-2025）》要求，基于大数据管理和服务平台，将构建司法数据中台、智慧法院大脑和司法链综合平台，全面拓展数据和知识服务。智慧法院大脑将汇聚人民法院已有和将有的人工智能共性能力，为各类应用提供智能化支持；司法数据中台将分布管理和分析人民法院各类数据，为各类应用提供接口服务、数据服务、知识服务、决策支持；区块链综合平台将面向各级法院和社会公众提供统一数据存证和验证能力，提升司法公信和司法效率。

面向外部应用通过多维数据关联分析和深度挖掘反映社会运行态势，推进提升国家治理效能。通过对司法、政务和互联网数据的整合分析，为企业合规提供建议，为金融风控提供参照。

3.云计算技术应用

（1）云计算技术的发展

云计算（Cloud Computing）是分布式计算的一种，指的是通过网络"云"将巨大的数据计算处理程序分解成无数个小程序，再通过多部服务器组成的系统进行处理和分析这些小程序得到结果并返回给用户，见表2-9。

表2-9 云计算技术发展现状

类别	概述
模式层面	应用架构现代化：通过微服务、Severless、事件驱动和命令职权分离等先进架构升级应用范式
	数据架构现代化：以云原生为底座优化数据摄取、数据存储、数据分析、数据消费、数据治理等能力，充分挖掘数据价值
	技术架构现代化：从资源管理、运维保障、研发测试、应用服务等方面构建通用的对上赋能的技术底座
	组织流程现代化：工作思维、管理方式、协作模式的革新
	用户体验现代化：目前华为云、道客等企业已初步形成应用现代化方法体系
架构层面	一云多芯为各行各业践行数字化转型提供有力支持，不仅可以对底层各种异构资源统一调度，还可以实现对上层应用和软件的适配操作
流程层面	平台工程以产品化、自助式的开发者平台，满足多场景下的应用研发需求。目前，阿里云、腾讯云等均积极落地平台工程，通过平台工程优化开发者体验、提升云应用的研发效能，并将平台能力赋能各行各业，满足多场景规模化研发需求
管理层面	FinOps（Finance 和 DevOps 的综合体）理念逐步落地，云成本优化技术满足多样化场景需求

续表

类别	概述
稳定性层面	云上系统稳定性挑战持续存在，系统稳定性保障体系不断完善、技术不断创新
安全层面	云原生革新云上软件架构与应用模式，加速云安全向云原生安全演进

资料来源：信通院《云计算白皮书（2022年）》，智合研究院整理。

（2）法律科技领域的应用

云计算技术在法律科技领域的应用方向包括法律数据库构建、法律信息监督和管理活动、法律制度的系统化，以上技术已经或即将在数字社会中发挥重要作用。

根据国务院国资委的数据，中央企业上云覆盖率达到了86%，上云后的用云建设是央国企云建设的重点内容。从中国法院等机构云计算技术应用来看，《人民法院信息化建设五年发展规划（2021—2025）》明确要求建设法院专有云，以云计算为支撑，构建全要素一体化信息基础设施，以虚拟化的方式，将计算、存储、网络资源统一部署在云管理平台，形成数据中心，基于策略实现资源按需服务，提高各类信息基础设施资源的服务能力。

对于大型企业，云计算提供了一种新的IT简化途径，通过构建企业私有云，能够减低法律信息化方面的投入成本，并且获得随需应变的计算环境。

根据赛尼尔法务的调查，目前国内众多中小企业没有法务部，部分法律云服务供应商致力于为缺少法务部的中小企业补全部门架构，提供包括合同管理、合规经营、风险管理、知识产权等在内的日常法律服务。此外，针对传统的合同签署模式普遍面临的跨地域、耗时久、流程复杂的问题，"互联网＋云计算＋合同签署"的电子合同订立平台应运而生，成为法务信息化管理的新趋势。

4. 区块链技术应用

（1）区块链技术的发展

区块链技术具有不可篡改、唯一性等特性。2019年10月24日，中共中央政治局就区块链技术发展现状和趋势进行第十八次集体学习。习近平总书记在主持学习时强调，区块链技术的集成应用在新的技术革新和产业变革中起着重要作用；要把区块链作为核心技术自主创新的重要突破口，着力攻克一批关键核心技术，加快推动区块链技术和产业创新发展。

Web3.0的出现进一步推动数字科技发展。Web3.0是用户自主掌控数据、资产的互联网发展新模式，底层由区块链、智能合约、"通证"、去中心化社区支撑、实现价值可信交换，催生一大批数字化新应用、新业态。

随着各大企业全面布局区块链技术产业，致力于打造全产业链、全栈式服务能力，对行业应用能力提出了更高要求，产业逐步转入分工协作的新局面。百度、阿里、腾讯、微芯研究院、华为、京东等技术提供商进一步聚焦技术迭代和服务提升，形成适用多领域的区块链技术综合性解决方案。政务服务、公共服务等面向自然人用户的业务场景推广成效良好，部分地区已形成十万级乃至百万级的链上用户规模。

（2）法律科技领域的应用

区块链法律科技是利用区块链、智能合约等技术手段赋能法律服务，应对数字经济下业务的合规风控、纠纷预防、多元化解、诉讼调解等新型需求，通过区块链技术的分布式、透明性、可追溯、可编程等独有的特性构建深度信任机制，打造高度安全的数据流通环节，提升法律服务的有效性、安全性和公正性。区块链法律科技的本质是区块链以及智能合约技术与法律服务的深度融合，是一次全面的数字化变革，是适应司法体制改革要求的创新举措，可以提供安全可靠、便捷高效、低成本的"一站式"的法律风险防范和维权服务。区块链法律科技有利于司法领域治理结构扁平化、治理及服务过程透明化，提高司法治理数据安全性，推动社会治理智能化和阳光化。

区块链技术可以通过共识算法、智能合约、治理、跨链、隐私计算等实现"可信协作"，从而解决信息交换与共享中的信任和安全问题。由此，区块链的四大核心技术（分布式账本技术、共识机制、智能合约及密码学技术）及其带来的技术优势可以有效缓解前述隐患，弥补互联网司法的技术性短板，填补数字司法的空白，见表2-10。

表2-10 "区块链技术+法律"应用

类别	概述
建成互通共享的司法区块链联盟	借助区块链技术建成与社会各行各业互通共享的区块链联盟，数据核验、可信操作、智能合约、跨链协同等基础支持，打造具有中国特色、保持世界领先的区块链司法领域应用模式
建设人民法院区块链平台	通过打造开放共享的全国法院司法区块链平台，加强司法区块链平台与各行业区块链平台跨链联盟建设，持续提升协同能力；要在互联网端建设司法区块链验证平台，支持当事人等相关主体对调解数据、电子证据、诉讼文书等司法数据进行真伪核验
运用区块链数据防篡改技术提升司法公信力	通过完善区块链平台证据核验功能，支持当事人和法官在线核验通过区块链存储的电子证据，推动完善区块链存证的标准和规则，提升电子证据认定的效率和质量
应用区块链优化业务流程提高司法效率	通过建立调解协议不履行自动触发审判立案、执行立案等业务规则和智能合约程序，增强调解程序司法权威，支持多元纠纷化解
应用区块链互通联动促进司法协同	构建不同部门之间的跨链协同应用，提高工作效率
利用区块链联盟互信服务经济社会治理	推进构建与知识产权、市场监管、产权登记、交易平台、数据权属、数据交易、金融机构、相关政府部门等区块链平台跨链协同应用机制，支持知识产权保护、营商环境优化、数据开发利用、金融信息流转应用、企业破产重组、征信体系建设等

资料来源：《最高人民法院关于加强区块链司法应用的意见》，智合研究院整理。

21世纪大数据、人工智能和区块链等法律科技的迅猛发展导致司法和法律服务的普及化、精准化和智能化，这些技术的发展极大地提高了法律服务的效率，比如，通过人工智能进行案件分析和预测、使用区块链技术进行证据的保全等。技术的革新也使一些之前无法实现的服务变得可能，如在线纠纷解决、自动化合同生成。更商业化和市场化的法律服务竞争正从内部和外部双重作用力下为法律科技行业的进一步发展奠定良好的基础。

现 状 篇

第三章

全球法律科技行业发展现状

一、全球法律科技行业发展历程

法律科技发展至今，成为一个行业，其历史最早可追溯至1949年，李·洛文杰（Lee Loevinger）提出了计量法学（Jurimetrics）的定义，运用统计等量化方法解决法律问题。后来，随着信息科学的发展，计量法学在法律和量化方法的基础上，加入计算机科学，在学术领域成为计算法学（Computational Jurisprudence）。

计算法学是与计算机科学、现代统计学的交叉学科，基于现代人工智能技术和大数据挖掘技术，属于法学的研究分支，通过统计学、现代数学、计算智能等技术方法模拟和预测法律事务，其核心思想是计算思维与法学思想的深度融合，主要通过主体的分布式实时计算分析法律行为，从而发现法律发展的深层规律。

在21世纪的互联网浪潮中，"互联网+法律"这个表述出现，用更通俗的方式，在大众传播的视角下开始流行。到2013年，这个概念又进化成法律科技（Legal Technology），被行业内认可与使用，法律科技企业也在这期间纷纷成立，形成法律科技行业。

法律科技企业主要做的事可以概括为运用大数据、算力、区块链、人工智能等互联网新技术服务立法、执法、司法和法律服务行业。法律科技企业的服务范围广泛，包括但不限于电子取证、在线纠纷解决、合同管理、案件管理、法律研究、合规和风险管理、知识产权管理、法律咨询等。法律科技企业的目标是借助技术手段提升法律服务的效率、准确度和易用性，同时降低成本和时间投入。

哈佛大学教授奥利弗·古迪纳夫（Oliver Goodenough）在2015年提议，根据人工智能技术发展经验将计算法学划分为三个阶段，称为法律科技1.0阶段、法律科技2.0阶段和法律科技3.0阶段。

法律科技1.0阶段，在当时的法律系统下应用科技增强信息处理能力，如计算机辅助法律查询、流程管理、语义处理的专家系统等。

1958年，卢西恩（Lucien）提出了法律科学的信息化处理，即建立法律文献或案例自动检索模型和法官裁量模型。1970年布坎南（Buchanan）进一步论述了人工智能与法律推理，用计算机模拟人的思维过程和智能行为，建立基于规则和案例的法律推理模型。

法律科技1.0阶段的代表企业是诞生于1975年的西部法律（Westlaw），这是世界范围内第一个将类似谷歌（Google）的简单性引入法律研究的网站，可以搜索案例、法规、二手资料、摘要等，受到判例制的西方国家律师的欢迎。除了Westlaw，另一大出版集团律商联讯（LexisNexis）也在20世纪70年代推出了在线法律数据库和在线法律检索产品。直到今天，法律检索工具也是法律人所必备。

法律科技2.0阶段，随着更先进技术的加入，法律科技可以替代人类使工作自动化。涉及的领域有事实调查或事实评估、文档自动化、合同或索赔文件起草等。

这一阶段，出现了许多法律实践管理软件，如Clio、MyCase和PracticePanther。这些软件帮助律师事务所和律师更有效地管理案件、时间和客户关系。

法律科技2.0阶段还出现了一些电子文件管理和协作工具，如NetDocuments、Worldox和iManage等。这些工具使律师能够在线存储、共享和协作处理法律文件，提高了工作效率。这一时期合同自动化和管理平台（如ContractExpress、HotDocs和DocuSign）开始流行，这些平台使律师能够快速生成和审查合同，提高了合同处理的效率。

法律科技 3.0 阶段，自动化和技术替代人不再是问题的关键，通信、建模和执行等计算技术被引入，深刻改变了之前的法律科技系统。问题的关键成为自主决策的可能性——使用 AI 或利用机器学习的高级算法，由系统根据独立获取的数据和自我学习作出决策的更高层最终决定可以由 IT 系统直接作出，也可以由人批准。

至此，行业开始蓬勃发展，学术界对人工智能的未来监管框架也展开了激烈的辩论，包括对其决策的问责制。根据斯坦福大学 CodeX Techindex 信息库数据，自 2008 年开始，海外法律科技公司进入了快速发展阶段，每年新成立公司数量不断增加，2015 年达到峰值，有超过 200 家法律科技公司成立。但从 2016 年开始，法律科技公司新成立数量开始回落，近三年新成立的法律科技公司数量较少。

2022 年 ChatGPT 席卷全球，成为包括法律科技在内的科技行业关于人工智能的重要拐点。通用人工智能进一步赋能法律科技产品，GPT-4 直接可以通过美国律师资格考试，并且得分高于 90% 的人类考生。在类似这种强度的通用人工智能大模型的帮助下，法律科技产品将得到进一步提升与优化。

二、全球法律科技行业市场现状

（一）全球法律科技行业发展现状

法律科技最早起源于美国，经过多年发展，已经出现了诸如"一站式"电子合同管理平台 DocuSign、法律电商平台 LegalZoom、金融领域服务商 Intapp、法律技术软件开发商 CS Disco 等行业领导者。自 2022 年 ChatGPT 风靡全球以来，各行各业大模型应用不断涌现，法律领域 AI 大模型应用产品也风起云涌。如律商联讯推出了 Lexis+AI™，专精于企业软件管理的 Robin AI 推出了大模型赋能的合同编辑软件，Harvey、Klarity 等法律科技领域的创新型公司也基于 ChatGPT 大模型快速出台了新产品并占据了市场高地。截至 2023 年，全球法律科技市场在 AIGC 技术的推动下又掀起了一阵发展热潮。据 2023 年威科集团的调查显示，全球市场上绝大多数法律专业人士（91%）表示，拥有能够使律师快速适应变化的新技术、获得新的工具以及用技术提升生产力并简化工作流程非常重要，并且有 85% 的律师事务所和 84% 企业法律部门表示，希望更多地利用技术提高生产力。

根据 Natlawreview2023 年的统计，在近几年法律科技快速发展中，北美市场发展最为突出，经过 3 年新冠疫情的洗礼，许多传统行业被迫迅速创新转型，随着律师工作量的增加，律师事务所越来越倾向于利用不同类型的数字化管理软件进行工作安排。在受访的律师事务所中，有 81% 增加了第三方或外包资源的使用，包括合同工和第三方劳务派遣、替代法律服务提供商（ALSP）和非法律从业人员以缓解疫情造成的人才短缺问题以及因为法律越发复杂而日益增长的工作量。显然，效率的提升对于当今的律师事务所来说非常重要。2023 年 5 月 5 日，世界顶级法律、专利、税务等服务商律商联讯（LexisNexis）宣布推出全球首个面向法律界的类 ChatGPT 生成式 AI 平台——Lexis+ AI™。这是一个用于法律研究和文件起草的生成式 AI。LexisNexis 旨在彻底改变其平台用户的研究和文件起草过程。利用生成式 AI 的强大功能，Lexis+AI 通过生成法律文件的初稿和客户沟通来指导客户完成法律起草之旅。

在欧洲，专注于企业管理软件提供的 Robin AI 也在 2023 年以合同管理的角度切入法律科技领域，帮助中小企业更快地处理合同，使成本显著降低。企业可以利用其功能高效地编辑批量合同，并获得其 30 名内部律师的专业支持。Robin AI 由 Clifford Chance 的前律师理查德·罗宾逊（Richard Robinson）以及曾担任伦敦国王学院（King's College London）和帝国理工学院的前机器学习研究科学家的詹姆斯·克劳夫（James Clough）于 2019 年创立，整个团队由 75 名全职员工组成，包括法律专业人士和软件工程师。

亚太地区目前由于法律服务行业尚处于发展之中，尽管企业法律部门和律师事务所对自动化一直保持谨慎态度，但新冠疫情的到来迫使很多企业和律所通过自动化的方式提升服务质量并简化工作流程。虽然目前由于市场规模较小、对于科技接受程度不高等原因，尚未出现体量较大的法律科技企业，但该市场未来的增量将会非常可观。根据Natlawreview的预估，到2024年该地区50%左右的律所与公司将实现自动化流程。

（二）全球法律科技行业应用市场结构

就法律科技公司提供的服务类型而言，斯坦福大学CodeX Techindex信息库将法律科技公司分为九类，但该信息库并未对Compliance Companies和E-discovery Companies这两类公司的数据进行统计，已统计法律科技公司数据如表3-1所示。

表3-1　法律科技行业应用领域

类别	解释	具体功能举例
Marketplace Companies	市场平台公司	律师与客户沟通平台
Document Automation Companies	文档自动化公司	智能文书生成
Practice Management Companies	流程管理公司	律师工作平台
Legal Research Companies	法律研究公司	数据库、案例检索
Legal Education Companies	在线法律教育公司	线上课程学习平台
ODR Companies	在线争议解决公司	互联网法庭
Analytics Companies	智能分析公司	法官分析、律师分析

资料来源：智合研究院整理。

其中，在线纠纷解决类公司和律师执业管理类公司占比较大，超过了近20年成立的法律科技公司总数的一半。这两类公司均提供在线服务平台类产品，可见该类公司在法律科技行业的大体量，见图3-1。

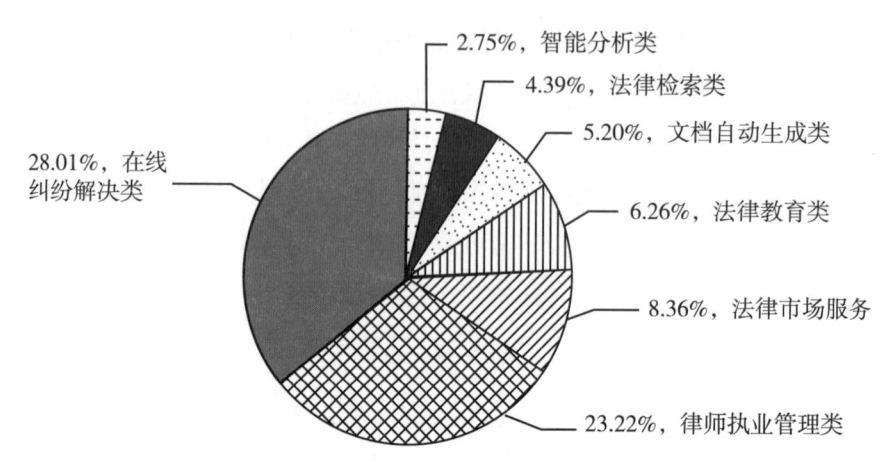

图 3-1 2021 年全球法律科技行业应用领域分布

资料来源：斯坦福大学 CodeX Techindex 信息库，智合研究院整理。

2016~2018 年，依赖于人工智能的法律科技公司数量有所增长，如文档自动生成类公司数量在 2018 年达到峰值。

（三）全球法律科技市场规模

为了应对法律信息量和复杂性的激增，以及满足整个法律服务行业日益变化的需求，全球法律科技行业正快速拓展。根据 2022 年汤森路透针对法律行业的调研，全球约有 59% 的律所和企业法务部门加大了它们在法律科技方面的支出，期望在简化运营过程的同时，提高律师群体的生产力和盈利能力。从 2021 年到 2022 年，所有类别的法律科技产品的使用率均有提升。像法律研究解决方案、文档自动化解决方案、律所运营管理解决方案这几类法律科技产品，使用率年增长在 40% 至 100%。

以合同管理为例，随着业务中需要管理的合同越来越多、越来越复杂，以及企业在合规性和风险管理方面更强的需求，涉及从最初起草阶段到执行、持续管理的合同生命周期管理软件正在成为所有规模企业必备的工具。而近几年 ChatGPT 的出现，法律科技与 AGI 也就是通用人工智能的结合进一步赋能法律科技产品。这些需求的扩大拉动了法律科技市场的持续增长：根据 Grand View Research 发布的研究报告统计，2022 年全球法律科技市场规模约为 234.5 亿美元，预计到 2030 年，该规模将达到 457.3 亿美元，年复合增长率为 9.1%，见图 3-2。

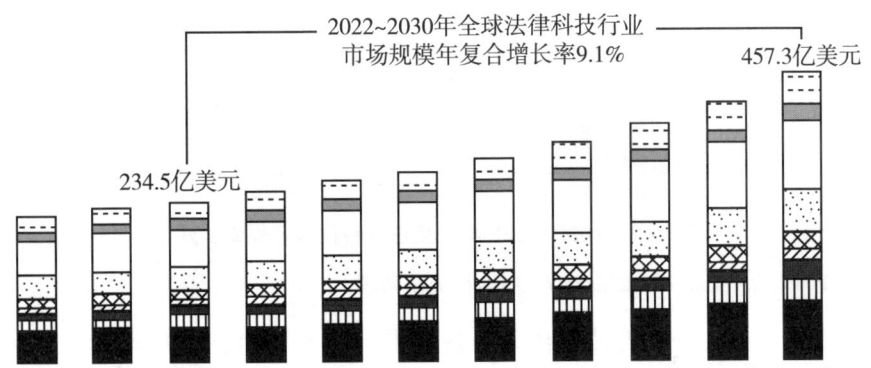

图 3-2　2020~2030 年全球法律科技行业市场规模体量及预测

资料来源：Grand View Research，智合研究院整理。

三、全球法律科技行业区域市场

全球法律科技市场按区域可分为亚太地区、北美、拉丁美洲、欧洲、中东和非洲。企业需求的广泛存在，以及提供法律科技服务的人工和机器学习的自动化程度不断提高，为法律科技公司提供了发展基础。

2022 年，北美市场在全球范围占据了最高的市场份额，约为 49%。该地区因机器学习的使用、人工智能的自动化，以及云端解决方案的增加而实现实质性增长，这些解决方案具有可扩展性、成本效益高和灵活性，提供了各种市场增长机会。此外，引入区块链技术以提供更透明、更安全的法律交易预计将推动北美法律科技的增长。根据 Mordor Intelligence 测算，2023 年北美法律科技市场规模将达到 9.4 亿美元，预计 2028 年增长至 32.9 亿美元，年复合增长率为 28.50%，见图 3-3。

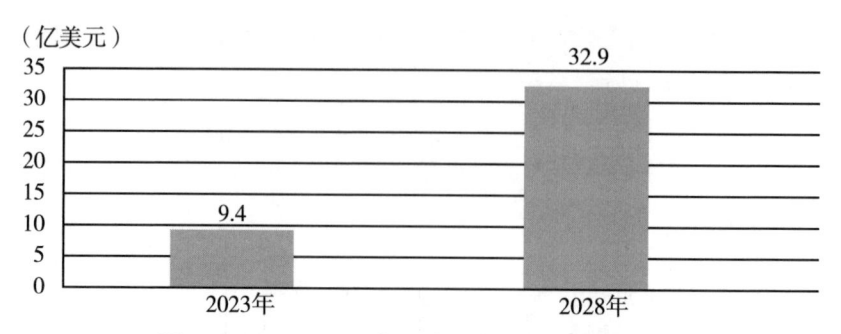

```
(亿美元)
35                                              32.9
30
25
20
15
10        9.4
 5
 0
         2023年                                  2028年
```

图 3-3　2023~2028 年北美法律科技市场规模测算

资料来源：Mordor Intelligence，智合研究院整理。

此外，在为法律行业提供人工智能平台和工具的公司方面，北美地区有相当大的影响力，拥有包括 OpenText Corporation、IBM Corporation、Ross Intelligence Inc.、Veritone Inc. 和 Neota Logic Inc. 等一众法律科技企业。同时，北美地区的律师事务所也纷纷效仿各类全球性企业的法务部门，从尽职调查、合同分析、房地产分析、知识产权和冲突解决，都已着手通过人工智能技术提高效率和竞争力。为了更快促进法律科技市场的发展，一些成熟的律师事务所、ALSP（如汤森路透）、四大会计师事务所和金融公司（如巴克莱）也都合作建立了自己的孵化器，为法律科技创新企业提供发展所需的指导、知识和融资。

例如，2023 年 1 月，Themis Solutions Inc.（Clio）将业务扩展到澳大利亚，在澳大利亚法律市场扩展和支持合作伙伴关系、销售和产品开发。此外，区块链技术的不断融入正积极影响市场增长，因为它使法律专业人员能够执行包括争议解决和合同管理在内的任务，并提供安全、不可篡改的交易记录。

欧洲法律科技市场 2022 年总创收达到 71.8 亿美元，其中现有企业创造了 68.7 亿美元的收入。德国市场在整个欧洲占据主导地位，其市场价值达到 28.93 亿美元；英国市场预计在 2023~2030 年以 7.9% 的复合增长率增长。此外，法国市场 2022~2030 年的复合增长率将达到 9.7%。

亚太地区 2022~2023 年复合增长率达到 8.9%，预计未来几年将迎来显著增长。这一增长归因于该地区法律行业对机器学习和人工智能技术日益普遍的应用，企业亦越来越多地使用最新技术进行法律研究、文件管理、合同分析和审查等工作。其中最重要的是该地区正在规划包括法律行业在内的各行业数字化转型。随着数字化的推动，法律专业人士对法律科技和解决方案优势的认知不断提升。此外，该地区人口众多且多样化，加上经济不断发展，为法律科技服务创造了巨大的市场。

四、全球法律科技行业竞争格局

（一）全球法律科技行业市场竞争格局

国外法律科技行业经过多年发展，企业已经进入市场细分赛道，产品和服务涵盖了智慧咨询、律师事务所管理系统、电子签名、合规等相关产品等多个领域。按照目标客户维度，国外法律科技行业市场可以分为To L（服务律师事务所）、To B（服务企业法务部门）及To C（服务消费者）。但值得注意的是，无论是To L还是To B，企业才是最终付费方。即便产品的客户是律师事务所，由于律师事务所是为企业服务的，律师事务所会把法律科技工具转交给客户报销，见图3-4。

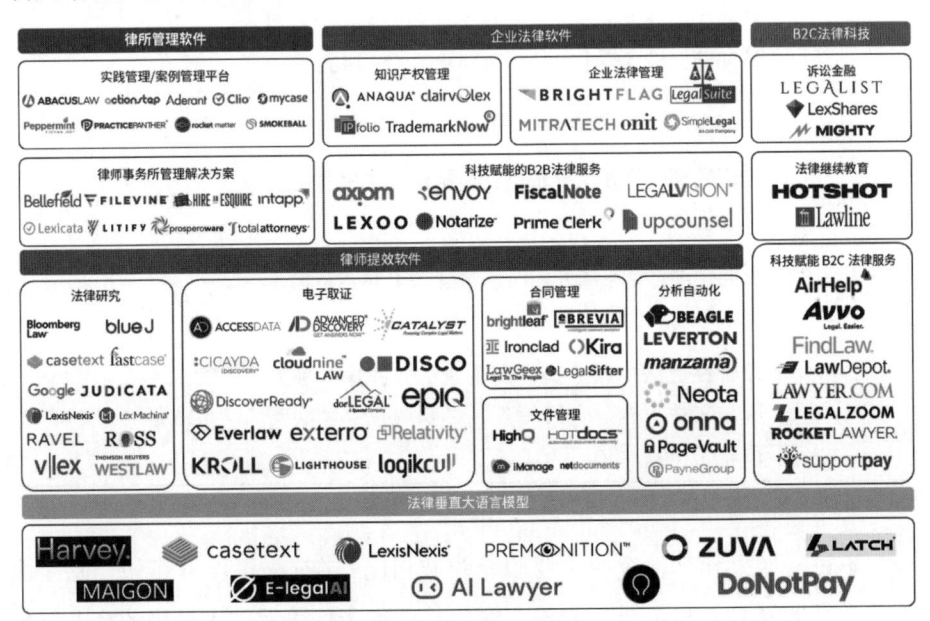

图 3-4 法律科技市场趋势

资料来源：海外独角兽公众号，智合研究院整理。

具体到工作场景，传统法律科技多是广义上的案件管理平台或单点解决方案，执行的只是文件资源管理等 ERP 功能。新一代法律科技引入 NLP 等新技术，可以拆分为法律研究、eDiscovery、合同管理、文件管理、文件分析自动化及面向 C 端消费者的诉讼融资、法律教育、技术驱动的法律服务等。根据 Legal Tech 的融资分布和头部上市公司所在的领域可以看出，在大模型出现前，Legal Tech 企业的核心商业价值在于电子签名、合同管理这两个环节。

其中，传统法律科技领域中，电子签名的市场已经被头号玩家 DocuSign 所垄断，占据超七成市场份额。合同及文件管理领域则出现了 CS Disco、Ironclad、Evisort 等独角兽，且服务对象均为企业法务，见表 3-2。

表 3-2 海外代表性电子签名企业　　　　　　　　　　　　单位：美元

公司	领域及用户	收入情况	市值
DocuSign	电子签名，企业客户为主	21.07 亿	100 亿
LegalZoom	法律文书获取平台、中小型企业和个人；用户回答问题，描述需求，然后得到所需的法律文书	6.2 亿	25 亿
CS Disco	法律文件电子搜索解决方案提供商，企业法务	1.35 亿	5.3 亿
Ironclad	合同管理，企业法务部门；包括法律文书自动撰写和管理	1.00 亿	32 亿
Evisort	合同管理，企业法务部门；通过 NLP 技术帮助企业审阅处理合同信息与商业数据	0.42 亿	—
Elevate	综合性泛法律服务提供商企业法务和律师事务所，文件审查、合同管理、尽职调查、采购支持、IT/APP 开发	4.16 亿	—

资料来源：智合研究院整理。

不过，如果和其他企业主要职能领域相比，在 Legal Tech 领域，除了电子签头号玩家 DocuSign 外，尚没有诞生其他数十亿美元收入量级的企业级软件公司。

而在 AIGC 和 NLP 技术超速发展的今天，通用大模型已经能够影响专业领域。OpenAI 在其发布的论文 *GPTs are GPTs：An Early Look at the Labor Market Impact Potential of Large Language Models* 中提到，大约 80% 的工人有至少 10% 的任务会受到 ChatGPT 的较大冲击、约 19% 有至少 50% 的任务受到较大冲击，可能会对经济、社会和政策产生显著影响，见表 3-3。

表 3-3　模型打分下暴露最高的 5 个职业

分组	暴露最高的 5 个职业	暴露值 / %
模型 α	数学家	100
	通信员	95.2
	区块链工程师	94.1
	法庭记录员、同声传译员	92.9
	校对和抄写员	90.9
模型 β	数学家	100
	区块链工程师	97.1
	法庭记录员、同声传译员	96.4
	校对和抄写员	95.5
	通信员	95.2
模型 Σ	会计和审计	100
	新闻记者和分析员	100
	法律助理、行政助理	100
	临床数据管理员	100
	气候变化政策分析师	100

资料来源：*GPTs are GPTs：An Early Look at the Labor Market Impact Potential of LLM*，智合研究院整理。

但通用大语言模型（LLM）在解决专业领域问题时，常出现幻觉、引用内容不存在、胡乱编造等问题，出现的答案无法满足专业群体的工作需求，如律师、医生、教师等高度知识积累的领域，通用大模型还无法覆盖。至此，行业内企业开始致力于在通用大模型基础上，通过"预训练+微调"的开发范式，针对具体任务和场景，对大模型进行二次开发、微调甚至是单纯以领域知识库做辅助，用以赋能专业场景。

预训练大模型具备很强的专业性，能够以零样本或小样本微调，以及其他相对高效的方式支持多种场景，这种方式下模型训练和微调成为两个完全独立环节，极大地促进了流程标准化和产业分工。同时，"预训练大模型+微调"的开发范式不需要下游应用厂商从头进行模型训练，大大降低了对其算法能力的要求，使更多企业有能力研发自己的垂直领域大模型。

目前，国外"LLM+法律"领域，主要玩家以 Harvey 为代表，Harvey 是 OpenAI Fund 的第一批投资标的之一，其产品定位是成为律师的通用性助理，目前已经完成红杉领投的 2100 万美元 A 轮融资，最新估值为 1.5 亿美元。Harvey 的发展还十分早期，但可以作为"LLM 会如何颠覆法律服务"的一个研究切入点进行长期关注。Harvey 的首个产品是一个在 GPT4 底座模型上加入大量法律专业数据 finetune 的 AI Chatbot，其产品形态类似 ChatGPT，它的主要能力包括：法律写作（撰写长篇、格式化的法律文件，帮助起草合同，撰写客户备忘录，作为工作起点），问题回复（掌握专业法律知识，可以回答复杂的法律问题），合同及文件的理解与处理，以及为企业定制专有模型（使用客户特有工作产品和模板训练，以嵌入工作流，类似新员工加入律师事务所时的入职培训等）。

除此之外，Casetext-CoCounsel 也是该领域的另一有力竞争者，Casetext 于 2013 年成立于美国旧金山湾区，CoCounsel 是 Casetext 的一款基于 GPT-4 的 AI 法律助理产品，于 2023 年推出；目前 Casetext 已经被汤森路透（知名媒体路透社的母公司，本身拥有 Legal Tech 产品 WestLaw）收购。CoCounsel 推出了两款 AI 法律产品，分别为 AI 案例分析助理 CARA（Case Analysis

Research Assistant）及 AI 法律搜索工具 Parallel，致力于帮助律师查询法律文件、准备证词、生成法律 memo、总结内容和提取法律合同数据功能。目前，CoCounsel 已经在全球范围内的顶尖律师事务所、内部法律部门和法律援助组织中进行了 beta 测试，测试人员超过 400 名律师，已知的客户包括 Fisher Phillips、Eversheds Sutherland、Bowman and Brooke LLP 和 Orrick，Herrington & Sutcliffe LLP 等。

LexisNexis 则是以老牌服务商的身份切入该领域的代表性企业，其原本是一家老牌的英国法律服务提供商，为励讯集团（RELX Group PLC）的子公司，于 2023 年 5 月推出了基于 LLM 的法律 AI 平台，Lexis+ AI™ 旨在提供合同生成、法律内容总结与搜索的便捷功能，提高工作效率。LexisNexis 的核心优势为海量的法律数据以及定制化的 LLM 全栈，旨在基于其对行业的深度洞察更好地为头部律所提供 AI 服务。公司产品聚焦于法律行业的 AI 搜索，同时提供生成摘要、法律文件等能力，并会对相应的内容进行引用标注，以帮助律师和客户得到可验证、可引用的权威认证。

Donotpay 通过另辟蹊径的 B2C 法律聊天机器人，通过创新性的产品和流量牵引力为法律服务降低门槛以更好满足中长尾的法律诉求。Donotpay 于 2015 年推出便聚焦于为 C 端提供服务，定位为"RoboLawyer"，旨在满足普通 C 端用户的中长尾法律需求，如为难民申请庇护、为流浪人员申请住房；DoNotPay 平台最初是为了帮助英美客户对于违规停车罚单进行上诉，后来服务内容逐渐扩展。Donotpay 的核心产品形态是一个具有法律专业知识的 AI Chatbot，只需要订阅即可获取其智能化的法律服务，如各类法律建议和解决方案，具体场景包括挑战违章停车罚单、申请航班退款、取消健身房会员等。

结合以上四家以及 Spellbook、Evenup、Robin AI 等其他海外 LLM 法律头部公司，以及国内的幂律智能、语炎智能等获得融资的 LLM 法律公司，我们发现，公司最为核心的能力主要包括五点，见表 3-4。

表 3-4　LLM 法律公司核心的能力概况

核心能力	具体内容
垂类大模型的训练能力	虽然在各个垂直领域中，准确性最优解可能源于从 0 开始预训练大模型，如 BloombergGPT，然而多数 LLM 法律公司依旧选择了对已经相对成熟的 LLM，如 GPT-4.Claude、国内的 GLM 等进行微调（fine-tune），通过高质量法律数据的训练，以提高其准确性和实用效果；而如何更好地进行 fine-tune 以达到更好的效果，则需要创始团队在 LLM 训练上的 knowhow，包括如何选择 LLM（如 Harvey 选择独一使用 GPT-4），更好地清洗处理数据、如何工程化以至于达到更好训练效果、如何尽可能好地满足成本效益等
行业专业数据	对于 LLM 法律公司来说，能够训练出优质专业 LLM 的前提是能够更好积累较为优质的垂直类数据，否则会 Garbage in, Garbage out；同样，如果想积累优质的专业向量数据库用于 AI 检索，也依赖于优质的数据积累，如 Lexis AI+ 借助母公司 LexisNexis 的帮助能够更好地获取和使用数据、Casetext 借助其之前的客户资源和汤森路透的产业协同也能获得大量优质的垂直类数据
创始团队画像	LLM 法律的创业对创始团队的要求极高，需要同时拥有 LLM 和法律垂直类知识的顶级复合背景，而其中 Harvey 通过温斯顿·温伯格（Winston Weinberg）和加布里埃尔·佩里拉（Gabriel Pereyra）两位顶级"AI 专家+顶级律师"的复合背景，拥有目前 LLM 法律创业项目中最顶级的团队配置之一，拥有领先的 LLM 和法律 knowhow，从而能更好地满足律所和企业客户的需求
产品化及 Go-to-Market 的能力	产品化能力为目前所有 LLM+ 垂直类行业的重中之重，如何在大模型提供民主化的核心智能以及数据壁垒不明显的情况下，作出产品来更好且快地满足客户需求成为公司的核心能力；无论是还在内测的 Harvey，还是国内的几家公司，都拥有作出优秀产品的潜质；而如何更好地 Go-to-Market 也至关重要，无论是早期冷启动获得头部订单以快速转动数据和业务飞轮，还是选择整条法律服务价值链的切入点（如诉讼业务通常更复杂、有更高价值，如果消耗资源类似，应该优先选择）
数据安全问题的解决	由于法律行业本身数据非常敏感，聘请律所提供法律服务的企业客户通常会担心自己的隐私数据泄露，甚至成为 LLM 训练数据的一部分，LLM 法律公司会使用人为最终审查（由律师）、高级别加密保护、服务器隔离、私有化部署等方式以消除客户疑虑，在数据安全与隐私上赢得客户信任也将成为重要的竞争因素

资料来源：智合研究院整理。

现状篇 | 第三章 全球法律科技行业发展现状

（二）全球法律科技企业资本市场状况

1. 全球法律科技企业投融资概况

2022~2023年全球法律科技企业投融资事件见表3-5。

表3-5 2022~2023年全球法律科技企业融资事件汇总

序号	时间	公司名	公司定位	轮次	金额	投资方	估值
1	2022年1月18日	Digip	产权保护数字服务商	种子轮	320万欧元	未透露	1.25亿人民币
2	2022年2月21日	Harvey	人工智能技术服务商	战略投资	500万美元	OpenAI Startup Fund	1.63亿人民币
3	2022年4月7日	Govin	一站式治理平台	种子轮	100万欧元	DFF（领投）、Innovatiefonds、Noord-Holland	3900万人民币
4	2022年4月11日	Creative Intell	在线法务服务平台	种子轮	300万美元	Rimas Entertainment	9750万人民币
5	2022年5月18日	Unstoppable Domains	区块链保护域名服务商	A轮	6500万美元	Pantera Capital（领投）、Spartan Group、Mayfield、Gangeels、Alchemy Ventures、Redbeard Ventures、OKG Investments、Polygon、CoinDCX、CoinGecko	65亿人民币
6	2022年6月24日	LegalForce	合同审核SaaS公司	D轮	1.01亿美元	软银愿景基金（领投）、红杉资本中国、高盛GoldmanSachs（国外）、World Innovation Lab、Mizuho Capital瑞穗资本、Mitsubishi UFJ Capital	65亿人民币

· 061 ·

续表

序号	时间	公司名	公司定位	轮次	金额	投资方	估值
7	2022年7月29日	Legl	英国律所B2BSaaS平台	B轮	1800万美元	Octopus Ventures、Backed VC、Samaipata Ventures、First Round Capital	5.85亿人民币
8	2022年7月29日	LawVu	法律云平台提供商	A+轮	2600万美元	未透露	8.45亿人民币
9	2022年11月4日	LinkSquares	美国AI合同管理平台	C轮	1亿美元	G Squared（领投）、G2 Venture Partners	52亿人民币
10	2022年11月28日	Hence	法律外包服务商	种子轮	180万美元	Daybreak Partners（领投）、Broad Creek Capita	5850万人民币
11	2022年12月14日	Ironclad	合同管理软件服务	E轮	1.5亿美元	富兰克林邓普顿（领投）Franklin Templeton、Bond Capital、Y Combinator、Emergence Capital Partners、Lux Capital、Haystack、Accel Partners、Sequoia Capital 红杉	208亿人民币
12	2023年2月7日	HowNow	企业知识管理平台	A轮	460万欧元	未透露	1.79亿人民币
13	2023年3月13日	SpotDraft	人工智能法律助手研发商	A轮	2600万美元	Premji Invest（领投）、Prosus Ventures-Naspers、021 Capital、Arkam Ventures Riverwalk Fund、100x Entrepreneur Fund	8.45亿人民币

续表

序号	时间	公司名	公司定位	轮次	金额	投资方	估值
14	2023年4月11日	EvenUp	智能法务服务商	B轮	未透露	Bessemer Venture Partners、贝恩资本 BainCapital	9.75亿人民币
15	2023年6月28日	EvenUp	智能法务服务商	B轮	5050万美元	Bessemer Venture Partners（领投）、Bain Capital Ventures	16.41亿人民币
16	2023年7月24日	Fileread	法律技术服务商	种子轮	600万美元	Gradient Ventures（领投）、Soma Capital	1.95亿人民币
17	2023年7月25日	Nextpoint	电子取证平台	未透露	未透露	RFInvestment Partners	未透露
18	2023年8月9日	Flo Recruit	法律招聘平台	种子轮	420万美元	LiveOak Venture Partners（领投）、Moneta Ventures（领投）、Alumni Ventures Group、Tau Ventures	8.45亿人民币
19	2023年8月9日	BriefCatch	法律编辑工具	种子轮	350万美元	TIA Ventures（领投）、RiverPark Ventures、C2 Ventures、WS Investment Fund	未透露
20	2023年8月15日	Legatics	法律交易管理平台	A轮	400万英镑	FINTOP Capital（领投）、Gresham House Ventures	未透露
21	2023年8月17日	The Contract Network	合同协作平台	种子轮	800万美元	Tusk Venture Partners Andrew Sieja（领投）、GC&H Investments、The Legal Tech Fund、Mayo Clinic、Toba Capital	未透露

续表

序号	时间	公司名	公司定位	轮次	金额	投资方	估值
22	2023年8月22日	Trellis	法律研究平台	B轮	1500万美元	Top Tier Capital Partners（领投）、Headline、Okapi Venture Capital、Calibrate Ventures、Craft Ventures、Revel Partners、Sky Dayton	未透露
23	2023年9月7日	Easop	股权薪酬管理和合规软件	未透露	未透露	Cooley（领投）、Semper-Virens	未透露
24	2023年9月19日	Darrow	司法情报平台	B轮	3500万美元	Georgian（领投）、F2、Entrée Capital、NFX	未透露
25	2023年9月19日	Paxton AI	法律研究平台	种子轮	600万美元	WVV Capital（领投）、Kyber Knight、25Madison、Richard Parsons、Andrew Ng、	未透露
26	2023年12月20日	Harvey	人工智能技术服务商	B轮	8000万美元	Kleiner Perkins Caufield & Byers、OpenAI、Sequoia Capital红杉	51亿人民币

资料来源：IT桔子，智合研究院整理。

2.全球法律科技企业收并购概况

目前，全球大型的法律科技企业并不多，因此，法律科技行业的投融资、兼并重组事件也较少。近年来，进行法律科技行业兼并收购的企业的主要收购目的均是进行业务规模的扩大或是进行产业链延伸。

（三）全球法律科技行业重点企业案例

1.汤森路透

（1）企业基本信息

汤森路透（Thomson Reuters）是一家领先的商业信息服务提供商，其股票代码为 TRI，同时在多伦多证券交易所和纽约证券交易所上市。公司致力于通过其专业化的信息赋能软件和工具，以及全球最广泛的新闻服务——路透社（Reuters），为法律、税务、会计和合规专业人士提供服务。

汤森路透的使命是"信息引领未来"，旨在与服务的专业人士和机构共同维护法治、推动商业发展、揭露不良行为、报道事实，并为全球用户提供可信、公正的信息。

（2）业务布局现状

汤森路透作为世界一流的企业级专业信息服务提供商，在法律科技领域，为全球法律、风险合规管控以及进出口贸易和财税领域的专业人员提供核心的智能决策信息和解决方案。

汤森路透有六大法律科技产品，其中汤森路透 Westlaw 的使用量在第三方 www.alexa.cn 全球网站流量排名中排第 8881 位（2020-12-5），高于其他同类数据库，见表 3-6。

表 3-6　汤森路透法律科技布局

类型	概况	应用场景	市场地位
在线法律信息检索工具 Westlaw	由汤森路透集团旗下美国 West 出版公司于 1975 年开发的综合性法律、法规、图书、期刊、新闻和公司信息平台	不同法域、不同语言的法律信息检索在线数据库	目前包含美国、英国、加拿大、澳大利亚、欧盟、韩国和我国香港地区等，覆盖几乎所有的法律学科，数据库内容的更新速度最快可达每 10 分钟一次
法律专有实务知识服务 Practical Law	线上实务法律知识服务，定位是为律所的客户创造价值	获知相关实务解读、实务指南、助力工作的示范文件以及包含最新法律变更的资讯	其专家团队任职于全球各地的律师事务所、各相关协会和机构，负责确保实务数据的权威性和时效性

续表

类型	概况	应用场景	市场地位
风险监管平台 Practical Compliance	专为合规专业人员设计，涵盖所有合规核心领域，并根据关键合规任务进行合理组织	政策和流程设计、控制机制实施、沟通与培训、监测与审计、调查工作管理、执法与诉讼处理	由经验丰富的数据隐私专家提供涵盖全球45个国家/地区的指导意见。可访问10,000多个实用资源，包括指导说明、工具包、核查清单和标准格式政策，涵盖企业合规领域所有关键要求
监管情报平台 Regulatory Intelligence	收集、监控和分析监管数据，并跟踪变化，旨在帮助客户作出明智的决定，放心地管理法规风险，同时为组织内采取积极的行动变更提供工具	主要应用于预测和应对全球监管环境	利用来自1000多个监管机构的2500多种监管和立法材料，全球监管专家和编辑团队每天分析新闻和事件，并提供相关分析和实践指导
安全云端生态系统 High Q	在合同、案件和支出层面整合行业领先的人工智能技术，文档自动化、合同生命周期管理、法务工作受理等工作通过该平台进行操作	为企业法务人才提供可付诸实施的见解	企业内部法务部门、律师事务所和政府企业会选择的平台之一
花费管理和案件管理 Legal Tracker	通过分析工具和基准分析工具，管理复杂法律开支，实现更佳业务成果	法务部门在了解、控制并削减花费时使用	经由单一平台连通10万多家律所，即时访问每个法律案件（从文档、电子邮件到截止日期和人员等）所有相关数据，被评为最受欢迎的花费和案件管理系统

资料来源：智合研究院整理。

（3）企业发展历程

成立与早期发展（1851~1983年）：

路透社成立于1851年，最初是一家新闻机构，后来发展成为全球领先的新闻和金融信息提供商。汤姆森公司则是一家加拿大的出版和信息提供商，成立于1934年。

合并与扩张（1984~2000年）：

1984年，汤姆森公司收购了路透社，两家公司合并成立了汤森路透。在20世纪80年代到21世纪初，汤森路透通过收购和合作，增强了其在法律、金融、税务和会计信息服务领域的市场地位。

数字化转型（2001~2010年）：

在21世纪初，随着互联网和信息技术的发展，汤森路透开始将其业务数字化。推出了在线法律研究平台和税务信息平台等产品，并开发了基于人工智能和机器学习的解决方案。

战略重组与聚焦（2011~2020年）：

近年来，汤森路透进行了一系列战略重组，包括在2018年出售其金融与风险业务Refinitiv给伦敦证券交易所集团（LSEG）。这个阶段汤森路透将重点放在了法律、税务、会计和新闻服务上，同时继续投资于技术和创新。

持续创新与适应市场变化（2021年至今）：

面对全球经济和政治环境的不确定性，汤森路透继续专注于提供高质量的信息服务。通过收购和战略合作来增强其市场竞争力，并致力于可持续发展和社会责任，通过其汤森路透基金会支持媒体自由、包容性经济和人权问题。

（4）未来规划展望

2023年12月，汤森路透与全球律师事务所摩根路易斯建立合作伙伴关系，共同研发新的人工智能驱动的法律产品，通过合作，摩根路易斯将为汤森路透提供反馈，帮助塑造汤森路透研发的产品。

这是汤森路透与律所层面的合作，另外，2023年6月，汤森路透以6.5亿美元现金收购了法律技术服务商Casetext。Casetext的核心产品之一CoCounsel是通过GPT-4打造的一款专注法律领域的ChatGPT产品，可实现分析法律文件、合同、生成证词和法律备忘录等。汤森路透将Casetext的产品矩阵与其核心法律产品Westlaw进行了技术融合。

从以上两项汤森路透2023年在法律科技行业的动作可以看出，其正在加紧在法律科技领域的布局。未来，汤森路透预计将利用人工智能、机器学习和自然语言处理等先进技术，不断升级其法律研究工具和自动化工作流程解决方案。随着云服务和移动办公的普及，汤森路透可能会推出更多云端和移动友好的产品，以满足法律专业人士对灵活性和可访问性的需求。同时，通过大数据分析，其将提供更深入的市场和法规洞察，帮助用户作出更明智的决策。

在构建法律科技生态系统方面，汤森路透可能会加强与其他科技公司、学术机构和行业组织的合作，通过开放的API和合作伙伴关系，整合服务，为客户提供全面的解决方案。国际化和本地化也是汤森路透未来发展的重点，特别是在新兴市场，汤森路透将通过本地化产品和服务来满足不同地区法律专业人士的特定需求。

2. Harvey AI

（1）企业基本信息

Harvey AI是一家专注于法律服务领域的人工智能初创公司，它利用OpenAI和ChatGPT技术构建了一个专为法律工作设计的人工智能平台。Harvey AI成立于2022年，由加布·佩雷拉（Gabe Pereyra）和温斯顿·温伯格（Winston Weinberg）共同创立，他们分别拥有前律师和AI科学家的背景。Harvey AI旨在通过自然语言处理技术和机器学习算法，帮助律师更快速、更精确地处理法律文件、合约、诉讼程序等工作。

（2）业务布局现状

Harvey AI的定位是专为律所打造的LLM（大语言模型），也就是律师用的 ChatGPT。它可以为法律工作提供研究、起草和分析的案头工作，生成解决方案，让法律服务工作更有效率。Harvey AI 跟 ChatGPT 的官方使用指南一样，需要律师仔细检查其提供的内容是否准确。

Harvey AI 成立 3 个月时就获得了第一位大客户——全球第七大律所 Allen & Overy，之后又跟普华永道签约，据红杉的公开信息，有 1.5 万家律所排队等着成为它的客户。

因 Harvey AI 成立时间短，且目前仅有一款与公司同名的平台型产品，故根据公开信息整理其在法律科技领域的布局现状如下。

合同分析：Harvey AI 可以帮助律师快速分析合同内容，识别关键条款和潜在的法律风险，从而加速合同审查和谈判过程。

法律研究：平台可以自动搜索和分析大量法律文献和案例，帮助律师找到相关的法律依据和先例，支持更深入的法律研究。

诉讼程序支持：Harvey AI 能够协助律师处理诉讼相关的工作，如案件管理、证据收集和法律文件的准备。

法律文件翻译与编辑：通过 AI 技术，Harvey AI 能够翻译法律文件，帮助律师克服语言障碍，确保文件的准确性和专业性。

自动化建议：平台可以基于输入的法律问题或任务描述，提供即时的法律建议和意见，类似于一个虚拟的法律顾问。

法律咨询辅助：Harvey AI 可以作为律师的辅助工具，通过对话式界面，帮助律师处理日常的法律咨询工作，提高工作效率。

法律合规检查：对于企业客户，Harvey AI 可以协助进行合规性检查，确保企业的运营和合同符合相关法律法规。

（3）企业发展历程

在 Harvey AI 成立的一年多内，其发展状况可从三个层面切入。

创立与融资：Harvey AI 于 2022 年 11 月成立，含着科技的金汤匙出生——OpenAI 的创投基金是其 500 万美元种子轮的领投方，且 Harvey AI 是 OpenAI 投资的科技初创公司里唯一的法律科技公司。Harvey AI 的创始团队是资深律师+科技专家组合的模式：O'Melveny & Myers 律师事务所的证券和反垄断诉讼律师 Winston Weinberg 和 Gabriel Pereyra 共同创立，后者曾在著名人工智能公司 DeepMind、谷歌以及 Meta 的 AI 团队工作过。

产品开发与测试：Harvey AI 开发了一款基于人工智能的法律服务平台，该平台利用自然语言处理（NLP）和机器学习技术来自动化和增强法律工作的多个方面。Harvey AI 的核心技术是基于 GPT-4，通过输入大量的法律相关资讯，训练出处理法律工作的模型。它能够识别文件中的法律条款和关键字，帮助律师更快地筛选出需要的法律文献，并能够产生回答，为律师提供即时的建议和意见。此外，Harvey AI 还提供自动化的法律研究和分析，协助翻译并编辑法律文件，帮助律师跨越语言障碍。

市场合作与应用：Harvey AI 与一些知名的律师事务所建立了合作关系，如英国的 Allen & Overy，这些合作旨在进一步优化和完善 Harvey AI 的法律服务功能。普华永道还宣布与 OpenAI 和 Harvey AI 结成战略联盟，该战略联盟集合了三方优势——OpenAI 的基础模型、Harvey AI 在开发法律领域模型方面的专业性、普华永道深厚的行业积累，预计将会为税务、法律等行业专业人士提供更多和更优质的产品与服务。

（4）未来规划展望

虽然 Harvey AI 是法律科技行业的年轻公司，但仅成立一年的它已受到资本追捧，成为法律科技领域强势入场的初创公司。2023 年 12 月 HarveyAI 的 B 轮融资显示，其估值已经达到 7.15 亿美元，融资金额是 8000 万美元。这是 Harvey AI 成立以来的第三轮融资，估值也在 8 个月之内增加了 4 倍。

Harvey AI 的产品目前处于测试阶段，还在不断迭代和完善中，以满足法律专业人士的需求。

通过与律师事务所、会计师事务所、微软和 OpenAI 的合作，Harvey AI 的产品将得以在实际的法律服务场景中得到应用和验证，成为未来该领域不容小觑的力量。

3. 威科集团

（1）企业基本信息

威科集团（Wolters Kluwer）成立于荷兰，历史悠久，可追溯至1836年。

现在的威科是一家全球领先的专业信息、软件解决方案和服务提供商，其业务覆盖健康、税务与会计、治理、风险与合规、法律与监管等多个领域。威科集团1985年进入中国市场，依托信息服务经验及技术，为中国的财税、法律、金融、医疗领域的专业人士提供信息解决方案。

（2）业务布局现状

威科集团作为一家技术与信息综合集团，在法律科技领域提供了一系列法律科技产品和解决方案。

威科在法律科技市场的定位是：法律和合规专业公司，以及环境、健康与安全（EHS）和运营风险管理领域的专业公司。

在法律科技领域，威科集团通过收购和产品开发来扩展其市场份额。例如，收购Level Programs和Della AI Ltd是为了增强其法律软件产品线，并利用这些公司的技术和专业知识来提供更全面的解决方案。

威科在法律科技领域的布局也与其环境、社会和治理（ESG）目标相结合，致力于通过其产品和服务支持可持续发展目标，见表3-7。

表3-7 威科法律科技布局

类型	概况	应用场景	市场地位
法律实践管理软件	旨在帮助法律服务行业和企业简化其法律工作流程，包括文件管理、计时和计费、会计和时间控制等	管理案件和文档，确保合规性，并优化资源分配	已积累了一些中小型法律服务机构为客户
风险管理平台	产品Enablon是一个集成的EHS和运营风险管理平台，它帮助大型全球公司管理风险、提高运营效率并简化数据收集和报告	适用于需要管理环境合规性、健康与安全标准以及运营风险的公司，特别是在高度监管的行业中	在环境合规和风险管理方面有一定竞争优势，获得了"环境+能源领导者产品年度奖"

续表

类型	概况	应用场景	市场地位
人工智能	正在开发和整合 AI 技术到其法律相关产品中，收购了提供基于先进自然语言处理的 Della AI Ltd 和法律实践管理软件 Level Programs，将各技术整合到威科的法律软件部门	帮助法律服务机构高效管理案件，AI 技术应用于合同审查、法律文件生成、案件预测分析等领域，以提高法律工作的准确性和效率	已在西班牙等国家拥有中小型法律服务机构客户
法律信息库	"威科先行"提供包括法律法规、裁判文书、行政处罚和法律解读等的法律文档，定位是为法律人打造的一站式智能信息化平台	帮助法律工作者快速精准找到目标法规、案例	客户逐年持续增长，威科先行品牌的影响力在中国与日俱增

资料来源：智合研究院整理。

（3）企业发展历程

创业早期（1836~1987 年）：

威科的初始时期是 4 家荷兰出版商，它们同荷兰当局、学术界以及企业界建立了良好关系，并构建了一个强大的专家与作者网。从 1968 年开始，出版商开始合并，到 1987 年，Kluwer 公司与 Wolters Samsom 最终合并后，形成了后来的荷兰威科集团（Wolters Kluwer），业务范围涉及出版、营销、通信、新兴电子技术。

此阶段为后来的威科奠定了信息与电子方面的基础。

国际化扩张（1988~2001 年）：

威科在 20 世纪 90 年代实现了 15% 以上的年均利润增长，此时互联网浪潮来袭，威科为了迎头赶上，开始了数字化信息服务业务，并且收购了 4 家有名的专业信息提供商、医疗数据库公司以及 Wiley's Law Publications 公司。

威科在这个阶段立足于荷兰，但是关注全球客户与制订了全球化的互联网战略。

数字化转型（2002~2010 年）：

互联网泡沫破裂后，威科在 2003 年迎来新的首席执行官南希·麦肯锡（Nancy McKinstry）。McKinstry 将威科投入产品开发的资金增加了近三倍，此外她还通过结构改革削减成本，对集团进行了重大重组。2005 年威科推出全新 logo，代表其全球品牌定位，此时威科已经在美国、加拿大、拉丁美洲、欧洲、亚洲、澳大利亚和新西兰拥有了一定市场地位。之后威科又剥离了其教育业务，收购了在基于循证医学而处于领先地位的电子临床信息提供商 UpToDate 公司。为了加快其数字产品的上市时间和创新速度，威科还启用了全球平台系统（GPO）。

此阶段的威科确定了新的业务方向——内容、软件和服务，并从在线服务和软件服务的产品中获得了 70% 的收入，此阶段成为威科发展史上的历史性阶段。

集团化发展（2011~2018 年）：

威科进一步拓展数据和分析市场，UpToDate Anywhere 和 CCH Axcess 等产品获奖，其中 CCH Axcess 是税务和会计领域首个基于云的税务准备、合规和工作流模块化解决方案。2013 年开始，威科收购了 Health Lanquage 公司及巴西税务和会计软件供应商 Prosoft Tecnologia，又合并了 Datacert 公司与 Tymetrix 公司，推出了 ELM（企业法务管理）解决方案。威科通过整合旗下全球领先的业务，重新划分出四个全球业务部门：法规与合规业务板块、税务与会计业务板块、医疗信息与制药解决方案业务板块以及企业及金融服务业务板块。

这一阶段威科的口号是 When you have to be right——"当你必须正确"，数字化产品和服务占公司总收入已高达 83%。

提升价值（2019 年至今）：

威科明确了战略规划，一是加速专业化解决方案的发展——推动对基于云的专业解决方案的投资，将数字信息产品转化为专业解决方案，利用数据分析丰富客户体验。二是扩大覆盖范围——延伸到高增长接进领域，为新细分市场重新定位解决方案,通过合作关系和生态系统发展来推动营收。三是进化核心能力——加强核心功能,包括营销和技术;提高环境、社会和治理(ESG)的绩效和能力;吸引多元化人才,推动创新和增长。

(4)未来规划展望

威科通过其产品和服务帮助客户作出关键决策,提高工作效率,确保合规性,并增强客户关系。未来,威科致力于通过其专业知识和先进技术为客户提供深入见解和知识,支持其决策过程。威科在下一阶段为自己规划的战略目标是通过加速专家解决方案、扩展其覆盖范围、提升核心能力,并在ESG(环境、社会和治理)方面取得进步,以实现有机增长和提高利润率。

凭借其悠久历史与技术积累,以及其一路走来强大的资源、技术整合能力,威科可能会成为法律科技领域不容忽视的一位信息提供商出身兼具传统能力与新型战略的公司。

第四章

中国法律科技行业供需状况

一、中国法律科技行业发展历程

中国法律科技行业的起源与全球法律科技行业紧密关联,其发展演变则又与国内经济社会及法律服务行业发展进程同频共振。

如从时间维度将过去 40 年简易切分,则前两个 10 年里,中国法律科技行业属于潜渊积淀,第三个 10 年奠定基础,第四个 10 年迎来爆发。而今迈入第五个 10 年,在新一轮技术革命的浪潮前,中国法律科技已然到了与国外同步接轨,需要探索引领方法的关键节点。

如做进一步精细化划分,按探索应用的深度、广度,从时间维度将过往数十年中国法律科技行业的发展历程做一切分,则可以大致划出以下几个阶段。

(一)1979~1999 年:探索萌芽期

第一阶段是探索萌芽期,时间范围大致是 1979~1999 年。这一时期,随着律师制度的恢复、法律服务市场的苏生以及一批法律服务机构的先后成立,最基础的法律科技在国内萌芽。

1983 年,北京大学法律系教授龚祥瑞与刚从北大法律系本科毕业的李克强撰写并发布了文章《法律工作的计算机化》,这也被视作中国法律信息化的发端。

1996 年,法院系统信息化建设迎来"元年",在最高人民法院组织召开的全国法院通信及计算机工作会议上，确定了北京、上海等8家高级人民法院作为计算机网络系统建设的试点单位，同时对全国法院信息化建设做了总体部署。

1998年，中央电视台现场直播了八一电影制片厂等国内十家电影制作单位诉北京天都电影版权代理中心等三家单位侵犯著作权一案。这是我国首次对庭审现场进行直播的尝试，具有开创性意义，也赢得了一片赞许，当时的舆论普遍认为这是发挥社会监督作用的一次积极尝试。

1999年12月，早期数十年的积淀最终转化成了世纪之交法律科技市场化的标志性成果。北大英华科技有限公司正式成立，中国第一个法律数据库"北大法宝"随之走向市场，也由此正式拉开了信息化工具的应用大幕。当时，各地法院裁判文书公开不全，各机关法律法规发布散乱。北大法宝为法律人提供了一个全面检索法律和判决文书的数据平台，解决了企业、律所、律师的刚需，开启了法律和案例数据库新时代。

（二）2000~2013年：信息化时代

第二阶段是信息化时代，时间范围大致是2000~2013年，这一阶段，以起步较早的法院系统为引领，信息建设基础设施逐渐在法律行业内各个方面普及，为数据资产与在线法律服务的推广应用提供了支撑。

2003年，司法部门推出了中国裁判文书检索系统，用于收集、整理和发布各级法院审判文书，以便公众随时查询。

2004年，广东省汕头市龙湖区人民法院通过电子邮件的方式审结了一桩跨国离婚案，这是我国审判实践中较早运用互联网技术的案例。随着法院信息化建设的展开，各地法院基本都已经建立起以高清摄像头、麦克风、大屏显示器（投影仪）、高速专用网络、计算机设备、服务器为硬件基础的电子化法庭与远程会议室。

这一阶段，律所层面亦在逐步推进办公自动化和信息化的进程。根据北京市律师协会对北京市律师事务所进行的相关管理调查结果，截至2006年，北京市近80%的律师事务所通过计算机网络等实现了办公自动化，近70%

的律所能够提供数据库支持和网络支持，便于律师查阅法律文本和资料。但与此同时，信息化建设的效用十分低下。对于办公管理软件，彼时有42%的律师事务所还没有购买办公管理软件，有近30%的事务所感到由于律师们的工作习惯难以改变，使用不便；只有20%左右的律所能够提供更专业化的业务辅助，如汇总对部委、机关的咨询记录，建立资料共享制度。

调查还显示，在业务管理方面，北京市只有五分之一的律师事务所能够做到由律师事务所通过计算机软件统一登记，同时进行利益冲突的审查；在客户管理方面，只有41%的律师事务所建立了客户维护体系，半数以上的律师事务所还没有把客户的管理放入发展的议事日程。

实践中，很多律师事务所没有自己的网站，或者虽有网站，但由于长时间无人维护而成为垃圾网站；很多律师事务所没有自己的业务信息管理平台，在不同的时期办理了多少案件，是否有竞争冲突管理，是否能够信息化协作办案等都无法体现出来，更无法对管理数据进行延伸分析和使用，等等。这些相较同期其他行业有所落后。

在基础设施逐步搭建起来的同时，数据库类目的早期法律科技企业亦迈上发展之路。仍以北大法宝为例：2000年北大英华成功推出"北大法律英文网"，使其迅速成为中国内容最全、更新速度最快的法律信息中英对照在线数据平台，到2001年基于"北大法律教育网"以及"北大在线"教育平台成功推出北京大学法学院法律远程教育服务；自2002年"北大法宝"全面升级改版至今，已经迭代至北大法宝V6.0版本；2003年，与最高人民法院合作，研发出中国审判法律应用支持系统，在全国法院推广使用……

可以说，这一时期主要是政务端的需求推动行业发展。政府定制软件供应商投身司法领域，为各级检察院和法院搭建办案系统。而企业端、律所端仍未具备铺开服务的软硬件条件。

（三）2013~2022年：数字化时代

第三阶段是数字化时代，时间范围大致是2013~2022年，2013年前后，"互联网+"的概念初兴，通过互联网与各个传统行业的深度融合互联来推动传统行业变革，将互联网信息技术与传统产业相结合，利用互联网的手段优化生产要素，实现传统产业的升级与转型，取得"1+1＞2"的收效。

这一阶段，"数据是信息时代的石油"这一观点越发普及，数据也日渐朝着国家基础性战略资源与关键生产要素的方向发展，快速且深度融入生产、分配、流通、消费和社会服务管理相关环节。法律服务行业对于数据的管理、分析、应用亦在这一阶段得到了进一步深化，法律科技企业的数量、覆盖面都在快速提升，迎来20年积淀后真正意义上的"爆发期"。

根据这一时间段数字化发展进程的深度、广度，具体又可以分出奠基期（2013~2017年）、发展期（2017~2019年）和催化期（2020~2022年）三个细分阶段。

1. 奠基期（2013~2017年）

在法院方面，奠基期的标志性里程碑即是裁判文书网的出现。2013年7月1日，中国裁判文书网正式上线，集中公布了第一批50个生效裁判文书。次日，《最高人民法院裁判文书上网公布暂行办法》正式实施。依据该办法，除法律规定的特殊情形外，最高人民法院发生法律效力的判决书、裁定书、决定书一般均应在互联网公布。裁判文书网在全国范围的上线意味着文书材料资产的全面数字化，为后来的法律文书数据库等类目产品提供了大数据基础，亦为更进一步的法律科技开发提供了支撑。

至2015年6月底，全国31个省（区、市）及新疆生产建设兵团的三级法院已全部实现生效裁判文书上网公布，即案件类型全覆盖、法院全覆盖。2016年8月，最高人民法院公布修订后的《最高人民法院关于人民法院在互联网公布裁判文书的规定》，加大了裁判文书公开力度。

同时，法院内部也在这一时期持续推广数据驱动管理，将法院内部办案数量、办案时效等数据统计分析并加以可视化，以此为法院管理运作进一步赋能。

在法律服务市场端，一批覆盖多个细分服务领域的代表性企业、产品也在2014~2017年先后爆发性涌现：

2014 年，无讼、智合、OpenLaw、法大大、律新社；
2015 年，理脉、新橙科技、法天使；
2016 年，法狗狗、e 签宝、法家云、策问、法律先生；
2017 年，法蝉；
……

这些企业在这一时期大多各有侧重，从数据库、资讯信息、辅助办案工具等维度为政府部门、律所、企业提供相关服务，律所行政服务类的账单和案件管理系统，以及辅助律师实质办案的案例法规检索与大数据产品也逐渐出现。

这一时段也是法律科技企业融资高峰期。根据烯牛数据的统计，2014 年之前每年约有 0~2 家法律科技企业融资，2015 年则爆发式增长到了 16 家，并在 2016~2017 年达到高峰 22~24 家。

2. 发展期（2017~2019 年）

这一时期，法律科技领域主要受到了两重外部因素和一重内部因素的影响。

外部因素分别是政策端的支持鼓励与互联网"大厂"的入局，内部因素则是法律行业内部对法律科技的集中性探讨。

外部因素方面，2017 年 7 月，国务院印发《新一代人工智能发展规划》。作为 21 世纪中国发布的第一个人工智能系统性战略规划，该规划提出了面向 2030 年中国新一代人工智能发展的指导思想、战略目标、重点任务和保障措施。这一规划出台后，互联网"大厂"加大了对法律科技领域的投入，腾讯和阿里分别投资法大大和 e 签宝，进军电子签领域。同时，"大厂"也开始与法院、仲裁机构合作，推出区块链存证相关的司法产品。

在律师行业内部，2017 年更多律所对法律科技必要性的关注和理解更深入，多场聚焦法律科技这一主题的行业性大型论坛、研讨会举办，2018 年前后，包括国内一线律所在内的知名大所主动求变，纷纷开展服务与产品创新，智能问答、法律电商、法律数据分析等创新形式。部分中小所也在积极拥抱变化，用科技创新来增加"弯道超车"的可能。

此外，在法院方面，这一时期数字化和移动化的趋势越发明显。2017年8月，全国第一家集中审理涉网案件的试点法院杭州互联网法院挂牌成立，其将涉及网络的案件从现有审判体系中剥离出来，充分依托互联网技术，完成起诉、立案、举证、开庭、裁判、执行全流程在线化，极大地实现了诉讼便民、节约司法资源之目的；2018年9月，另外两家互联网法院于北京、广州相继成立。

3. 催化期（2020~2022年）

2020~2022年是数字化时代的"催化期"。行业内外部多年的数字化发展积淀，在新冠疫情等"黑天鹅"事件的刺激下加速催化，为法律科技的进一步深度应用做了铺垫。

同时，随着人工智能、区块链和电子签名这三项底层技术的日趋成熟，法律科技在各个场景中的数字化应用也进一步加速，智能合同审查、合同生命周期管理等领域随之取得快速发展。

至2022年年底，中国法律科技行业已发展成为多领域市场，涵盖智慧咨询、律所管理系统、电子签名和合规等领域，不同机构主体间的合作、不同领域产品间的融合等趋势也变得越发明显。

（四）2023年至今：智能化时代

第四阶段是智能化时代，时间范围大致是2023年至今，这一阶段以AIGC技术的阶段性突破为关键节点，开启了法律科技智能化应用的新时代。AIGC技术的革命性突破主要体现在其侧重内容辅助生成的特性与法律服务行业的内核高度契合，其在法律研究与分析、合同起草、法律报告、尽职调查等方面的应用前景让很多专业人士认为法律服务领域的基础性职位将被逐步替代，法律科技产业也将随之被深度改造。

在智能化时代之前，AI技术在律师行业的发展应用实际已经持续了一段时期，AIGC的到来则进一步推动了法律科技行业朝智能化、综合化、平台化的方向发展。

以律所端为例，不仅人工智能辅助手段的应用在增多，人工智能产品的直接开发也在加速涌现。例如，2023年12月5日，睿律智能科技有限公司与广东卓建律师事务所、聚法科技有限公司正式签订战略合作协议，成立中国律师行业内第一个"卓建法律人工智能实验室"。

在技术革命的狂潮之下，法律科技行业也将在智能化的主题下迎来分野：这一时期积淀的技术优势越多、方向越正确，未来取得成功并保持领先的可能性越大，见表4-1。

表 4-1　中国法律科技行业发展历程

阶段	概述
1979~1999 年	探索萌芽期
2000~2013 年	信息化时代
2013~2022 年	数字化时代，细分为"奠基期""发展期""催化期"
2023 年至今	智能化时代

资料来源：智合研究院整理。

二、中国法律科技行业市场参与者

（一）中国法律科技行业市场参与者类型

根据国内涉及法律科技业务的主体性质进行分类，主要可以分为两大类：综合性科技企业布局法律科技领域和垂直类法律科技企业。

1. 综合性科技企业布局法律科技领域

第一类具有代表性的为华宇软件、科大讯飞、腾讯、阿里巴巴、奇安信等国内大型科技企业，其凭借自身实力，以及在云计算、大数据、区块链、人工智能领域的积累，通过自主研发、投资或收购、合作等方式拓展业务领域，切入司法与法律服务市场，主营业务中包含法律科技一个或多个板块。

华宇软件（股票代码：300271）于2016年设立子公司华宇元典，研发了如元典智库、元典Yodex智慧法务管理平台、华宇万象法律大模型等面向不同法律群体的法律产品。

科大讯飞（股票代码：002230），作为一家专业从事语音及语言、自然语言理解、机器学习推理及自主学习等人工智能产品研发和行业应用落地的国家级骨干软件企业，依靠在人工智能语音的优势切入政法领域，占领了大部分法院、公安及检察院领域的智能语音庭审市场。

网络安全产品和服务提供商奇安信（股票代码：688561）依托奇安信整体安全能力和多年取证鉴定经验积累，自主开发数字证据云服务系统——奇证云区块链技术的数据价值司法保护平台，提供一站式取证、存证、鉴证服务。

法院信息化解决方案的细分龙头金桥信息（603918）依托多年来信息服务和软件行业积累，为法院、检察院、政法委、监察委、律协、律所/律师、企业等全法律生态圈提供智能解决方案。

2. 垂直类法律科技企业

垂直类法律科技企业即其公司/品牌、产品定于法律科技企业，或司法领域、法律服务领域技术提供者，多以初创型企业为主，通过投入资源自主研发法律科技产品和服务，如智合、法大大、无讼、安存等众多企业。

目前垂直类法律科技企业中已有2家上市公司，分别为国内电子数据取证行业龙头企业国投智能（原美亚柏科，股票代码：300188），具备全证据链取证装备体系、全产业链取证研发智能制造体系以及覆盖全行业的完整解决方案体系。美亚柏科深度参与电子数据取证国家级标准及行业标准的制定，持续深耕并引领行业从狭义取证往广义取证不断发展。司法信息系统研发企业通达海（301378）。部分垂直类法律科技企业与律所或相关机构的合作紧密，在司法与法律服务领域拥有更高竞争力，见表4-2。

表 4-2 中国法律科技行业市场主体类型及入场方式

类型	入场方式	代表性企业及其法律科技业务
综合性科技企业布局法律科技领域	自主研发、投资或收购、合作与联盟、拓展业务领域	电子签、合同管理、智能审查、区块链存证等。代表性企业包括华宇软件、科大讯飞、金桥信息、奇安信等
垂直类法律科技企业	以自主研发为主	律师工作和律所管理平台、数字化律所运营平台、法律大数据检索工具、法律机器人、法律服务撮合平台等，代表性企业包括国投智能、通达海、法大大、无讼、智合

资料来源：智合研究院整理。

（二）中国法律科技行业市场主体数量规模

目前，国内对法律科技的界定尚不明确，导致缺乏官方的筛选标准来精确统计法律科技企业的数量。据公开资料显示，北京市京都律师事务所曾在 2016 年、2017 年、2018 年分别与牛法网、中国政法大学法学院（大数据和人工智能法律研究中心）等机构联合发布了《2016 年度互联网法律服务行业调研报告》《2017 年度互联网法律服务行业调研报告》《2018 年度创新法律科技行业调研报告》。2018 年的报告中统计了 305 个创新法律科技产品的样本数据。

当前通过企查查检索含有"法律科技"字眼的公司共有 77 家，而在 IT 桔子[①]的企业库中，标注为"法律科技"企业的有 172 家。此外，根据公开资料，国内现存的企业中，有 100 余家品牌或产品定位于"法律科技"领域，而业务涉及法律科技行业的现存企业超过 800 家，其中官网正常运营的有 300 余家，见图 4-1。

[①] IT 桔子是国内一家关注 IT 互联网行业的结构化的公司数据库和商业信息服务提供商，于 2013 年 5 月 21 日上线。

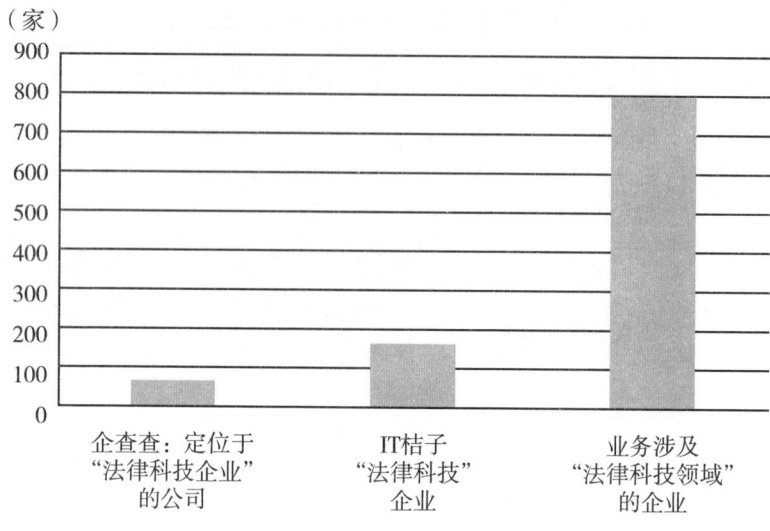

图 4-1 中国法律科技行业企业数量

资料来源：IT桔子、企查查，智合研究院整理。

三、中国法律科技行业市场供给状况

（一）市场平台

市场平台（Marketplace）是指连接法律服务供需双方而搭建的平台，市场平台细分类型包括但不限于律师案源交换平台、律师咨询平台（法律电商平台）及企业法务平台（ALSP to B 法律服务平台），见图 4-2。

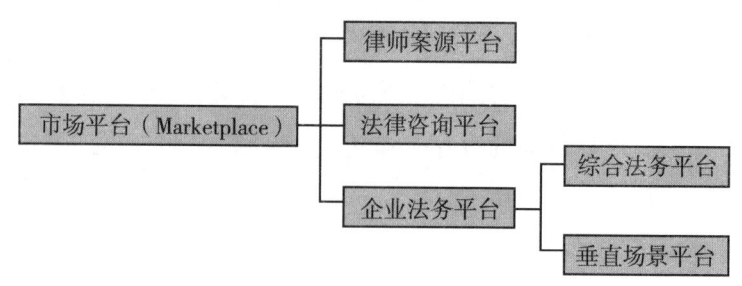

图 4-2 中国法律科技企业场景一：市场平台

资料来源：智合研究院整理。

在"互联网+法律"时代,市场平台成为代表性的创业场景之一。平台的出现极大地方便了法律服务的供需双方,提高了市场的透明度和可及性。用户通过平台可以便捷地寻找法律服务,服务提供者也能高效地接触潜在客户。

伴随互联网技术的发展,法律科技市场平台曾一度受到资本市场的青睐,诸如1号律师、彩虹律师、丁丁律师、多问律师、法帮帮、法驴、法海网等众多平台均获得过风险投资。然而,经过十余年的发展和市场检验,这一领域尚未出现能够取得压倒性成功的全国性平台。原因在于市场平台面临的挑战繁多,包括专业性与可信度、付费意愿、隐私和安全性、地域性差异等问题,见表4-3。

表4-3 法律科技市场平台企业面临的挑战

问题	概述
专业性与可信度	法律服务高度专业化,用户对法律咨询的可信度要求非常高。线上平台难以提供与面对面咨询相同水平的专业性和信任感。很多人在寻求法律帮助时,更倾向于传统的、面对面的咨询方式,同时,法律问题通常高度个性化,每个案件的细节都可能完全不同,线上服务无法全面满足个别用户的具体需求
隐私和安全性	法律咨询涉及敏感信息,用户对隐私和数据安全有很高的要求。在线平台可能难以完全保证这些安全需求
区域性	法律服务通常以一定的地域范围内的当事人为主要服务对象,这使构建一个全面、覆盖各地法律的平台变得复杂和困难
盈利模式与付费意愿	法律服务难以量化,法律服务作为无形无界的特殊产物,往往很难被衡量价值,因此,在服务的过程中,计量成了定价的难题。提供高质量法律咨询服务的成本较高,而用户可能不愿意为线上咨询支付与传统方式相当的费用。这就给平台的盈利模式带来了挑战

资料来源:智合研究院整理。

除此之外，2017年，由司法部建设的中国法律服务网（12348中国法网）诞生，对于第三方企业成立的互联网法律咨询平台产生较为明显的冲击。中国法律服务网服务功能是面向社会公众，基于互联网和移动互联网而提供"法律事务咨询、法律服务指引、法治宣传教育、法律法规与案例查询、信用信息公开"等公共法律服务，与法律科技领域的市场平台业务具有较为明显的重合。

由司法部创办的平台拥有政府的权威背书，在可信度和权威性方面具有明显优势，使用户更加倾向于使用官方平台。据司法部消息，截至2018年7月15日，不到两个月时间，中国法律服务网就已经累计访问301万余次，累计注册用户66万余人，累计法律咨询总量18万余次，其中，智能咨询13万余次，占比74.4%，知识问答咨询3万余次，占比20.0%，留言咨询1万余次，占比5.7%。

同时，作为官方平台，中国法律服务网等公共法律服务平台拥有更加丰富的资源和信息，为用户提供了更全面的服务。中国法律服务网的总体架构为"一张网络，两级平台"，由一张网络覆盖全地域、全业务，纵向由部、省两级平台组成，平台之间通过数据共享交换系统实现联通，横向由门户网站、"掌上12348"微信公众号、移动客户端组成。全国31个省（区、市）和新疆生产建设兵团共32个省级平台也已全部建成上线并与部级平台实现互联互通。

官方平台的加入加剧了原有的市场竞争。现阶段，赢了网、牛法网、企慧网等企业在全国企业信用查询系统中已显示经营异常，北京法里科技有限公司等市场平台企业显示已注销。法律科技领域里的市场平台企业可能需要寻找新的方式来吸引用户，比如提供更加个性化或专业化的服务，在平台中融合法律数据库、案例库、合同库，提供检索等增值服务或聚焦于B端企业或如股权、知识产权等垂直场景，见图4-3。

图 4-3　国内法律科技市场平台（Marketplace）代表性企业

资料来源：智合研究院整理。

目前，国内法律科技市场平台赛道代表性企业包括在线法律咨询平台优啊网络、易法通、快问律师等，知识产权领域的安盾网、知呱呱、北京摩知轮科技，民生领域的中华遗嘱网、鼎颂商事争议解决，股权管理领域的易参；还包括如百事通、海峰法务科技、律兜、华律集团、找大状、法保网、律家保、赢火虫、无商法务、趣法律、法律快车、教授加等善于将技术应用于法律服务 ALSPtoB 企业，见表 4-4。

表 4-4 国内法律科技市场平台（Marketplace）代表性企业

品牌	成立时间	市场平台业务布局
股加加	2017年	ALSPToB 平台：一站式股权激励管理平台，通过"科技 SAAS+ 服务咨询"为企业提供股权激励方案及智能化股权管理
赢火虫	2015年	一站式智慧法律服务平台：通过"大数据 +SaaS 系统 + 人"为律师、商务、法务、个人等用户提供大数据查询、法律咨询、律师匹配、法律风险预防、诉讼投资、不良资产处置等服务
百事通	2006年	综合：大型创新型法律服务提供方，提供法律咨询、调解、援助等公共法律服务和企业法务 SaaS、诉调一体化解决方案、一站式清收解决方案、一站式知产维权解决方案等企业法律服务
无商法务	2020年	ALSPToB 平台：由各专业领域律师和各行业法务所组成的法律顾问机构，专注于为中小企业提供常年法律顾问/法务外包服务
得理	2018年	综合：得理律助——律师案源广场；得理法问：智能法律顾问，为用户提供智能法律咨询和律师智能匹配服务；得理法务——企业法务数字化转型
彩虹律师	2013年	综合：法律咨询、合同审写、合同管理、法律风控、诉讼仲裁、知识产权等企业法务事务
优啊网络	2020年	综合：法律咨询服务、内容丰富的法律资源库和法律资讯分发平台等
快问律师	2018年	综合：快问律师——在线律师咨询平台
绿狗	2012年	综合：互联网创新法律工序平台
法在	2015年	综合：以共享经济为基础的"互联网 + 法律"平台
汇法网	2011年	综合：帮助用户找到律师，以资深律师、企业、公共需求为中心搭建互联网和无线网上法律服务平台

续表

品牌	成立时间	市场平台业务布局
债主帮	2018年	一站式法催解决方案：AI律师函、律师办案、免费案件评估等
多问	2011年	综合：多问律师——快速高效的法律咨询服务平台；多问（律师端）——律师一站式移动办公平台
律搜搜	2019年	综合："大数据+人工智能"的律师信用平台
庭立方	2016年	综合：致力于为客户提供刑事法律咨询，为刑事律所（团队、律师）提供连接和赋能的全国刑事市场平台网站
律图	2015年	综合：提供法律咨询与法律知识两项核心服务
懂法狮	2019年	综合：法律服务App——合同纠纷、刑事纠纷、经济纠纷、劳务纠纷等
海峰法务	2018年	ALSPToB平台：推出面向中小型企业的"共享法务部"产品和面向中大型企业的"智能合规引擎"产品
安盾网	2013年	ALSPToB平台：定位知识产权服务产业互联网平台，提供反侵权假冒服务，融合了知识产权、法律、咨询调查、信息技术等专业服务领域
找大状	2009年	ALSPToB平台：采用"人工智能+互联网+法务"的运作模式，为中小企业客户提供优质高效的全方位法律产品和服务
易参	2016年	ALSPToB平台：为上市前后各阶段企业提供一站式股权解决方案及SaaS管理。目前基于股权激励，扩展企业对股权的上下游服务，为律师服务的替代品
值法猫	2022年	值法猫App：一站式智能法务平台，为用户量身定制个性化的法律解决方案，解决用户法律问题
云法台	2022年	借助互联网、大数据、AI等先进技术推出了企业法律服务平台——云法台，开创了科技+法律服务"线上+线下"深度结合的新模式

资料来源：智合研究院整理。

（二）流程管理

流程管理（Practice Management），是指为提高律师、法官等执业人员及律所、法院等法律机构的办公效率，并涵盖以面向企业法律事务日常工作的数字服务。流程管理细分类型包括但不限于：面向律师事务所的管理平台、面向律师个人的工作平台、面向企业的法律事务管理平台以及面向C端用户的公共法律服务平台建设和智能终端设备，见图4-4。

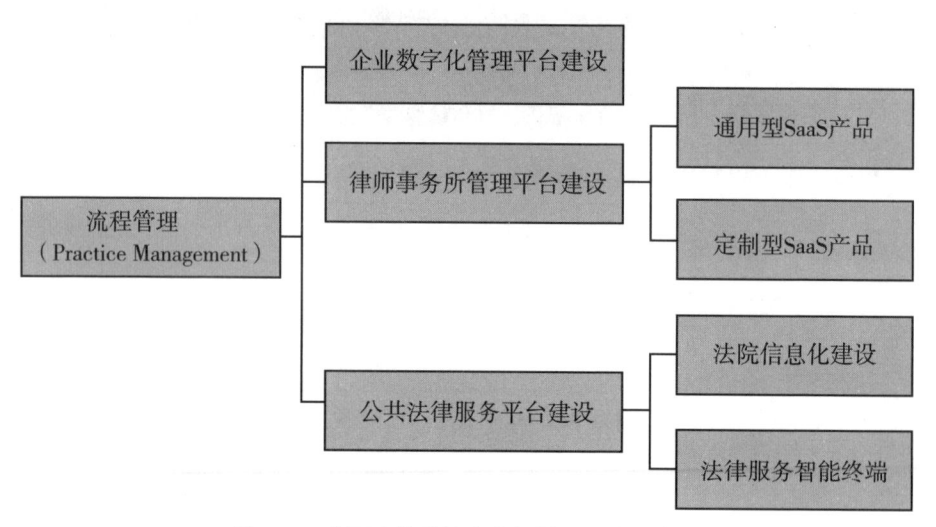

图4-4 中国法律科技企业场景二：流程管理

资料来源：智合研究院整理。

（1）企业法律事务管理平台

第一类是企业法律事务平台，以电子化流程为基础，围绕企业日常法务工作所需的证照、合同、案件、纠纷、律师律所等管理需求进行全方位、全过程的线上管控。

法务管理平台作为企业数字化管理平台的组成部分，在大中型企业尤其是业务广、组织架构复杂的集团公司中应用广泛。通过构建定制化平台，对接内外系统，构建可信身份，并结合各类企业运营中的实际情况，将法务管控贯穿于企业数字化管理的各个阶段，如合同拟稿、签订、履约、归档；企业营业执照、各类资质证明文件等企业身份的重要法律依据的查询、维护、借用、跟踪、线上审批等；企业案件、纠纷信息项目化管理、立案、处理、结案流程管理，案件进度查询以及追踪办理；外部律师、律所考评、评价系统等。

但受限于建设费用高、实际应用频率低、需求小等，目前小微企业对于定制化法务平台的采购意向偏低，多采用如钉钉、飞书、企业微信等通用型企业数字化平台。在解决基本的内部协同问题之上，还可以解决一部分企业法律事务的问题。飞书曾在官网上发布过一篇《法律服务行业：飞书帮你打包解决4大工作场景》，文中介绍可通过飞书云文档、飞书妙记、飞书日历等产品功能实现案源线索管理、客户沟通管理、案件分配及跟踪、文书撰写与存档。

（2）律师事务所管理平台

第二类是律师事务所管理平台，即律所数字化、律所智能化（数智化）建设，是指利用现代信息技术驱动律所管理、运营流程线上化、电子化。

律师事务所管理平台的最终目的是实现律所市场效率的提升，通过建立全场景的律所数字化办公系统，实现律所财务、人事、市场、IT、业务等多场景打通。目前国内大型律师事务所倾向于自建产品，更加贴合自身的用户场景，满足律所个性化需求，比如天同的"天工"，盈科的"Law-wit"。而国内中小型律师事务所则更多通过直接购买针对律师行业的 SaaS 产品优化绩效、财务、案件管理系统，比如法蝉、iCourt，聚合项目管理、裁判文书及法条检索、合同模板库、客户管理、卷宗管理、云盘、律所知识管理、日程管理等功能。除产品之外，还会附加一些律所管理、青年律师成长课程作为增值服务。

此类平台除满足律所流程管理，通常还提供针对律师个人的管理平台，为律师提供数据全面、分析精准、流程有序的办案辅助工具；帮助律师实现精准获客，并持续辅助客户管理与维护。此类平台如汤森路透的 Elite 3E、深圳得理科技有限公司、上海必智软件有限公司、知律科技、破易云、成都斯沃茨科技有限公司、律谷科技、律联科技等相关法律科技企业。

（3）公共法律服务平台

第三类是公共法律服务平台，即法院、检察院、公证处、公共法律服务平台等政法系统单位的信息化、数字化、智能化建设。

公共法律服务平台的目的是提高法院等司法行业工作的效率，减少公众和法律从业者的时间成本，为公众提供更为便捷的司法服务。其具体产品形态包括行政管理系统、案件管理系统、卷宗和文书处理、立案信息化平台、公共法律服务智能化软硬件等。

目前国内法院、检察院等软件系统、SaaS平台建设企业包括共道科技、中国联通智慧法务军团、北京信任度科技有限公司、安存科技、趣链科技、上海同道、智调、擎盾等相关法律科技企业。

此外，律兜、律品、人人律等法律科技企业还提供有智能终端机等硬件产品，该类产品主要依托于各地市法律援助中心、公共法律服务中心，以及县级人民法院诉讼服务中心大厅。依托服务大厅配备的"互联网+智能服务终端"，搭载各地方公共法律服务平台，提供智能法律咨询、智能法律文书、机构查询、法律援助、案例库查询、以案释法等板块提供法律援助服务，满足多层次、多领域的百姓需求。

来访群众根据自身需要，可通过点击随时查看法律援助需知，查到全市各县市区的法律援助机构的地址和电话、法律援助案例在线法律咨询、获得智能法律意见书和法律在线文书，得到及时有效的法律建议和法律帮助。尤其是解决了农村地区法律资源不均衡的情况，使乡镇、村的群众可以就近享受专业法律解答。

（三）在线法律教育

在线法律教育（Legal Education）是指支持学生、律师、法务和其他有兴趣的人士学习法律内容的线上平台。在线法律教育细分类型包括但不限于：面向学生及C端用户的司法考试在线学习平台，面向律师、法务群体的实务技能和管理能力培训的在线学习平台，见图4-5。

现状篇 ‖ 第四章　中国法律科技行业供需状况

```
在线法律教育        ┌─ 教育培训：面向学生与      ┌─ 司法考试培训
(Legal Education) ─┤   C端用户的在线学习平台 ─┤
                   │                          └─ 法律硕士培训
                   │
                   └─ 职业培训：面向律师、法   ┌─ 法律实务技能培训
                       务群体的在线培训平台 ──┤
                                              └─ 管理与领导力培训
```

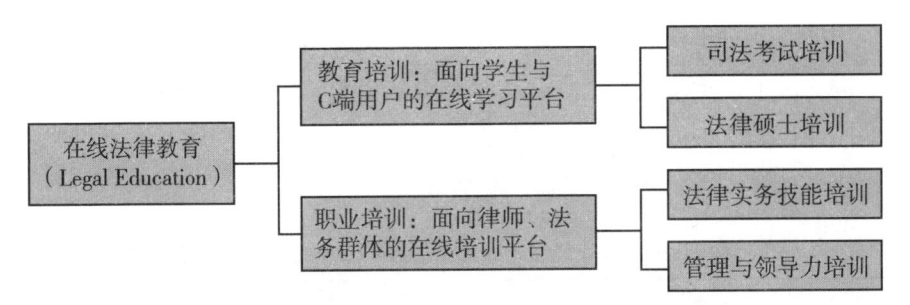

图 4-5　中国法律科技企业场景三：在线法律教育

资料来源：智合研究院整理。

在线法律教育作为法律教育行业的细分赛道，2016 年之前，以录播课形式为主的在线教育广泛应用在高等教育和职业培训等成人教育领域。2017 年直播技术的成熟为在线教育带来规模化变现渠道，在线法律教育也迎来加速发展期。

直到 2020 年，在新冠疫情影响下，法律职业资格、法硕培训领域的在线化范围持续纵深，面向律师、法务群体的实务技能职业教育领域的在线化进程也在不断加速，新的供给和需求不断产生，见图 4-6。

图 4-6　国内法律科技在线法律教育（Legal Education）代表性企业

资料来源：智合研究院整理。

当前，针对于司法考试、法律硕士的在线法律教育赛道出现了如厚大法考、瑞达法考、觉晓法考、众合在线等头部企业。同时，面向律师和法务人员的职业技能培训方面也出现了如智合—智拾网、iCourt、WeLegal法盟、法宣在线等具有较高知名度的品牌，见表4-5。

表4-5 国内法律科技在线法律教育（Legal Education）代表性企业概况

品牌	成立时间	在线法律教育业务布局
万法通	2005年	国内法律职业培训企业，产品吾法吾天App定位于为专为法律人提供专业知识，业务技能提升平台。已积累法律事务专题课总时长1000+小时，内容覆盖金融、资本市场、财税、建筑工程、知识产权、公司业务、创业法律、法律英语等，囊括法律事务中的大部分专业领域
点睛网	2009年	专注于律师教育培训的O2O平台，法律培训和内容共享"云平台"，为用户提供专业法律教师资源、法律课程在线直播、课程视频学习等服务
众合在线	2009年	专业法律培训资源提供者，产品中合在线App定位为法律学习一站式平台，为C端用户提供国家统一法律职业资格考试、法律专业研究生考试、法律实务培训
厚大法考	2013年	全国免费法律教育共享平台，主要从事司法考试培训（法律职业的资格考试）、律师、法硕培训服务。已发布厚大法考、厚大法硕、厚大爱题库、厚大律学等数款法律教育App，全面覆盖法考教育全品类类目
万国法考	2013年	2015年成立北京你我他互学数据科技股份有限公司，产品深蓝法考App定位法律职业资格考试备考一站式服务平台，提供包括配套学习课程、模拟考试、随堂测试等完整解决方案

续表

品牌	成立时间	在线法律教育业务布局
法宣在线	2013 年	其前身为 2003 年 12 月成立的中国民主法制出版社"普法软件"项目部和 2011 年 1 月成立的中国民主法制出版社法律应用分社。定位为从事领导干部、公务员等全民在线学法及考试项目的公司,致力于面向客户提供法律培训服务、法律咨询服务、法律普及服务和法律考试服务等
智合—智拾网	2014 年	法律人在线学习平台,已发布智拾 App,目前覆盖资本金融、知识产权、公司业务、工具技能、劳动与人力资源、影视娱乐、争议解决、房地产与建设工程、国际贸易、婚姻家事、刑事、财税十二大分类的课程
iCourt	2015 年	iCourt 线上法学院定位为提供法律人的思维技能课程的平台,已发布 iCourt 法学院 App,包括法律人的核心业务能力、市场开拓能力和法律新技术能力,能力课程包括可视化、大数据、iMac,目前核心业务能力的课程包括出庭、证据、写作、法律逻辑等
瑞达法考	2016 年	专业从事国家法律职业资格考试、全国法律硕士联考的教育培训机构。产品瑞达 e 学定位为线上直播互动服务课堂,是专注于法律职业资格考试培训的在线网络课程
觉晓法考	2016 年	线上考试培训的公司,提供国家统一法律职业资格考试培训、法律硕士培训。已发布觉晓法考学习 App、主观题法条查询系统、教务后台系统、AI 测评系统(通过 AI 自然语言 NLP 识别考生答案,批改成绩)
WeLegal 法盟	2017 年	前身为 CCA 公司法务联盟,创立于 2013 年,旗下设有培训机构 WeLegal 法商学苑,网站设有新法新规、企业合规、劳动人事、知识产权、合同实务、争议解决等线上法律专业课程

资料来源:智合研究院整理。

现阶段，在线法律教育赛道整体仍处于营销驱动阶段。教育行业短期靠营销，长期靠优秀的产品体验和效果来建立差异化的竞争优势。各企业/品牌聚焦自身的核心能力开展办学工作，课程内容、招生、师训、直播系统、管理系统等产品及服务大量涌现。供给层面，随着技术进步和玩家大量涌现，新的供给品类层出不穷，并出现了如觉晓法考AI测评系统、智合—智拾网ChatGPT指令课等新内容。

考虑到律师是一个需要终身学习的职业，实务技能培训的刚需性强，律师职业培训近年来发展迅速，但受到国内律师等法律工作者人数规模较少，市场的规模和增长潜力相对其他职业培训领域来说较为有限，市场天花板较为明显。历经10余年发展，在线法律教育培训与职业培训市场都相对饱和。未来在线法律教育赛道企业间的竞争会更加残酷和激烈，腰部和尾部的小企业面临较大的生存压力。

（四）文档自动化

文档自动化（Document Automation）是指在法律部门和律师事务所中对文档管理进行结构化和自动化的应用。文档自动化最具代表性的应用场景是电子合同管理，即通过电子合同和数字化签名技术，可以实现合同的在线签署和管理，见图4-7。

```
文档自动化（Document Automation） → 电子合同 → 线上签署、管理
                                            → 自动审查、纠错
```

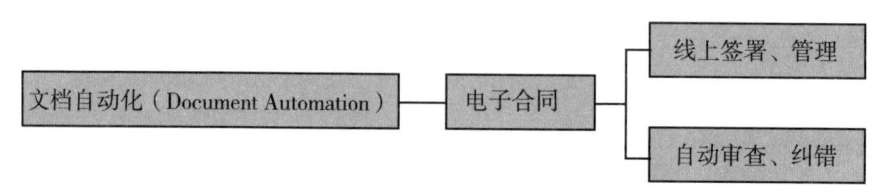

图4-7　中国法律科技企业场景四：文档自动化

资料来源：智合研究院整理。

合同是法律科技落地应用的一个重要场景，它高频且需求量大。如法大大、法天使、法狗狗、甄零科技等众多企业均提供合同起草、磋商、定稿、签署、归档、履约等合同全生命周期的线上化管理，见图4-8。

[文档自动化（电子合同）]

法大大 FADADA　秀合同 SHOWCON　法天使　MIL 米律 milv.cn
甄零科技　律大大　法狗狗　智法宝
上上签——电子签约云平台——　法伴云　飞书　E签宝
人人法 RENRENLAW.COM　爱合同 严谨 全面 细致　MECHECK　微法
易保全 ebaoquan.org　君子签　亿律 YILVS.COM　一签通

图 4-8　国内法律科技文档自动化（Document Automation）代表性企业

资料来源：智合研究院整理。

与此同时，合同 SaaS 产品涌现，逐步成为企业管理基础设施：相比传统软件 OA 时代，企业使用合同管理软件的成本不断降低，合同管理正成为企业基本配套服务，让企业管理更加合法合规，信息化程度不断提升。

而随着电子签名行业的发展进入成熟期，电子合同得到了规模化的推广普及，企业对合同审查的需求大幅增加。同时，企业在业务发展中的各种文本也有很大的审查需求。对此，运用 AI 技术审查文本成为法律科技行业的一条新赛道，可以预见的是，全生命周期的智能合同管理在这条赛道上是目前最可能触及也是最有竞争力的。

合同科技和文本工具类企业是依靠 NLP、OCR 等技术，帮助客户企业实现从对合同对象的管理转变为对合同内容的管理，让合同管理更好地为业务赋能，如甄零科技、法大大、幂律智能、法狗狗、秀合同、法天使、秘塔、律大大等法律科技企业，见表 4-6。

人工智能、区块链等技术融入法律科技行业，替代部分法务低价值、重复型的劳动，比如通过人工智能识别合同审查中的形式审查（条款重复、序号有误、错别字等），再利用区块链进行合同签约、版权存证。

表 4-6　国内法律科技文档自动化（Document Automation）代表性企业简介

品牌名称	成立时间	文档自动化业务布局
法大大	2014 年	电子签名和电子印章管理、合同模板创作和管理、合同或文件的多方协作签署、签署后的合同管理、合同智能审核及全链路存证和出证服务等
秀合同	2020 年	AI+ 合同管理产品、秀合同 SaaS 等
法天使	2015 年	以律师作为轴心，研发审查合同的标准步骤，汇集同类型合同的不同文本
甄零科技	2021 年	自一诺智能合同云平台：主要提供合同模板、合同拟订、合同审批、合同签署等服务
律大大	2014 年	合同模板 + 在线编辑器；全流程电子合同开放平台等
法狗狗	2016 年	法狗狗旗下拥有万息、火眼审阅、法猫猫法律服务平台。（1）火眼审阅：智能文档比对、审阅、纠错系统；（2）LogicQ 智能对话系统：多领域智能法律咨询、知识图谱多轮对话、多维度专业法律报告等
智法宝	2019 年	法律咨询、合同审核、合同拟订、案件解决、批量处理、线上签约、大课堂等
上上签	2014 年	为企业提供智能合同云服务，包括电子签名、合同全生命周期智能管理、AI 合同等一体化电子签约解决方案。通过电子签名服务，企业可借助电脑、手机、平板等设备，随时随地与企业及个人用户完成线上电子合同的实时签署，并确保其安全合规、不可篡改
法伴云	2022 年	以"AI+ 数据 + 工具 + 服务"的模式，国内领先的企业 AI 数智化法务共享平台，旨在基于自然语言处理、数据挖掘等技术，为企业提供智能、高效、标准化的法律服务和企业风控合规产品
飞书	2016 年	提供一站式合同管理平台覆盖合同全生命周期，为企业提供数字化、智能化的解决方案

续表

品牌名称	成立时间	文档自动化业务布局
e签宝	2002年	具备安全可信的电子签名与智能履约平台、物电一体化的印章管理平台、身份认证和智能风控系统、区块链证据保全与管理平台、在线速裁与司法服务体系等先进应用
人人法	2015年	在线自助填写生成合同、法律咨询、常年法律顾问、投融资法律服务、电子签署合同
幂律智能	2017年	无忧吾律法律服务平台、合同生命周期管理（CLM）产品 MeFlow、智能合同审查产品 MeCheck、幂律 AI 开放平台 PowerLaw AI 等

资料来源：智合研究院整理。

（五）智能分析

智能分析（Analytics），是指利用数字化、智能化技术，协助或替代法律专业人士进行数据、信息，案件分析的应用。智能分析的类型包括但不限于：借助数据分析的结果，辅助律师在诉讼中进行预测，制定决策；法律人工智能助理：利用自然语言处理和机器学习技术，回答法律问题、提供法律咨询，见图4-9。

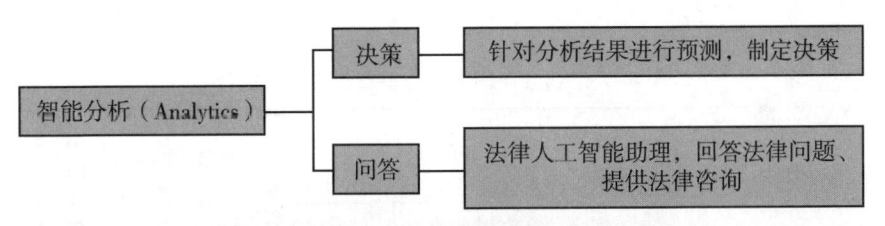

图4-9　中国法律科技企业场景五：智能分析

资料来源：智合研究院整理。

2023年法律垂直大模型的发展呈现出前所未有的活跃。法律垂直大模型在通用大模型的基础上，使用高质量、高可信度、高标准的法律数据进行调整和优化，以提高模型在法律问答、文本生成、案例分析等任务上的专业性和准确性，更好地完成法律知识的决策和问答业务，见图4-10。

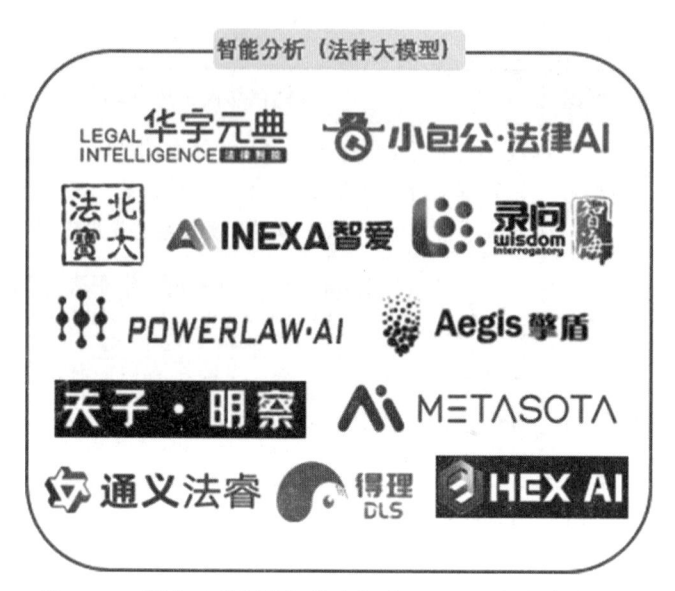

图 4-10　国内法律科技智能分析（Analytics）代表性企业

资料来源：智合研究院整理。

根据智合研究院统计，截至 2023 年 12 月底，国内法律垂直类大模型总数量达到 20 个，实际落地可供体验测试的大模型有 11 个（这些模型拥有实际可供用户申请内测体验的渠道）；有 9 个模型尚未落地（尚未提供在线体验网址，或需要用户自主部署），见表 4-7。

表 4-7　2023 年国内法律垂直类大模型统计

序号	简称	模型介绍	研发团队	发布日期/地点
1	天云数据私域大模型 Elpis	可实现公文文档自动生成，进行实体抽取、统计、计算及内容扩写等，有助于提高公文处理的效率	天云数据	2023 年 4 月 北京
2	LawGPT-zh：（獬豸）	开源的中文法律通用模型，由 ChatGLM-6B LoRA 16-bit 指令微调得到，使用了律师和用户之间的情景对话等数据	上海交通大学团队：王钰、廖彦生、刘泓呈、孟昱同、王宇昊	2023 年 4 月 上海

续表

序号	简称	模型介绍	研发团队	发布日期/地点
3	HanFei-1.0（韩非）	国内首个全参数训练的法律大模型，参数量 7b，主要功能包括法律咨询、法律分析等	中国科学院深圳先进技术研究院自然语言处理课题组	2023年5月深圳
4	JurisLMs	结合了 GPT4 等先进技术，专注于法律领域的自然语言处理，适用于法律咨询和案例分析等应用场景	seudl	2023年5月/
5	LAWGPT	基于中文法律知识的开源大语言模型，覆盖法律文书、法典数据等，适用于法律领域对话问答	南京大学 Pengxiao Song	2023年5月南京
6	LexiLaw-中文法律大模型	经过微调的中文法律大模型，基于 ChatGLM-6B 架构，专注于法律领域的自然语言处理	清华大学 Haitao Li	2023年5月北京
7	Lawyer LLaMA	专注于通用领域，展现出优异的表现，适用于法律领域的多种应用	北京大学 Quzhe Huang	2023年5月北京
8	PowerLawGLM	由幂律智能联合智谱 AI 发布的千亿参数级法律垂直大模型，专注于法律领域的深度应用	幂律智能	2023年6月北京
9	ChatLaw	基于姜子牙-13B、Anima-33B 等底座，主要用于法律咨询和案例分析	北京大学信息工程学院	2023年7月北京
10	华宇万象法律大模型	法律专用大模型，融合了华宇 20 余年在法律科技领域的行业积淀，基于国内外大量法律数据开发	华宇元典	2023年7月北京

· 101 ·

续表

序号	简称	模型介绍	研发团队	发布日期/地点
11	律知	一位虚拟法律顾问，具有丰富的法律知识和技能，能够回答法律问题并提供法律建议	南京大学：沈晓宇、朱大卫等	2023年7月／
12	智海－录问	由浙江大学、阿里巴巴达摩院以及华院计算联合开发，专注于法律领域的智能问答和案例分析	浙江大学、阿里巴巴达摩院、华院计算	2023年8月 杭州
13	夫子·明察	由山东大学、浪潮云、中国政法大学联合研发，基于海量中文无监督司法语料和有监督司法比重数据，专注于法律文献分析	山东大学、浪潮云、中国政法大学	2023年9月 济南
14	得理法律大模型	基于通用语言大模型打造而成，专注于法律垂直领域的科技利器，提供全面的法律服务	深圳得理科技有限公司	2023年9月 深圳
15	DISC-LawLLM	由复旦大学开发，旨在为用户提供专业、智能、全面的法律服务，包括法律咨询和案例分析	复旦大学数据智能与社会计算实验室	2023年9月 上海
16	天地	由汉王科技开发，内置中国法律知识服务，旨在帮助用户解答法律知识和法考问题	汉王科技	2023年10月 北京
17	ChatLawye	专注于法律咨询服务，由Daca智慧计案开发，旨在提高法律服务的智能化和效率	Daca智慧计案	2023年10月 重庆
18	通义法睿	面向法律领域的行业垂直类大模型产品，具备法律理解和推理能力，能够回答法律相关问题	阿里云	2023年10月 杭州
19	智爱法律大模型	集成了前沿人工智能技术和专业法律资料，旨在作为法律助手提供全面服务	上海之爱智能科技有限公司	2023年11月 上海

续表

序号	简称	模型介绍	研发团队	发布日期/地点
20	BAI-Law-13B	白玉兰科学大模型—法律开源是由上海交通大学人工智能研究院开发，专注于法律领域的开源大模型	上海交通大学人工智能研究院	2023年12月 上海

资料来源：智合研究院整理。

基于上述汇总，大模型主要分布区域为北京、上海、深圳、杭州等地。各个模型都针对不同的法律应用场景进行了特化，如自动化公文生成、法律咨询、案例分析，法律AI领域的大模型应用正逐渐深入和细化。

（六）在线争议解决

在线争议解决（Online Dispute Resolution）是指实现在线解决纠纷的数字解决方案。例如，借助互联网和视频会议技术，搭建互联网法庭和在线调解、在线仲裁等线上纠纷化解平台，见图4-11。

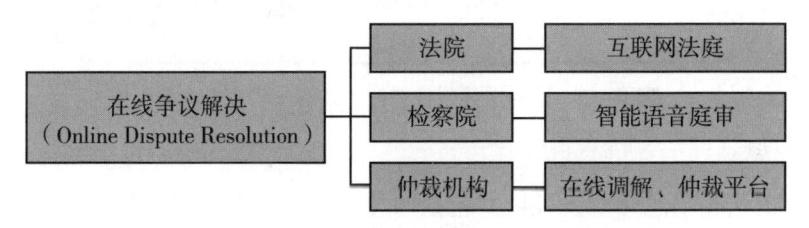

图4-11 中国法律科技企业场景六：在线争议解决

资料来源：智合研究院整理。

在线争议解决主要聚焦公检法、仲裁机构的信息化建设。华宇、共道科技、通达海、东软、百事通等传统厂商耕耘多年。每个司法机关的需求都较为定制化，因此TOG产品难以具备市场化、规模化的能力，主要依靠线下销售，而非互联网产品的逻辑打法。

1.司法链蓄力，各"大厂"搭建联盟链实现法院可验：2018年9月，杭州互联网法院宣布司法区块链正式上线运行，成为全国首家应用区块链技术定分止争的法院。而 2023 年 5 月，最高人民法院发布《关于加强区块链司法应用的意见》提出，到 2025 年，建成人民法院与社会各行各业互通共享的区块链联盟，数据核验、可信操作、智能合约、跨链协同等基础支持能力大幅提升。

2. 基于裁判文书大数据的智慧法官判决：千万级的裁判文书为裁判辅助提供可能性。但由于历史环境、法条变更，也常会出现类案不同判的情况。经过智合调研，有几款产品当前做到了基础辅助量刑，但自动起草判决书仍是难上加难，见图 4-12。

图 4-12　国内法律科技在线争议解决代表性企业

资料来源：智合研究院整理。

当前法院信息化建设领域共包括两类厂商：一类是传统的法院信息化厂商，包括华宇软件、华夏电通、通达海、东软载波等，它们拥有完整的解决方案，同时不断推动人工智能、云计算等技术在法院信息化领域的应用。另一类是从细分领域切入法院信息化建设的厂商，最典型的是科大讯飞，依靠在人工智能语音的优势切入政法领域，占领了大部分法院、公安及检察院领域的智能语音庭审市场；此外，还有致力于司法大数据建设的杭州云嘉，以及专注于互联网法庭建设的新视云，见表 4-8。

表 4-8 国内法律科技在线争议解决代表性企业简介

企业名称	成立时间	电子证据业务概况
华宇软件	2001 年	法院信息化龙头,面向法院全业务、全流程的信息化整体解决方案。2018 年重磅推出新一代华宇智慧法院应用系统,面向智慧法院的"睿审"系统已在北京市高级人民法院成功实施,同时在广西、甘肃、青海等十余个省市进行部署和应用
科大讯飞	1999 年	国内人工智能领先企业之一,凭借语音及自然语言技术的突出优势,公司持续推出智慧庭审、智慧警务、智慧检务等产品。与最高人民法院信息技术服务中心及 7 个省高级人民法院签署战略合作协议,打造"AI+ 智慧法院"。智慧庭审系统目前已覆盖 31 个省市区、4200 个法庭
华夏电通	2001 年	久其软件子公司,全力打造集智慧诉服、智慧审判、智慧管理等为一体的智慧云法院。已在江苏、辽宁、黑龙江、四川、河南等省份的中级或基层人民法院进行智慧法院有关项目的建设,与阿里云签署了合作框架协议
通达海	1995 年	公司专业从事司法信息化系统建设,2017 年 11 月 24 日,南通法院执行 App 正式上线运行。目前,公司员工已超过 600 人,业务覆盖全国法院
杭州云嘉	2014 年	公司是阿里云在司法领域唯一的授权伙伴,多年来一直专注于司法大数据的探索和研究,重点开拓司法行业,助力"智慧法院"信息一体化构建
新视云	2011 年	以视频云计算平台为技术基础,通过软件服务和云计算的业务模式,为全国法院提供庭审过程的互联网视频直播及案件开庭录像的云服务,并将庭审视频数据加工整理归类,建成全国最大的庭审视频大数据存储中心和应用平台
东软载波	1993 年	从 1996 年开始进入法院系统信息化建设领域,应用于全国 300 多家法院,涵盖庭审、办公、科技法庭、诉讼卷宗、行政装备、庭审流程、电子签章等法院工作的各个环节。其法院客户数量达 200 多家,业务涉及 10 多个省
金桥信息	1994 年	运用云计算、大数据、人工智能等新技术为客户提供定制化的"大数据及云平台服务"

续表

企业名称	成立时间	电子证据业务概况
同道科技	2005年	包括判决文书/OPENLAW、法律百科/KNOW-HOW、灵麒资讯、ILEGAL等
海规	2019年	金融类智能审判、司法区块链存证平台、金融纠纷调解平台、创新执行、证券期货纠纷智能化解平台等
共道科技	2018年	系统产品包括互联网法院类案智审系统、案件管理系统、法务中台、法律供应商工作台、智能合同系统、知产全网监测系统等，法律服务包含纠纷案件处置、证照管理、监管合规、原创保护、知产侵权监测与维权等
从法科技	2020年	包括工伤认定、劳动仲裁、劳动调解、人民调解等在线争议解决方案

资料来源：智合研究院整理。

（七）法律研究

法律研究（Legal Research）是指通过简化或自动化法律研究的应用。例如，依托大数据技术搭建法律数据库、案例库，快速检索相关法律文书和法规，或运用人工智能技术搭建法律智能搜索引擎等，见图4-13。

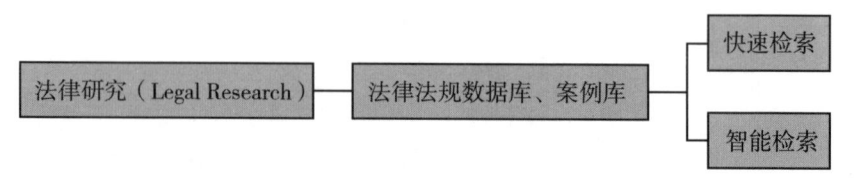

图4-13 中国法律科技企业场景七：法律研究

资料来源：智合研究院整理。

数据服务类企业利用大数据技术和软件工程技术输出可视化信息，帮助法律工作者在某些特定事务中更好地理解数据、判断形势、管理工作流程，在诉前调查、非诉尽调、历史数据分析、案件策略支持等方面具有广泛用途，如北大法宝、威科先行、华宇元典、无讼案例、聚法案例、智合、法蝉等相关法律科技企业，见图4-14、表4-9。

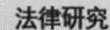

图 4-14 国内法律科技法律研究（Legal Research）代表性企业

资料来源：智合研究院整理。

表 4-9 国内法律科技法律研究（Legal Research）代表性企业简介

企业名称	成立时间	法律研究业务概况
北大法宝	1999 年	内容产品：包括法律检索、专题数据库、定制化数据库等；平台产品：包括文本处理、知识图谱平台、问答平台、识别抽取、预测类量刑建议、案情预测法条、法学文章抄袭检测、法律文本翻译工具等
威科先行	2000 年	提供专业法律信息查询工具，涵盖法律法规、裁判文书、常用法律、文书模板、法律英文、翻译等服务
元典智库	2016 年	华宇软件旗下一款面向法官、检察官、律师、企业法务等法律人的一站式法律知识服务平台，其以法律知识图谱和法律概念认知为核心，以统一智能检索和推荐为特色，全面整合法检、内外部法律数据资源，实现革命性法律知识检索、组合检索和案情智能分析等
智合	2014 年	法律服务行业研究、律所领导力课程与管理咨询、线上线下培训、行业报告输出等业务，另有集人工智能大模型和法律资料为一体的法律助手类产品，旨在通过人工智能技术与法律行业的深度融合提升法律从业者的工作效率

续表

企业名称	成立时间	法律研究业务概况
无讼案例	2014年	以科技产品提高工作效率，具有无讼指南等应用提供最新法律研究和案例分析
聚法案例	2014年	案例法规大数据平台、相似案例检索系统、法律文书智能纠错系统、智能量刑辅助平台、企业法律风险防控系统、律师画像、企业画像、公文助手等几十款法律科技产品
知呱呱	2018年	依托人工智能、大数据等技术手段，提供智能检索、智能创新、知产管理、知产交易、研发导航、预警分析、侵权分析等知识产权产品和服务
摩知轮	2018年	AI可视化商标大数据专业检索及智能分析平台，包括商标检索、以图查图、公告查询、分析对比、监控预警、实务案例、图谱展示、流程管理等综合服务
权大师	2014年	为用户提供智能搜索、智能注册、监控、交易等全流程数据资源以及工具产品，同时还为用户提供高效的商标、专利、版权等全链条知识产权服务解决方案
理脉	2015年	SaaS系统服务和咨询服务搭建专业的商业管理解决方案平台
律呗	2017年	集律所管理、法律大数据和专业法律应用为一体，将可视化、大数据和人工智能三大前沿技术融入每一个模块

资料来源：智合研究院整理。

（八）电子证据

电子证据（E-Discovery），是指在法律诉讼、政府调查等场合中，针对计算机、手机、移动硬盘等各类存储设备中的电子数据进行采集、分析，形成符合司法有效性的电子数据的应用。电子数据通常包括电子邮件、文档、表格、音频和视频文件、社交媒体内容等，见图4-15。

电子证据（E-Discovery） → 电子证据平台（E-Discovery Platform） → 存证 / 取证 / 公证

图 4-15　中国法律科技企业场景八：电子证据

资料来源：智合研究院整理。

随着数字经济的深化发展，移动互联网、云计算、物联网等技术不断创新，社会经济活动逐步由线下往线上迁移，计算机、移动智能终端、云计算、新型物联网、智能网联汽车、区块链等新技术的快速发展和应用承载了大量社会经济活动产生的电子数据，电子数据证据类型趋于多样化。

同时，各类新兴互联网和数字经济业态发展迅速，各类新型违法行为与案事件频发，电子数据证据的重要性愈发提高，市场对于电子数据取证的需求不断上涨，市场空间进一步扩大。随着信息技术的快速发展和广泛运用，全球信息数据量呈现指数增长，随之而来的是涉及电子数据的案件越来越多，电子数据取证的重要性日益凸显。

根据国投智能 2022 年年报中引用智研咨询对于中国电子取证市场规模的相关预测，我国电子取证市场 2020~2023 年的复合增长率为 16%，2023 年国内电子数据取证市场规模约为 35.62 亿元人民币，见图 4-16。

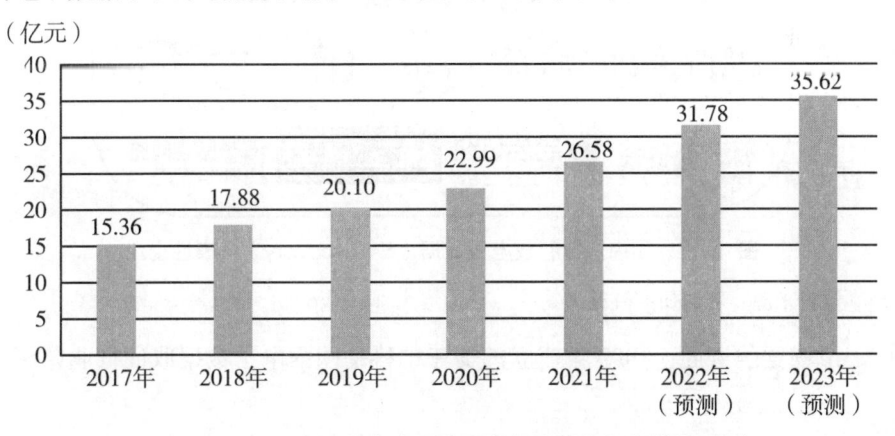

（亿元）

2017年	15.36
2018年	17.88
2019年	20.10
2020年	22.99
2021年	26.58
2022年（预测）	31.78
2023年（预测）	35.62

图 4-16　2017~2023 年中国电子数据取证市场规模及预测

资料来源：国投智能 2022 年年报，智合研究院整理。

随着国内电子数据取证市场的快速发展，电子数据取证法规也在不断完善，从2004年发布的《电子签名法》规定将数据电文纳入"原件"之列，《民事诉讼法》《刑事诉讼法》《行政诉讼法》也先后将"电子数据"纳入法定的证据种类，此后，最高人民法院、最高人民检察院、公安部、国家税务总局等陆续出台多项关于电子数据取证的行业标准及政策。

当前，国内涉及电子证据业务的企业或品牌有国投智能[①]（原美亚柏科）、奇安信、数秦、效率源科技、信任度、安存、智器云、契约锁、法捕快、趣链科技、平航科技、大连睿海、高奈特、达思科技、龙信科技、上海臻相等，见图4-17。

图4-17 国内法律科技电子证据（E-Discovery）代表性企业

资料来源：智合研究院整理。

市场竞争方面，1999年成立的美亚柏科是国内电子数据取证行业龙头企

[①] 2023年12月29日，厦门市美亚柏科信息股份有限公司正式更名为国投智能（厦门）信息股份有限公司。2024年1月2日，公司证券简称由"美亚柏科"正式变更为"国投智能"。

业，具备全证据链取证装备体系、全产业链取证研发智能制造体系以及覆盖全行业的完整解决方案体系。美亚柏科深度参与电子数据取证国家级标准及行业标准的制定，持续深耕并引领行业从狭义取证往广义取证不断发展，在取证综合能力、系统建设、市场占有率等方面均处于行业领先。美亚柏科年报显示，2022年美亚柏科市占率超过55%，竞争优势明显，见表4-10。

表4-10 国内法律科技电子证据（E-Discovery）代表性企业概况

品牌	成立时间	电子证据业务布局
国投智能（美亚柏科）	1999年	公司具备全证据链取证装备体系、全产业链取证研发智能制造体系以及覆盖全行业的完整解决方案体系，产品涵盖数据采集、现场勘查、实验室取证分析等业务场景。2023年，公司发布了"AI-3300"慧眼视频图像鉴真工作站、"MYOS取证操作系统"、"超融合板卡"等，构建了电子数据取证3.0的新模式和解决方案
奇安信	2014年	专注于网络空间安全市场，向政府、企业用户提供新一代企业级网络安全产品和服务
数秦	2016年	（1）产品：区块链商业化平台（保全网）等；（2）解决方案：区块链+司法解决方案、知识产权解决方案、区块链+政务解决方案等
效率源科技	2008年	推出了手机取证、数据恢复、监控视频取证、网络空间/数据库取证、计算机取证、现场勘验、数据分析、行业取证应用等100余件软硬件产品，并形成完备的电子数据取证产品体系
信任度	2016年	通过在区块链、电子合同、身份认证等领域的技术积累，建立关于人、行为、数据之间的互联网可信应用体系
安存	2008年	将虚拟的电子数据有效转化为电子证据，一键直通司法区块链、公证、仲裁、法院等多司法通道
志岩软件	2018年	提供相关行业电子数据采集、处理、应用及检验鉴定流程管理等相关领域的整体解决方案，开展志岩产品和代理产品的销售工作，并针对高端行业需求进行应用项目开发

续表

品牌	成立时间	电子证据业务布局
契约锁	2016年	数字身份、电子签章、印章管控、数据存证、安全合规
法捕快	2019年	通过互联网连接司法资源与金融科技的创新型科技平台，专注于为金融服务提供牢靠的风险管理、高效的司法处置服务
趣链科技	2016年	专注于区块链技术产品与应用解决方案，核心产品包括国际领先的联盟区块链底层平台，自主研发的链原生数据协作平台BitXMesh、区块链跨链技术平台BitXHub，以及一站式区块链开放服务BaaS平台飞洛
平航科技	2012年	提供手机取证、介质分析、SMART取证云等服务
大连睿海	2012年	产品包括手机取证产品、Flash存储介质数据恢复、网络勘验、硬盘数据取证产品、数据分析产品等
高奈特	2006年	主要解决方案包括电子数据采集终端系列，如新型涉网案件勘查、电子数据采集、智能取证等；数据应用系列，如星网涉网犯罪侦防平台
臻相	2017年	产品包括多通道硬盘复制系统、计算机仿真取证系统、计算机保密核查取证系统等；解决方案包括公安机关电子数据取证实验室、检察机关司法鉴定中心电子数据取证实验室等
爱思科技	2004年	推出基于大数据和人工智能的网络行为审计、电子数据取证、数据迁移、人脸识别、语意识别、工控密码机、智慧社区等系列化的产品
天宇宁达	2016年	以数据恢复与取证技术研发为核心业务。主要业务是电子数据取证产品的研发、培训、咨询顾问及产品销售服务
兴百邦	2016年	研发了多通道高速免拆机取证系统——取证前锋、计算机取证分析软件——取证神探、仿影动态仿真取证软件、图像内容智能分析系统、超级取证塔、便携式取证机（Forensic Mini）等系列产品

续表

品牌	成立时间	电子证据业务布局
中经天平	2017年	司法电子证据云平台：专注于国家法制建设与信息化建设领域的产品研发

资料来源：智合研究院整理。

（九）企业合规

企业合规（Compliance）法律科技，是指揭示企业合规风险的应用，利用数字化手段有效落实各方面合规要求，以及利用平台及数据等方式实现监管端与企业端互联互通。从业务合规、管理合规、数字合规等领域构建数字化合规管理体系，实现合规管理的自动化与智能化，达到降低企业合规成本的目标，同时扩展合规工作的深度与广度，实现对合规风险的有效管控。例如，通过人工智能和大数据分析等数字化、智能化技术，帮助企业实现合规管理和风险评估，预测法律风险并提供相应建议，见图4-18。

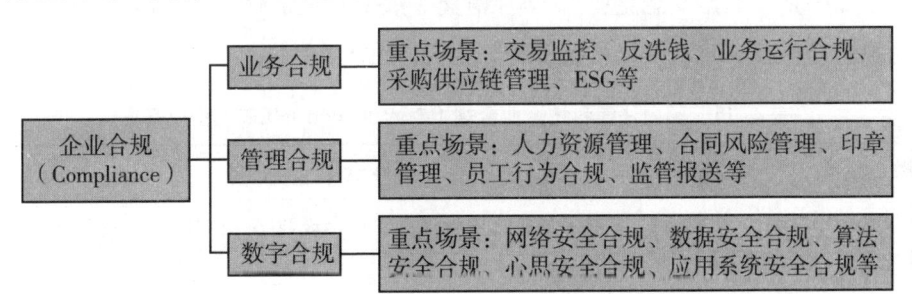

图4-18 中国法律科技企业场景九：企业合规

资料来源：智合研究院整理。

法律科技—企业合规聚焦具体应用场景，通过人工智能、大数据、区块链、密码技术等新一代技术的有效支撑，形成各类应用，如交易监控系统、法律法规跟踪系统、隐私合规管理平台、员工行为监控系统、监管报送自动化系统等。

2022年是合规管理强化年，2024年企业的合规管理将得到更大的关注。一家大型国央企或民营企业，某一业务就动辄有成千上万份合同，蕴含成百起经济纠纷，合规管理需求越发高涨。《中央企业合规管理办法》是国资委成立以来首部针对合规管理制定的部门规章，第一次将企业合规管理上升到法律法规的高度。从中央法律法规到各地方合规管理指引，掀起了一阵"合规潮"，见图4-19。

图4-19　国内法律科技企业合规（Compliance）代表性企业

资料来源：智合研究院整理。

合规科技项下包括数据和隐私管理、智能风控/监管合规/ESG等子行业，如全知科技（数据安全企业）、华控清交（数据安全企业）、毕马威智慧之光、海峰法务科技、晓法网络科技等相关企业，见表4-11。

表4-11　国内法律科技企业合规（Compliance）代表性企业概况

品牌	成立时间	企业合规业务布局
小包公	2016年	机构/企业合规管理：包括合规数字一体化应用系统、企业合规大师
晓法AI	2015年	智能法务系统：通过大数据进行企业动态监控，对目标公司动态进行风险评估，对目标公司、员工/家属信息数据进行核查分析，可一键生成风控报告
把手科技	2015年	法律数据库、司法辅助工具、行政辅助应用、企业风控系统、公共法律服务
数安信	2021年	（1）软件产品：日常合规管理、智能合规授权等；（2）解决方案：数据全流程智能合规

资料来源：智合研究院整理。

四、中国法律科技行业市场需求状况

（一）中国法律科技行业市场需求特征

在当今数字化快速发展的背景下，法律行业正逐渐迎来科技变革的浪潮。律师、律所、企业和政府机构都在积极寻求并探索各种法律科技产品，以适应新时代的挑战并提高工作效率。从提供智能合同工具、电子发现技术到强化合规管理和数据安全保障，这些产品为法律专业人士和机构提供了多样化的解决方案。

1. G端市场需求

政府机构对法律科技产品有多方面的需求，主要集中在提高法律体系效率、强化合规管理、保障公共利益和维护法治等方面。首先，政府机构需要推动电子政务和数字化法律服务，以提高政府运作的效率，包括文件处理、电子签名和数字化案件管理等方面。其次，合规与监管科技产品对政府机构也具有重要意义，帮助实时监测和识别潜在风险，简化合规流程，提高监管效能。

数据管理与隐私保护是另一个重要领域，政府机构需要确保安全、高效的数据管理和隐私保护工具，以保障公民数据的安全并遵循相关隐私法规。智能法律分析通过人工智能技术，可以协助政府机构进行大规模的法律文本分析，提供更快速、精准的法律信息和决策支持。

公共安全与司法系统的优化同样是政府机构关注的方向，涉及预测犯罪模式、电子取证工具、案件管理系统等。引入法律科技产品还有助于实现电子诉讼和在线法庭服务，简化司法程序、提高审判效率，并提供更便捷的公民服务。

合同自动化和监管报告方面，政府机构可能需要工具来更好地管理政府合同、实现合同监管，从而降低成本并提高透明度。此外，为了提高公务人员的法律素养，政府机构可能对在线培训和法律教育工具有需求，以确保工作人员了解最新法规和政府政策。

政府机构对法律科技产品的需求旨在更好地适应法律挑战，提高法律体系的效能，为公共服务提供更加高效和透明的支持。

2. L端市场需求

律师和律所在法律科技产品方面有多方面的需求,主要集中在提高工作效率、优化法律服务、降低成本以及增强合规能力等方面。首先,对于案件管理和法律文书处理,他们希望能够借助法律科技产品简化烦琐的流程,包括案件跟踪、时间记录和文件管理。其次,自动化法律文书的生成和处理也是他们关注的重点,以减少手动工作的工作量。

在处理大量电子数据的案件时,律师和律所对电子发现工具提出需求,以更迅速、有效地查找、筛选和分析相关信息,提高案件准备和调查的效率。此外,他们可能对智能合同工具感兴趣,以简化合同的创建、审批和管理过程,并通过自动化合同条款分析降低合同风险。

在日常法律研究方面,法律科技产品的法律信息检索工具可以帮助律师更迅速地获取相关法规、判例和文献。虚拟助手和自动化服务对处理常规法律任务,如日常通信、预约安排和文件整理,也能够提供帮助。在线合规培训工具是律师和律所为了保持团队的合规素养而寻求的解决方案。

此外,客户关系管理(CRM)系统对于更好地管理客户关系、案件进展和付款信息,提高客户服务水平和律所运营效率也是一个重要的需求。鉴于法律行业对于客户隐私和敏感信息的高度关注,律师和律所迫切需要可靠的数据安全和隐私保护工具,以确保客户信息的安全性。

律师和律所在法律科技产品方面的需求主要体现在提高工作效率、优化服务、降低成本以及增强合规能力等方面。这些需求共同体现了法律专业人士在数字时代面临的挑战,并寻求科技产品来提升业务水平。

3. B端市场需求

企业对于法律科技产品的需求主要涵盖了几个方面。首先,中小企业普遍缺乏内部法务团队,因此它们迫切需要法律科技产品来简化法务管理流程,如案件跟踪、时间记录和文件管理,以提高工作效率。其次,随着法规的变化,企业逐渐认识到合规的重要性,因此法律科技产品需要提供合规管理工具,帮助企业实时监测和识别潜在风险,并简化合规流程。

此外,中小企业对管理规范化产品也有一定需求,尤其是在合同管理方面，产品需具备可视化当前需求进展的功能，以提高协同效率。在付费意愿相对较低的情况下，法律科技产品需要通过降低企业法律管理和服务的成本，提供更具成本效益的解决方案。另外，企业数字化的需求逐渐增加，大型科技公司提供的数字化法务产品尤其在线化合同模板、审批、签约等基础模块，满足了企业提高信息化基础的需求。最后，一些法律科技公司通过细分领域产品提升中小企业专业化服务能力，帮助企业更好地应对各个专业领域的法律需求，形成了"云端法务部"。

综合而言，企业对于法律科技产品的需求主要体现在提高效率、降低成本、合规管理以及数字化信息化等方面。在满足这些需求的同时，产品需要更好地适应中小企业的实际情况，以促进法务科技产品在这一市场的推广和应用。

4. C端市场需求

C端用户对法律科技产品有一系列的需求，主要体现在提供便捷、易懂的法律信息和服务方面。首先，用户希望能够迅速获取简单法律问题的解答和基本法律咨询，这可以通过在线聊天、智能语音助手或应用程序来实现。其次，用户有学习法律知识的需求，期望能够通过法律科技产品了解基本的法律概念、权利义务以及法律程序，这可能通过在线课程、文章、视频或互动学习平台来满足。

此外，用户对于日常生活中的合同和文件处理也有一定的期望，他们希望能够更轻松地创建、签署和管理文件，这可能包括在线合同生成工具、电子签名服务等。在消费者领域，用户关注自身的权益保护，期望法律科技产品能够提供有关购物、租房等方面的权益信息和维权指南。

隐私保护是另一个重要方面，用户希望法律科技产品能够提供关于个人数据使用和隐私权的清晰信息，并帮助他们了解和控制个人数据的使用。在纠纷解决方面，用户可能希望有在线纠纷解决平台，帮助他们寻找简便、高效的解决方案，避免长时间的法律纠纷过程。最后，用户对于能够通过自然语言处理回答简单法律问题的智能法律助手也表现出兴趣，以获取更直观、易懂的法律建议。C端用户的法律科技产品需求主要集中在提供便捷、易用、个性化的法律服务和信息方面,以更好地理解和保护个人法律权益。

(二)中国法律科技行业市场需求规模

律师行业是一个重度垂直的细分领域,根据2022年6月中国新闻网的最新数据,全国律师人数为65.16万人。按照目标客户维度,中国法律科技行业市场主要分为To G(面向政府)、To L(面向律师)、To B(面向企业)和To C(面向个人)。

1. To G市场规模估算

当前,法律科技行业唯一一家创业板上市公司华宇软件,是法律科技、教育信息化、市场监管领域的软件提供商。在法律科技领域,公司业务完整覆盖法院、检察院、司法行政、政法委、纪检监察等法律机关。2022年公司法律科技板块营业收入22.22亿元(数据来源:华宇软件2022年年报)。同时,根据IDC和长江证券研究所的数据,2022年华宇软件占法检信息化行业市场份额约37.7%。假设市场竞争格局保持相对稳定,以2022年公司法律科技板块收入22.22亿元计算,当前法律科技To G市场规模约60亿元。另据华创证券估算,智慧法院建设带来的市场增量合计将超过100亿元。在"人民法院信息化3.0"及当前"新基建"的推动下,G端市场将进一步扩大。

2. To L市场规模估算

面向律所的法律科技产品与"法律服务"连接最为紧密,其产品包括律所SaaS服务、数据库,及近年国内新出现的AI合同审查、AI法律翻译等。提供SaaS服务自2017年以来就成为热门,并以"律师工作平台"成为产品热点。主要产品包括律所管理、案件流程管理、客户管理、案例库、法规库、RPA等,该领域主要玩家有iCourt、华宇元典、法蝉、金助理、律师E通等。法律数据库和法律资讯服务提供商,包括无讼、北大法宝、威科、律商联讯等。To L也是欧美法律科技产品聚焦的热门领域。

SaaS服务收入主要来自律所及律师的软件订阅,市场规模主要取决于行业渗透率、从业人数及产品价格,当前律所SaaS服务渗透率并不高。华宇软件2022年年报显示,华宇元典律师工作平台目前拥有超过六万名用户;结合行业实际情况初步估算目前渗透率应不超过25%，且不同厂商存在用户重叠。

从业人数少使To L市场天花板十分明显。我国律师人数虽然以超过年10%的速度在增长，但总量依然较少，2022年律师人数约为65.16万人，见图4-20。产品价格方面，元典律师工作平台采用成本领先战略，定价较低，高级版收费599元/人/年，元典智库收费199元/人/年，法官怎么判399元/人/年；iCourt Alpha采用差异化战略，平均约2000元/人/年。按照主要参与者的用户比例估计，2022年市场规模约为13亿元。

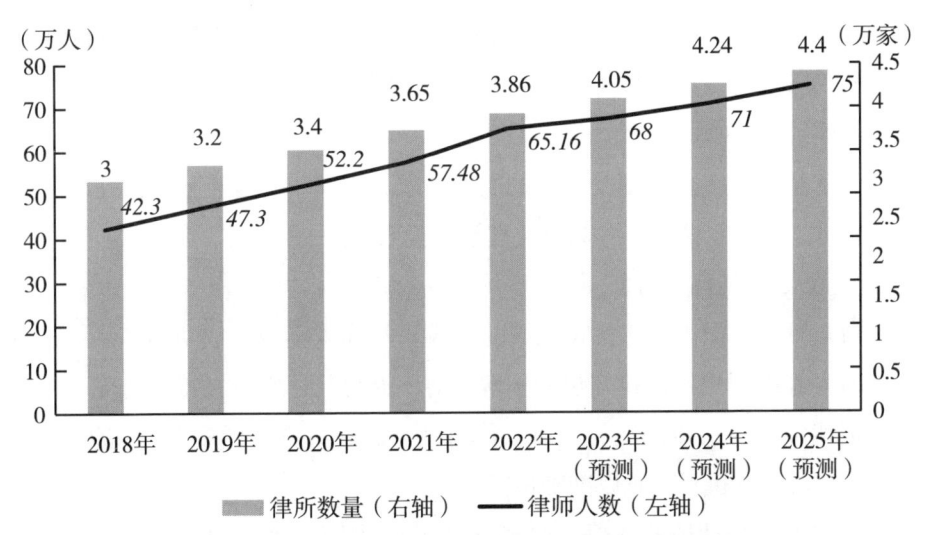

图4-20 2018~2025年全国律师/律所数量及预测

资料来源：司法部年度律师、基层法律服务工作统计分析，智合研究院整理。

3. To B市场规模估算

B端是商业法律服务的主要需求方，拥有巨大的市场潜力。面向B端的法律科技产品受到越来越多的关注，一部分是围绕企业法务部展开的法务SaaS、电子签章、合同管理；另一部分则是形成商业法律服务替代方案的AI合同审查、AI法律翻译等。B端需求一部分由企业内部自研满足，如与企业内部系统进行整合；另一部分则由市场提供，如无讼推出的无讼开云、电子合同领域的法大大等。

市场提供的产品中，电子合同与电子签章领域取得的进展令人关注。

2019年，法大大完成3.98亿元C轮融资，由老虎环球基金和腾讯联合领投。AI合同审查是另一热门领域。由于英文文本审阅不断投入应用，国内法律科技公司对于中文合同审查的关注度持续增加，幂律智能、爱合同、牛法网、简法帮等纷纷推出AI合同审查产品。总体来说，B端市场有着巨大的潜力，但就当前时点来说，替代率还较低，市场潜力尚未得到激发。据工信部统计，截至2022年全国中小企业数量为5200万家，同时，两化融合公共服务平台监测显示，我国中型企业和小型企业信息化水平已达到55.7%，即2896.4万家中小企业亟须进行数字化转型，假定每家企业对于"法律科技（法律事务IT建设）"经费以1万元/年计算，则当前国内企业端法律科技市场需求规模约为2896.4亿元。

鉴于企业数字化转型是长期的发展需求，因此，随着企业信息化水平的不断提升，其对于法律事务数字化建设的投入将进一步增长。

4. To C市场规模估算

截至目前，国内法律科技领域的C端市场尚未涌现出成功的产品。这主要是因为C端用户对法律知识的了解相对不充分，通常只在特定情况下才考虑聘请律师解决法律问题，所以法律科技产品在日常生活中并非高频需求。因此，该市场规模目前难以准确估算。

根据国家统计局的数据，截至2023年，中国居民人均可支配收入已达39,218元。在这个背景下，普通私人律师的年均费用普遍在5000元左右，足以满足大多数人的法律咨询和服务需求。考虑到中国全国总人口已达到14.1亿，假设有50%的居民每年都有法律服务需求，那么中国法律科技产品市场的潜在容量将达到35,250亿元，见表4-12。

表4-12 中国法律科技行业市场容量测算

类型	To G端市场	To L端市场	To B端市场	To C端市场
法律科技客户属性（用户群体）	全国各级司法机关与公共法律服务部门	全国律师事务所与执业律师群体	全国各类企业	个人（学法、普法、法律服务需求方）

续表

类型	To G 端市场	To L 端市场	To B 端市场	To C 端市场
法律科技市场规模构成（资金来源）	政府部门IT预算、信息化建设经费	律所信息化建设经费、律师个人付费	企业付费	用户付费
人数、企业、机构规模（截至2022年年底）	全国各级人民法院3500余家，12万多名员额法官	全国3.86万家律师事务所，65.16万名执业律师	全国5200万家中小企业	全国14亿人口总量，包括8.76亿16~59岁劳动年龄人口
市场渗透率（估算）	100%	25%	40%	小于5%
市场规模	100亿元	13亿元	2896亿元	35,250亿元
测算依据	头部企业占有率	客单价×市场渗透率	客单价×市场渗透率	客单价×市场渗透率
市场前景	市场前景积极，尤其受益于"人民法院信息化3.0"和"新基建"政策的推动。智慧法院建设将为市场带来超过100亿元的增量	尽管市场规模有一定的增长，但由于从业人数有限，To L 市场的潜在天花板相对明显。然而，随着律师人数的增长和法律科技的进一步普及，市场可能会有一定的扩大空间	尽管目前替代率相对较低，但市场潜力仍未得到充分激发。中国中小企业数量庞大，截至2022年全国中小企业数量为5200万家，其中大部分尚需进行数字化转型	随着法律科技产品的发展和普及，可能会促使更多人意识到其在解决法律问题上的便利性，从而激发市场的潜在增长。尽管目前市场规模难以准确估算，但随着法律科技产品的不断创新和推广，有望逐渐拓展C端市场的潜在需求。在未来，随着用户对法律科技产品的认知提高，该市场的前景可能会更为乐观
市场容量	百亿元级别	百亿元级别	千亿元级别	万亿元级别

然而，需要注意的是，由于法律服务需求并非日常高频事件，因此市场规模的具体估算仍存在一定的不确定性。随着法律科技产品的发展和普及，可能会促使更多人意识到其在解决法律问题上的便利性，从而激发市场的潜在增长。

五、中国法律科技行业市场痛点分析

（一）缺乏资本加持

目前，国内法律科技领域的入局者仍以中小企业为主，而法律科技作为高新技术产业，对于资金、高素质人力的投入要求较高。因此，法律科技行业的进一步发展仍亟待资本的加持。

在国外，随着生成式人工智能的持续进步，风险投资持续涌入法律科技赛道。仅2023年第三季度，就有10家覆盖电子发现、法律研究、法律招聘等诸多领域的法律科技公司宣布获得新一轮融资。这也印证了法律科技风口的到来。

尽管如此，对于国内法律科技企业而言，想要获得资本的进一步支持，并不似国外那般容易和便捷。目前，影响国内资本加速进入法律科技行业的主要限制因素如表4-13所示。

表4-13　中国法律科技行业市场痛点——缺乏资本加持

问题	具体内容
高技术门槛带来的风险认知和投资意愿问题	相对传统产业，法律科技行业兼具小众、高新的特性，使不了解法律服务领域的投资者难以对其风险进行准确评估，进而导致投资意愿较低。同时，由于国内新兴的法律科技企业在商业模式和产品形态上仍处于探索阶段，加之法律法规政策在当前的不确定性，都影响了投资者对于这一领域的信心
长回报周期与当前经济形势的不适配	在经济增长放缓的环境下，多数投资者可能更倾向于下注那些能够快速获取回报的行业、产业，而少数信奉长期主义同时又了解法律行业、科技行业的优质投资者并不足以满足法律科技行业当前的投资缺口，因而进一步加大了国内法律科技企业获得投资的难度
激烈的市场竞争和中小企业脆弱的抗风险性	国内法律科技行业发展历程相对较短，除少部分老牌企业外，大多数企业仍处在高度竞争的雏形期，极可能面临经营不善、盈亏状况不稳定等问题，加上法律科技往往需要较大量且持续的资金投入，资本也会因此对投资法律科技企业持更审慎的态度

资料来源：智合研究院整理。

值得注意的是，仍有部分产品或技术领先型的企业在融资方面取得了可喜进展，如清华团队出品的智谱 AI 即完成了 25 亿元融资。

（二）低端同质竞争

低端、同质化竞争严重同样是当前法律科技行业面临的问题之一。早在 2014 年裁判文书上网的背景下，国内即涌现出了一批以传统检索、B2C 法律电商平台为主的"互联网+法律"创业公司，其中许多公司缺乏核心技术，只能进行简单的、低端的数据检索竞争，因而生存力和长期发展前景都很弱。根据法律修音机统计，800 余家企业中现存的不足 300 家。

低端化、同质化的竞争必然会影响投资者对行业整体发展的信心，压缩法律科技公司的生存空间，并造成对行业提升无益的无效内卷。在相关法律法规逐步健全后，这一局面可能会得到改善。

（三）缺乏技术引领

目前，国内法律科技领域的头部公司仍不多，很多中小型法律科技公司想借助资本力量发展壮大，但无论是私募基金还是政府产业基金，早年对其重视程度都是不够的。这导致行业内很多公司规模普遍偏小，技术含量不是很高，没有很多财力物力去研究核心的技术。

AICG 大模型背景下，法律科技公司创业需要资金，更需要技术。目前基于生成式人工智能的法律科技技术开发仍处于粗放阶段，各类人工智能法律大模型的发展亦处于初期阶段，衍生出多样化的发展路径。这种"百花齐放"的格局一方面有利于法律科技发展路径的探索，另一方面也带来了缺乏技术引领的挑战——不同法律科技公司参差不齐的技术发展水平必然会造成许多法律科技公司在 AIGC 等热点风口上做无用功，进而带来资源浪费，影响行业整体技术进步速度。

针对缺乏技术引领的问题，目前已经有一部分互联网"大厂"开始有针对性地入场，如注资有潜力的新兴法律科技企业。如未来行业展现出更大前景，不排除会有互联网"大厂"选择躬身入局。这种情况下，互联网"大厂"

过往十余年在软件、技术领域的深厚积淀将进一步催化法律科技行业的技术发展，孕育出更高质量的法律科技产品。

（四）复合人才缺失

在"互联网+"概念诞生后，互联网得以跨越行业与众多传统行业形成连接，其中就包括了"互联网+法律"。尽管如此，在法律科技行业受AIGC刺激步入发展新时期后，跨法律、互联网、人工智能的多领域复合型人才仍十分紧俏。目前，多家法律科技公司正在寻求跨领域复合型人才的加盟，其中多数是非法律行业背景、侧重人工智能或大数据领域的高新技术型人才，即便是此类人才，在当下的法律科技行业也十分难得。

培养符合未来法律科技发展需要的复合型人才，不仅要求企业层面采取对应举措，更需要从源头下手建立与之相符的人才结构。目前，华东政法大学等政法高校在法律+IT等方面已经开设相应的学科，未来仍需要法律科技企业积极参与其中，与高校建立更紧密合作，培养出更多适应未来行业需要的复合型人才。

（五）政策驱动不明显

目前，法律科技企业能适用的支持政策往往只有中小企业、高新技术企业类目的相关政策。这些政策因其适配群体、引导方向的特异性，并不完全符合法律科技公司的发展需要，仍有许多需要从政策端得到解决的痛点未被解决，需要制定更细分、更具针对性的各类政策文件加以支持。

此外，除强有力的政府端政策支持外，法律科技领域的行业自律组织建设及其职能发挥仍有待进一步提高。相较于如今越来越活跃的各地律协，法律科技行业亦需要对应的、高执行力和灵活度的行业自律组织来支援法律科技企业的发展、拓业，使其更好地与法律服务行业的未来发展相匹配。

第五章
中国法律科技行业市场格局

波特五力分析模型（Porter's Five Forces Model）将不同因素汇集在5种主要来源的模型中，从微观角度分析一个行业的竞争态势，见图5-1。

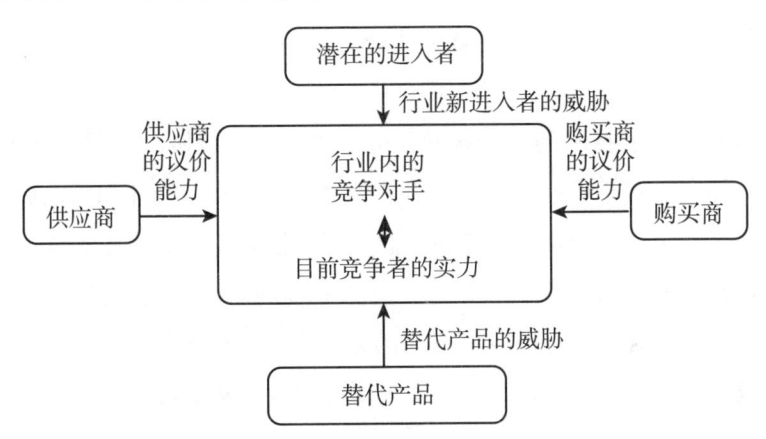

图5-1 波特五力分析模型（Porter's Five Forces Model）

资料来源：智合研究院整理。

一、中国法律科技行业波特五力模型分析

（一）中国法律科技行业现有竞争者分析

中国法律科技行业现有竞争者数量不多，玩家主要分为传统"互联网+法律"企业。例如，聚焦于"智能型法律信息检索系统"的北大法宝，其主要通过数据挖掘的方式，链接法规条文、相关案例、司法解释、条文释义等

内容，让用户更加方便地进行查询。把手科技则是通过法律大数据技术，研发了"把手案例"法律文书和法律法规数据库等核心产品。法保网通过引入人工智能、大数据等前沿科技，促进企业服务转型、扩大跨越发展。以"互联网+法律"为接入点，结合第三方服务，全方位、多方面解决不同层次的企业服务需求。

另外，通过合同管理、电子签名、数字化转型赋能法律服务的企业也是法律科技领域重点玩家。例如，"建立合同管理生态体系，赋予企业数字化、智能化的合同管理能力，为企业带来规范化、精细化、智能化的合同管理体验，提升企业合同管理水平，降低管理成本，同时加强企业风险防范能力"的甄零一诺；"以 AI+数据+工具+服务的模式，致力于让中小企业以更低的成本和更高的效率来降低企业在生产经营过程中的法律风险"的法伴云；"国内领先的电子签名与电子合同服务商"法大大，为企业、政府和个人提供基于合法数字签名技术的电子合同和电子单据的在线协同签署及管理服务。但由于法律本身对于专业要求较高且容错率低的特点，行业内目前尚未出现头部企业，各个玩家市场占有率较低且分散。随着生成式人工智能技术的出现，又涌现出新一批企业科大讯飞、北大 ChatLaw、智合、海瑞智法、秘塔科技、得理科技凭借"AIGC+法律"的方式进入法律科技领域。同时，传统法律科技企业也乘着 AIGC 的浪潮，向新法律科技赛道转型，原有行业格局有被重构的趋势，见表 5-1。

表 5-1　中国法律科技行业现有企业的竞争分析

指标	表现	结论
竞争者数量	截至 2023 年 12 月 31 日，中国法律科技行业存续及在业企业数量仅为 172 家，且有 30% 以上为注册资本在 500 万元以下的中小企业	中国法律科技行业现有竞争者数量较少
市场集中度	目前中国法律科技行业企业呈分散式发展状态，市场占有率较低，尚未出现行业头部聚集效应	中国法律科技行业市场集中度低

资料来源：IT 桔子，智合研究院整理。

（二）中国法律科技行业供应商议价能力分析

目前传统法律科技领域上游供应商一般为数据资源方，由于法律领域专业数据较为敏感，一般都由政府直接掌控，如裁判文书网、国家法律法规数据库。此法律科技领域部分企业还需用到各大律所沉淀的案例、经验、实务见解等。该领域由于头部律所较少，数据资源相对集中，相较于公开数据，供应商的议价能力较强。但由于法律科技领域中游企业数量较少，同时律师律所主营业务也较为依赖过往的数据和经验的沉淀，该部分数据不会太过于对外市场化，因此总体议价能力有限，见表5-2。

表5-2　中国法律科技行业对上游议价能力分析

指标	表现	结论
供需情况	行业内中游企业数量较少，需求量不大，多半还是以公开数据为主	议价能力相对较强，但市场需求并不旺盛
产品标准化程度	产品标准化较高，整体以SaaS产品和平台型服务为主	产品标准化程度高，易于扩张

资料来源：智合研究院整理。

（三）中国法律科技行业消费者议价能力分析

法律科技领域下游消费市场主要是专业律师和律所、具有法律需求的企业、需要咨询法律相关问题的大众，分布较为广泛，而法律科技的功能主要集中于帮助客户群体降本增效，产品价格平均为1000~3000元/年。但由于法律属于专业领域，对于产品和服务产出的结果的精准度和合理性要求非常高，几乎不能容忍有失误的方面，所以下游对于产品的选择非常谨慎，导致实际产品的选择较少，因此下游议价能力相对较弱，见表5-3。

表5-3　中国法律科技行业对下游议价能力分析

指标	表现	结论
市场需求	该领域对产出结果精确度要求较高，可选择的产品类型相对较少，对于降本增效产品的需求量大	供小于求

续表

指标	表现	结论
产品同质化	目前经过市场验证可用的领域不多，多数领域还需要人工来完成，无法由软件或机器替代	同质化较重

资料来源：智合研究院整理。

（四）中国法律科技行业潜在进入者分析

法律行业自古有之，是一个相对保守且精英化的行业，无论是对新科技的采用还是整体的线上化，都相对较慢；法律科技也一直是一个相对价值较"薄"的行业。传统法律科技，产品以合同审查、数据挖掘、SaaS管理软件为主，客户主要需求集中于降本增效，所以对于进入者的技术能力和产品营销能力较为依赖。

生成式AI大模型，如GPT-4.Claude、GLM，基于其较好的复杂推理能力与非结构化信息处理，拥有前所未有的能力；而法律恰恰有大量非结构化文本沉淀且对推理能力要求较高，是智力密集型行业，以律师的工作小时（billable hours）为核心的价值提供，因此新科技如生成式AI或将为行业大幅降本增效提供足够显性且有破坏性的价值，而迅速成为法律科技的重要一部分。

美国伊利诺伊理工大学芝加哥肯特法学院宣布，GPT-4通过了美国律师资格考试并且成绩排名上超过90%的考生，而上一代GPT-3.5参加该考试还排在倒数10%，意味着LLM在法律垂直类知识和推理能力上正式完成从0到1的跃迁。AIGC时代的法律科技领域，不管是技术、资金或者是数据量的要求都远高于传统法律科技，这部分产品能够直接为客户提供法律服务，初步减少了咨询律师的需求并降低了律师与客户双边匹配的成本。AIGC底层技术研发所需高昂的资金成本、数据量以及模型专业度对于新进入者是一个很大的挑战。

（五）中国法律科技行业替代品风险分析

传统法律科技产品的替代风险在很大程度上取决于其在法律行业中所提供的专业性、合规性、定制化以及行业认可和信任度。例如，合同自动化工具如法大大和幂律智能为法律文书签署提供了便利，但由于其主要专注于签署过程的简化，而无法提供深入的法律分析或满足复杂合同的特定需求。这展现了法律科技产品在专业性和定制化方面的独特优势，使其相对难以被其他领域的通用产品替代。

另外，法律搜索引擎如北大法宝和把手科技通过提供专业的法律信息检索服务，确保信息的准确性和合规性。与一般搜索引擎相比，后者虽然可以提供信息，但难以满足法律行业对精准法律信息的高标准。这凸显了法律科技产品在合规性和法律环境方面的重要性，增加了其他领域产品替代的难度。因此，法律科技产品通过其在法律行业树立的行业标准和信任度，降低了被其他领域产品替代的风险。

AIGC技术在法律科技产品中的应用可能在创新性、专业性、合规性和市场份额等方面发挥关键作用，从而降低被替代的风险。例如，智能合同分析工具利用AIGC技术，通过先进的自然语言处理和机器学习算法，实现了对合同的高效分析和识别。这种创新性不仅提高了产品的性能，还使其更难被其他传统方法或工具替代。另外，定制化的法律案件管理平台，借助AIGC技术提供了高度个性化的解决方案，满足不同律师事务所对于案件管理的特殊需求。这体现了产品的专业性和定制化，使其更符合法律行业的复杂性，从而降低了被替代的风险。

在合规性和安全性方面，智能法规遵从工具是另一个典型例子。通过AIGC技术，这类工具能够解释复杂的法规内容，提供实时的合规建议，并确保数据的安全性。这不仅使产品在法规遵守方面更具优势，也降低了因合规性不足而被其他替代产品取代的风险。最后，市场份额的增长往往反映了用户对产品的认可程度。例如，AI支持的法律研究平台通过整合用户反馈，提供高质量的法律搜索结果，从而在市场上赢得了广泛认可和一定份额，这有助于稳固产品在市场上的地位，减少被替代的风险。

（六）中国法律科技行业竞争情况总结

中国法律科技行业呈现出多层面的竞争和发展格局，通过结合波特五力模型进行分析，我们可以相对全面地了解法律科技行业的关键特征。我们对各方面的竞争情况进行量化，1代表最大，0代表最小，总结如下：

竞争者之间的竞争主要体现在"互联网+法律企业"和以合同管理、电子签名为核心的科技公司。其中，北大法宝、把手科技、法保网等通过不同方式满足法律信息需求，展示了智能法律信息检索和法律大数据等领域的竞争优势。然而，由于法律行业本身的专业性和容错率低，尚未形成明显的头部企业，市场占有率相对较低。（0.4分）

上游供应商议价能力主要受到数据资源方的影响，如裁判文书网和国家法律法规数据库。这些数据资源由政府直接掌控，使供应商在谈判中具备较强的议价能力。在中游企业方面，由于律所数据相对集中，供应商同样拥有较强的议价能力，这也是因为头部律所较为有限，数据相对稀缺。（0.6分）

消费者议价能力方面，下游市场涵盖了专业律师、律所、法律需求的企业和普通大众。尽管法律科技的功能主要集中于帮助客户群体降本增效，但由于法律属于专业领域，对产品的选择十分谨慎，下游的实际议价能力相对较弱。（0.3分）

潜在进入者方面，法律行业一直以来都是相对保守和精英化的行业，对于新科技的采纳相对较慢。新科技如生成式AI的涌现，虽然带来了破坏性的潜力，但由于高技术门槛和法律科技领域底层技术研发所需的高昂资金成本，对于新进入者构成一定的挑战。（0.3分）

替代品风险分析凸显了法律科技产品在专业性、合规性、定制化以及用户认可和市场份额方面的优势。例如，智能合同分析工具、法规遵守工具等通过AIGC技术的应用，提高了产品的创新性和专业性，降低了替代品风险。用户认可度和市场份额的提升反映了产品在市场上的信任度，减缓了被其他领域产品替代的风险。在未来，技术创新和市场认可将在法律科技行业决定竞争格局的演变中发挥至关重要的作用。（0.2分）

中国法律科技行业五力竞争综合分析见图5-2。

现状篇 | 第五章 中国法律科技行业市场格局

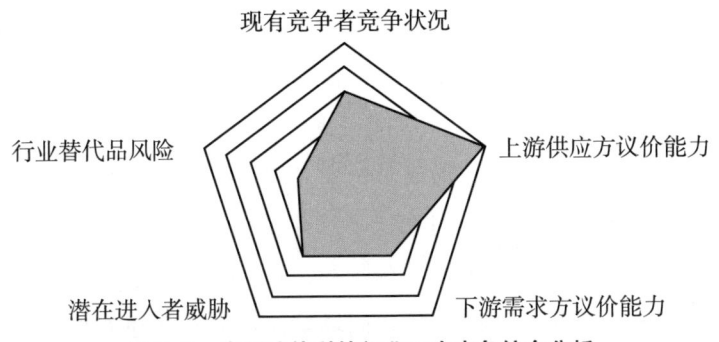

图 5-2 中国法律科技行业五力竞争综合分析

资料来源：智合研究院整理。

二、中国法律科技行业市场竞争格局分析

（一）中国法律科技行业企业竞争格局分析

当前中国法律科技领域呈现出多元且活跃的竞争格局，市场的蓬勃发展孕育了一批具有代表性的法律科技企业。尽管国内的法律科技企业总量不算庞大，但其内部结构却呈现出多样性，各类企业并驾齐驱，共同推动行业的进步。

截至 2023 年 12 月 31 日，在智合研究院统计的 155 家仍在持续经营的法律科技公司中，有 96 家企业成立于 2014~2019 年，约占总数的 61.94%，见图 5-3。

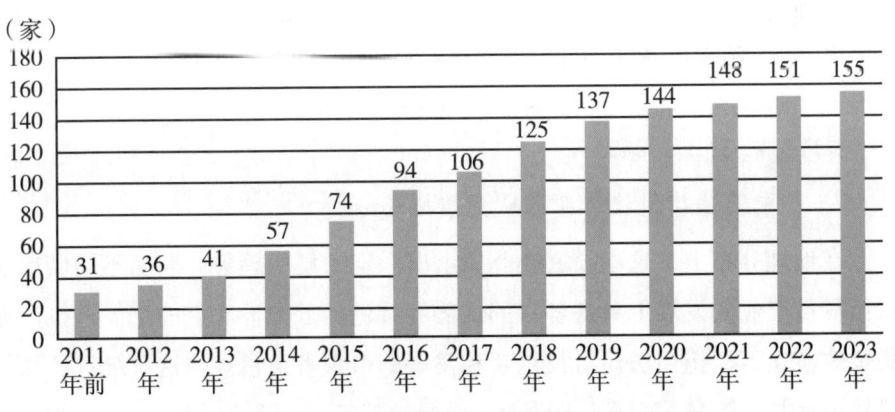

图 5-3 2011~2023 年国内法律科技企业累计数量

注：以本书附录中统计的 155 家法律科技企业为样本。
资料来源：智合研究院整理。

· 131 ·

具体来看，法律科技领域存在许多分散的小型企业。在本次统计的155家法律科技企业中，500万元及以下注册资本的企业数量较多，而注册资本超过5000万元的企业相对较少。法律科技行业内不同规模和资本水平的企业都能够找到自己的生存空间，形成了一个充满生机和潜力的生态系统。这些企业通常根据自身发展轨迹同时布局了法律科技的多个应用场景。有32.9%的企业提供律师在线咨询的市场平台业务，有25.8%的企业布局电子合同等文档自动化业务。其他占比较高的应用场景包括流程管理（22.6%）、电子证据（22.6%）与智能分析（25.2%）等，见图5-4。

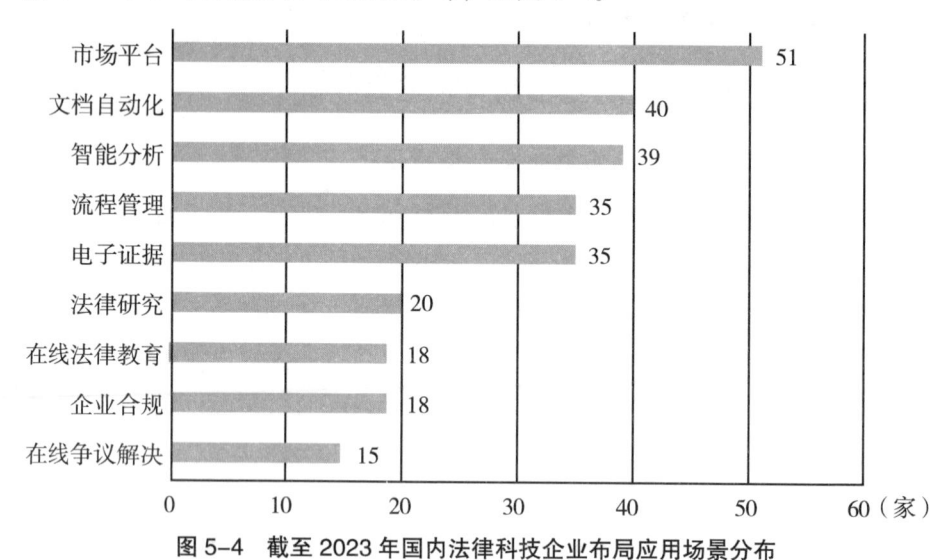

应用场景	数量（家）
市场平台	51
文档自动化	40
智能分析	39
流程管理	35
电子证据	35
法律研究	20
在线法律教育	18
企业合规	18
在线争议解决	15

图5-4 截至2023年国内法律科技企业布局应用场景分布

注：以本书附录中统计的155家法律科技企业为样本。
资料来源：智合研究院整理。

（二）中国法律科技行业区域竞争格局分析

在地理分布上，这155家企业显示出一定的集中趋势，表明不同城市在法律科技产业的发展上具备各自的优势和特色。首先，北京的法律科技产业集聚效应显著，担当法律科技创新和发展的引领者角色。在这次统计的法律科技企业中，有45家总部位于北京，凸显了其在该领域的领先地位。其次，上海、成都和深圳等城市也展现出较为活跃的法律科技产业生态。共有26家企

业总部设于上海，成为全国法律科技产业的重要发展中心之一。浙江杭州、广东深圳和四川成都分别拥有17家、16家和10家法律科技企业，体现了国内法律科技产业在不同地区的均衡发展，见图5-5。

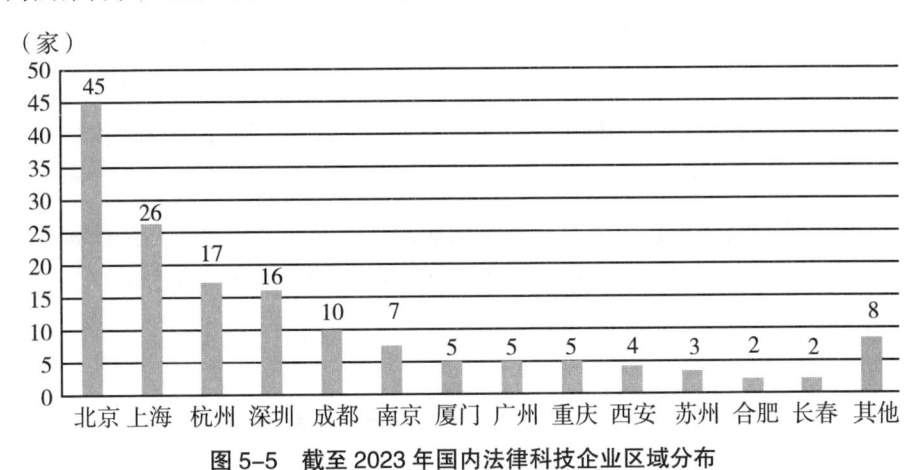

（家）

北京	45
上海	26
杭州	17
深圳	16
成都	10
南京	7
厦门	5
广州	5
重庆	5
西安	4
苏州	3
合肥	2
长春	2
其他	8

图5-5 截至2023年国内法律科技企业区域分布

注：以本书附录中统计的155家法律科技企业为样本。
资料来源：智合研究院整理。

当前，国内法律科技企业呈现出相对分散的地理分布，各城市的法律科技产业正处发展的初期阶段，北京、上海等大城市形成了明显的集聚效应，而中西部城市如成都、重庆和西安也崭露头角，为未来吸引更多投资和创新提供了广阔机会。在激烈的市场竞争中，各城市的法律科技企业需保持竞争力，从而共同推动该领域更加健康和全面的发展。

三、中国法律科技行业市场集中度分析

根据企查查数据，中国法律科技行业在地理分布上存在集中现象，尤其是在少数几个城市集聚了大量企业，凸显了这些地区在法律科技创新和发展上的引领地位。

1.地域集聚效应：大部分法律科技企业集中在少数几个城市，特别是北京、上海、成都和深圳等大城市。这表明这些城市在法律科技产业的发展上具有明显的集聚效应，企业更愿意在这些拥有更完善法律、科技创新生态环

境的城市开展业务。

2. 城市排名差异：从各城市法律科技企业数量的排名来看，前几名的城市拥有较多的企业，而其他城市相对较少。这种差异表明了法律科技行业在特定地区的相对集中发展。

3. 东部沿海地区领先：北京、杭州、上海等东部沿海城市在法律科技产业方面处于领先地位，企业数量较多，这进一步印证了当下中国法律科技行业仍以东部沿海为发展龙头。

4. 中西部地区崛起：中西部城市如成都、西安和重庆等也在法律科技产业中崭露头角，显示出这些地区在吸引法律科技创新企业方面取得了一定的成功，这有助于在更远期的未来降低全行业的地域集中度。

四、中国法律科技行业投融资、兼并与重组状况

（一）中国法律科技行业投融资发展状况

1. 中国法律科技行业投融资方式

当前，中国法律科技市场呈现出令人瞩目的发展态势，总计172家企业在这一领域开展创新性的工作。然而，尽管市场蕴藏巨大的潜力，但截至2023年12月31日，该市场的获投比例仅为32.56%，揭示出市场尚处于初期发展阶段、尚未充分成熟的显示。其中，投融资活动主要集中在早期（C轮之前）阶段，战略融资相对偏少，而成功上市的企业仅有1家。这凸显了市场中资本流动的趋势，尤其是对初创企业的关注和支持。值得注意的是，这也意味着在市场的更高发展阶段还存在较大的增长空间。

随着中国法律知识的普及程度逐渐提高以及专业从业人员规模的不断扩大，法律科技市场展现出明显的上升趋势。未来的发展前景看好，特别是在新一轮AIGC技术的推动下，法律科技市场正在积极探索全新的商业模式和服务体系，为市场注入了创新的活力。尽管目前市场发展尚未完全成熟，但随着法律科技行业逐步走向成熟，投资者和企业纷纷寻求适应市场需求的创新解决方案。预计随着时间的推移，投资和融资活动将逐渐趋向更多的战略

投资，为企业创造更广泛的发展空间。

综合而言，中国法律科技市场虽然当前面临一些挑战，但潜藏的发展机遇和市场激活的动力使这一领域备受瞩目，为未来带来了无限可能，见表5-4。

表 5-4　中国法律科技行业投融资方式汇总

投融资方式	案例
IPO 上市	北京华宇软件股份有限公司
战略融资	苏州艾特律宝智能科技有限公司、北京北大英华科技有限公司
早期投资	上海甄零科技有限公司、长春市把手科技有限公司、北京幂律智能科技有限责任公司

资料来源：智合研究院整理。

2. 中国法律科技行业投融资事件分析

目前，中国大型的法律科技企业不多，行业内投融资事件也较少，主要以几家头部企业的 A 轮等早期投资为主。截至 2023 年 12 月，中国法律科技行业投融资事件汇总如表 5-5 所示。

表 5-5　2022~2023 年中国法律科技企业融资事件汇总

序号	时间	公司名	公司定位	本轮轮次/单次金额	投资方	估值
1	2022 年 5 月 15 日	深圳南墙法务服务有限公司	企业法务服务提供商	天使轮 1000 万元	君盈创投	5000 万元
2	2022 年 5 月 26 日	苏州艾特律宝智能科技有限公司	智慧律师平台提供商	战略投资 1000 万元	海安凯晟	1.75 亿元
3	2022 年 6 月 15 日	上海甄零科技有限公司	合同管理服务商	A 轮 5300 万元	未透露	1500 万元

续表

序号	时间	公司名	公司定位	本轮轮次/单次金额	投资方	估值
4	2022年6月21日	北京知产宝网络科技发展有限公司	知识产权裁判文书法律数据库服务	战略投资1000万元	开普云	3750万元
5	2022年8月17日	南京共律科技有限公司	互联网法律服务提供商	Pre-A轮1000万元	平定创业基金	1亿元
6	2022年8月29日	北京知呱呱科技服务有限公司	提供知识产权服务和运营的电商平台	战略投资750万元	中原信达	5亿元
7	2022年10月1日	成都紫橙云科技有限公司	熊猫法律咨询	天使轮500万元	云启资本（领投）、蓝湖资本	2.65亿元
8	2022年11月18日	深圳海规网络科技有限公司	基于AGI的法律应用平台	A轮数千万元	鼎晖投资（领投）、杭州金投、领沨资本	1.5亿元
9	2022年11月25日	无锡中铠信息咨询服务有限公司	为企业、个人提供法律咨询服务	A+轮3500万元	科大讯飞	5亿元
10	2022年12月19日	重庆云法台信息技术股份有限公司	法务智慧新平台	天使轮1000万元	邦信资产	5000万元
11	2023年1月4日	上海甄零科技有限公司	合同管理服务商	A+轮7000万元	红点中国（领投）、云启资本、蓝湖资本	3.5亿元

续表

序号	时间	公司名	公司定位	本轮轮次/单次金额	投资方	估值
12	2023年1月30日	长春市把手科技有限公司	司法大数据研究服务提供商	Pre-A轮 1000万元	科大讯飞	1亿元
13	2023年2月22日	北京法伴科技有限公司	企业数智化法务共享平台	天使轮 1500万元	华瓴创投	6000万元
14	2023年5月5日	北京微法科技有限公司	数字遗嘱在线服务平台	天使轮 500万元	未透露	2500万元
15	2023年8月1日	广东商债通科技有限公司	商事纠纷一站式服务平台	天使轮 9000万元	中信国际投资控股	8.2亿元
16	2023年10月18日	北京北大英华科技有限公司	北大法宝运营公司	战略投资 1000万元	兴富资本、企查查	1.5亿元
17	2023年12月4日	新法网（深圳）信息科技有限公司	法律服务提供商	天使轮数百万元	未透露	1500万元
18	2023年12月7日	北京幂律智能科技有限责任公司	法律领域初创人工智能公司	Pre-B轮 8000万元	蓝驰创投（领投）、e签宝、红杉资本中国、华宇科创、源码资本、线性资本、智谱AI	4亿元

资料来源：IT桔子，智合研究院整理。

3.中国法律科技行业投融资趋势分析

中国法律科技行业未来投融资趋势将聚焦于以下四个方面：投融资数量、投融资用途、投融资金额、投融资参与方，见表5-6。

表5-6　中国法律科技行业投融资趋势预测

角度	趋势
投融资数量	法律科技行业投融资数量在近两年将会维持稳定的增长或与2023年持平，2023年年初借着AIGC技术的发展，法律科技领域迎来了新一轮的融资增长，较多企业和资方相互匹配，大部分资金流入市场。经过一年的发展，目前尚未有一家从市场竞争中突出重围，基本都停留在商业化落地层面。在这种情况下，投资机构也相对冷静下来，目前对法律科技市场主要以观望为主，等待商业化落地，模式被印证后，再进行判断是否继续投资
投融资用途	大部分企业将会继续在AIGC和大语言模型应用层面发力。对于法律科技领域的中小企业来说，投融资用途将从产品底层技术提升转向产品应用层面研发和市场营销开拓
投融资金额	由于投资相对早期，企业估值相对较低，投资金额也较少，投融资规模均为千万元级
投融资参与方	目前投融资主体主要是政府、财务投资机构为主。目前融资企业主要是初创型法律科技服务提供商，投资企业也主要是产业链上下游的相关企业。随着后续对于技术升级的需求增大，技术研发类企业作为参与方的份额将会增大

资料来源：智合研究院整理。

（二）中国法律科技行业兼并与重组状况

当前国内法律科技行业虽然发展时间较短，收并购事件较少，但已经开始形成一些具有潜力的细分市场，如在线法律教育，文档自动化（合同管理、电子签名）等领域。

2017年11月，中国电子签约云平台上上签对外宣布，全面收购快签。自2017年12月31日起，快签将停止电子合同业务的运营，其原用户将全面转移至上上签平台，由上上签继续提供电子合同及相关业务的服务和保障。

2018 年，正保远程教育（DL.NYSE）以 5280 万元（800 万美元）收购瑞达法考 11% 股权。此次交易后，正保远程教育已拥有瑞达法考 51% 的总股权。正保远程教育董事长兼 CEO 朱正东表示，投资瑞达法考契合公司建立综合法律教育的垂直战略。

2019 年，中国出版（601949.SH）全资子公司中国民主法制出版社有限公司以人民币 2.142 亿元收购北京法宣新时代企业管理咨询中心（有限合伙）（"法宣新时代"）持有的北京法宣在线科技有限公司（"法宣在线"）51% 的股权。法宣在线是一家专注于在线普法教育、法宣云平台、普法媒体机、新媒体运营和普法图书音像研发等业务，民主法制表示，法宣在线纳入公司合并报表范围，有助提升公司整体营收规模。此次交易符合公司战略发展方向，有利于推进公司的数字化建设进程，加快"媒体融合"的业务转型，同时适应法律在线宣传教育发展需要，开拓公司在法律在线宣传教育和在线法律服务的业务板块，促进公司业务的长远发展。

这些公司的成功案例表明，尽管法律科技行业还处于起步阶段，但随着技术的进步和市场需求的增长，预计未来将会有更多的并购事件发生，进一步推动行业的整合和发展。

第六章

中国法律科技产业链布局

一、中国法律科技产业链结构分析

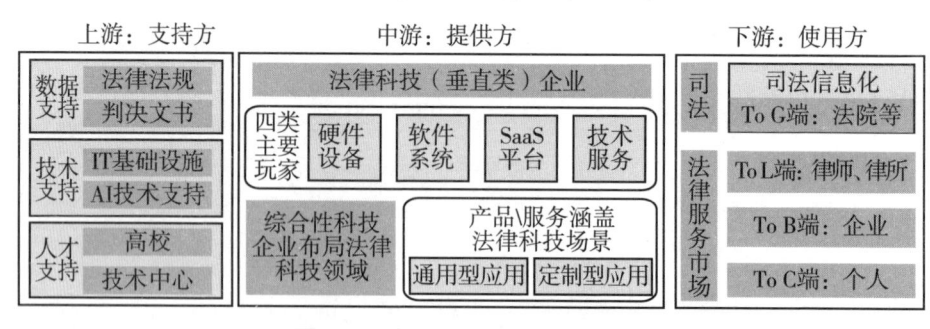

（一）中国法律科技产业链结构梳理

从产业链条角度来看，法律科技行业归属于"软件和信息技术服务业""科技推广和应用服务业"行业子行业。法律科技产业链可以被分解为上游支撑方、中游提供方、下游应用方。

目前我国法律科技行业上游主要可以分为数据支持方、技术支持方、人才支持方；中游为法律科技企业，其中一类为垂直类法律科技企业，这类企业以初创企业为主，主要提供硬件设备、软件系统、SaaS 平台和技术服务，另一类为综合性科技企业布局法律科技赛道，主要为下游需求方提供通用性产品\服务应用及以定制型产品\服务应用；下游为司法和法律服务市场，根据应用场景可分为司法端需求（To G）、律师、律师事务所端需求（To L）、企业端需求（To B）和个人端需求（To C），见图 6-1。

图 6-1 中国法律科技产业链结构

资料来源：智合研究院整理。

(二)中国法律科技产业链生态图谱

中国法律科技产业链生态图谱见图 6-2。

图 6-2 中国法律科技产业链生态图谱

资料来源：智合研究院整理。

二、中国法律科技行业上游供给分析

对于法律科技行业来说，数据支持方、技术支持方和人才支持方构成了法律科技产业链上游供给的主体（见图6-3）。其中，数据支持方提供法律科技所需的原始数据，如法律法规、裁判文书等，这些数据是法律科技产品和服务开发的基础。技术支持方提供基础技术平台和工具，如云计算服务、大数据处理、人工智能语言大模型等，为法律科技产品的开发和运行提供技术支撑。人才支持方则是贯穿始终的关键因素，为法律科技行业提供所需的专业人才，尤其是具有法律和科技双重乃至多重背景的复合型人才。

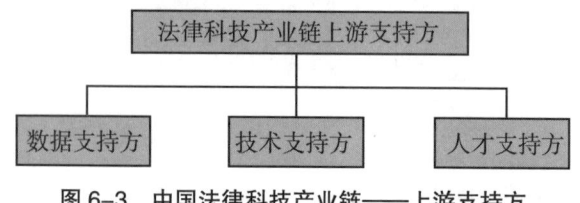

图6-3 中国法律科技产业链——上游支持方

资料来源：智合研究院整理。

数据、技术、人才三个方面为法律科技行业提供了必要的资源和基础，使行业能够开发、维护和优化其产品和服务，共同推动法律科技行业的发展。具体来看，三方主要发挥以下职能。

（一）数据支持方

法律法规、裁判文书等数据信息是法律科技中游开展产品、提供相关服务的基础。真实有效的数据可以帮助法律从业者识别案件趋势、优化法律策略，甚至在一定程度上自动化文书的撰写。数据的质量和可获取性直接影响法律科技产品的有效性。

例如，当前法律大模型训练中需要开发者在构建法律大模型时使用多元化的数据源以提升模型的全面性和准确性。目前，法律科技行业常用的数据见表6-1。

表 6-1 法律科技上游数据类型

类型	具体内容
常见数据	法律法规： 中国的法律体系包括宪法、法律、行政法规、地方性法规、自治条例和单行条例以及规章等多个层级。法律法规数量是一个不断变化的数字。每年都会有新的法律、法规出台，同时也有一些旧的法律、法规被修改或废止
	裁判文书： 中国裁判文书网自 2013 年 7 月上线至今，经过 10 年扩容，中国裁判文书网累计公开裁判文书 1.3 亿余篇，不仅成为全世界最大的裁判文书库，也被视为中国司法改革和司法公开取得的标志性成就之一
	法律咨询、法律问答数据，法律新闻、案例等
特殊数据	法律职业资格考试数据、法律领域对话问答数据集，法律领域纯文本语料，通用领域数据等

资料来源：智合研究院整理。

法律信息抽取研究法律文本中要素的抽取，包括个人姓名、法律概念、案例要素、合同要素的抽取等。法律文本分类主要是基于不同类型的分类器实现对法律文本的分类，通常包含三个步骤：一是选取合适和可行的数据库，如中国裁判文书网；二是选择文本特征，使用恰当的方法描述数据的特征；三是选择算法分类器，常见分类器包括朴素贝叶斯、支持向量机、逻辑回归和神经网络算法等。

数据提供方为中游法律科技企业的应用提供数据处理，包括结构化和非结构化的数据的采集、提取、清洗、标记、数据合库存储等能力。这层可以通过数据治理平台对数据抽取、清洗、转换等过程提高数据质量。法律科技中游企业通过对数据进行采集、清洗、汇聚、标识和消费，以构建多系统共享的核心专题库、业务库等法律科技产品、服务。数据的准确性、完整性和更新速度是中游法律科技企业业务开展的关键。

从 2021 年 7 月开始，最高人民法院按照有关各方的反映、诉求和建议，采取了一些针对性整改措施。通过严格风险筛查、完善公开标准，每年上网文书数量从2020年的1920万件、2021年的1490万件降至2022年的1040万件。2023年1月至11月，上网文书数量为511万件。

为针对性解决裁判文书网使用不便、检索不准、标准不一等问题，最高人民法院经研究，于2023年7月决定建设"人民法院案例库"。与之前将裁判文书"上传了事、简单累加"的公开方式相比，案例库将收录对类案具有参考示范价值，并经最高人民法院审核认可的权威案例，未来将成为裁判文书网在应用和效能上的"升级版"。二者是互为补充、相得益彰的关系，并不是要以库代网、此开彼关。

（二）技术支持方

人工智能（AI）、云计算和区块链等上游底层技术不仅是国内法律科技企业开展业务的关键，也是推动这一行业创新和发展的主要动力。在法律科技行业，尤其是专注于特定领域的垂直类法律科技企业，大多数仍处于初创阶段。这些公司通常专注于诸如合同管理、法律咨询或知识产权保护等特定的法律服务领域。然而，由于规模和资源的限制，这些初创公司常常难以充分掌握并应用产业链上游的底层技术，如云计算和人工智能。

以云计算技术为例，过去10年中，我国云计算技术经历了从公有云、私有云、混合云到云原生的演变，并已成为推动多种新兴法律科技应用的核心技术。但考虑到投资周期长和技术难度高的因素，主要的IaaS和PaaS服务多由头部企业如阿里云、华为云、腾讯云和百度云提供。这些企业经过多年的资金投入和技术积累，已建立起完善的云服务基础设施、平台服务体系、架构和供应商资源。这些企业所提供的服务，不仅适用于法律科技行业，也能满足不同行业的多样化业务需求。

为了扩展业务范围和市场影响力，头部云厂商通常会选择直接投资或与垂直类法律科技初创公司开展业务和技术合作。这种合作模式不仅为初创企业提供了所需的技术支持和资源，也使头部云厂商能在法律细分市场中进一步扩张。

同时，垂直类法律科技企业可以利用云计算技术的弹性资源，快速响应业务需求，并逐步以公有云为基础，将服务按功能划分并迁移到云端。这种战略布局不仅促进了自身的发展，也推动了整个法律科技行业的进步。

（三）人才支持方

人才培养和引进对于促进法律科技的健康发展至关重要。人才是推动法律科技发展的关键。这不仅包括法律专业人士，也包括技术开发者、数据分析师等跨学科人才。通过引入统计学、计算机科学的人才从根本上改变法学院的基因，并通过开设法律大数据、法律人工智能等相关课程，实现真正的跨学科的互动与交流。高校、科研机构培养大量法学和计算机等学科的复合型交叉型人才，能整体提升我国法律智慧产品的层级，真正实现科技保障司法公正。

国内法律科技教育的起步时间较晚，是尚在建构过程中的新兴学科，与之配套的专业课程、研究机构大多创建于2017年、2018年后，并在近年开始日益在重点高校取得新的突破，见表6-2。

表6-2 国内法律科技人才培养

类型	具体内容
中国人民大学——未来法治研究院	2017年9月，中国人民大学法学院成立未来法治研究院，下设15个研究平台。研究院通过举办主题研讨会、前沿讲座、专题读书会、课程改革、建设实验室、对外交流等多种机制，探讨新技术变革所涉及的法学理论和法学问题分析框架及研究方法，探索掌握新技术的复合型法律人才的培养路径，并开设法律与科技方向法律硕士培养
中国政法大学——大数据和人工智能法律研究中心	2017年12月，中国政法大学法学院大数据和人工智能法律研究中心成立，研究中心属于法学院下设的研究机构，中心还作为智慧检务创新研究院"3+X"框架成员与最高人民检察院检察技术信息研究中心开展相关合作，并与华语元典公司达成"元典·法律大数据"合作项目

续表

类型	具体内容
北京大学——法律与人工智能研究中心	2017年12月，北京大学法学院率先在国内成立了法律人工智能实验室和法律与人工智能研究中心，旨在建立国际和国内一流的法律与人工智能产学研一体化基地。其中，研究中心定位于人工智能与法律交叉领域的人才培养、学术研究以及学科建设的工作。中心的执行主任由北大法学院副院长杨晓雷担任，他同时还担任了北京大学人工智能研究院副院长。依托研究中心和实验室，整合法学与人工智能等相关学科的师资和学术资源，共同探索跨领域人才培养工作，开设"人工智能+法学"课程，打造跨界人才，并将联合培养专业性"人工智能+法学"硕士等高端人才
西南政法大学——人工智能法律研究院	西南政法大学人工智能法学院（应用法学院、中国仲裁学院）前身为1999年成立的应用法学院。学院现有"应用法学"和"人工智能法学"两个法学二级学科，设有"人工智能法学""法律职业伦理与技能""仲裁学"三个教研室，建有国家级"西部基层卓越法律人才教育培养基地"和"最高人民法院应用法学研究基地"两个教学、科研平台。 2017年12月，西南政法大学联手科大讯飞信息科技股份有限公司、四川元贞实业、成都恒图科技有限公司揭牌成立人工智能法律研究院以及讯飞语音语言联合实验室、3D视觉识别联合实验室。2018年1月，西南政法大学与天同重庆律师事务所携手成立立案例大数据研究中心
清华大学——清华大学智能法治研究院	2018年12月，清华大学智能法治研究院（THUIAIL）成立，院长由清华大学法学院院长申卫星教授担任，致力于打造一个国际一流、国内领先的交叉学科研究平台和创新型孵化中心，促进法学与计算科学等专业的交流与融合，培养复合型人才，推动学术创新与研究成果转化。随着研院的建立，清华大学学生也自发组成了学生未来"智能法律"兴趣团队（iLAW团队）。同时，清华大学于2018年正式批准开设了"计算法学"方向全日制法律硕士学位项目，招收学生进行法学与信息科学等方向的交叉研究型学习，致力于培养出一批既精通法律规则又熟悉信息技术的高端复合型人才，为新一代信息技术的发展提供法律保障，为法律行业和法治的现代化建设提供技术支持

续表

类型	具体内容
吉林大学——司法数据应用研究中心	吉林大学构建"法律+人工智能"复合型人才培养体系，探索深度融合的新文科建设实践和人才培养模式，着力提升人工智能领域人才培养能力，并于2020年面向全国招收法律人工智能方向硕士专业学位研究生。该专业将顺应司法信息化建设的发展趋势，培养国家人工智能发展战略需要的高层次、复合型法律人才。该专业依托吉林大学司法数据应用研究中心建设。研究中心成立于2015年10月15日，是首家由高校和司法机关共同设立的以司法数据为主要学术资源的研究机构。中心现有数据权利与法律人工智能、数字时代的司法理论与实践、司法数据应用研究、电子诉讼研究四个研究团队
四川大学——法律大数据实验室	四川大学法学院"法律大数据实验室"（BigLawData Lab，简称BLD Lab），依托四川大学市场经济法治研究所、四川大学刑事政策研究中心和四川大学政府法治研究中心科研力量筹建，于2016年正式挂牌，是国内高校第一家"法律大数据"专业研究机构。"法律大数据实验室"定位为跨部门法大数据交叉学科研究平台，与国内外相关领域校内外科研机构展开合作，探索法律大数据分析研究方法，对亿级裁判文书、亿级司法程序、千万级法治信息、百万级法律法规、百万级法律人才、十万级法律机构数据进行大数据分析，建立对中国司法实务的大数据研究平台和评价体系
华东政法大学	华东政法大学于2020年在法学一级学科下增设"智能法学"二级学科，智能法学科带头人高富平教授发起的"数据驱动中国"共同体，通过"专题研究+论坛"为主要运作方式，已经政产学研各界的交流合作平台；2019年以来，华政与杭州市合作共建了互联网法治研究院（杭州），是智能法学科的重要建设依托单位，并在杭州设立了本学科博士后工作点；2021年，华东政法大学与上海市高级人民法院合作共建了上海互联网司法研究中心。2023年6月，由华东理工大学法学院与汇业律师事务所牵头成立的"华理—汇业"科技法律服务人才培训基地揭牌

续表

类型	具体内容
东南大学——人民法院司法大数据研究基地	东南大学人民法院司法大数据研究基地是最高人民法院在2016年7月正式以"法〔2016〕240号"文批复设立，由东南大学与江苏省高级人民法院共建的全国范围内第一家"人民法院司法大数据研究基地"。研究团队成员先后主持多项法律大数据及人工智能相关重大科研攻关课题研究，围绕自然语义识别、知识图谱、机器学习等与司法大数据直接相关的核心技术，积累了一批知识产权，其中部分成果顺利实现产业化转化

资料来源：高校官网、行业资讯，智合研究院整理。

目前，"人工智能+法律"教育中法律科技教育的发展围绕法律科技学位项目、法律科技专门课程、法律技术研究组织以及法律科技全球联系的建立而展开，已逐渐发展成有交叉特色的新学科方向。法律科技教育的一大特点是与行业需求紧密结合，因此，在教学中，高校注重采取多种形式的实践方式、与有法律科技人才需求的科技公司紧密合作，以达到产学研的有机结合。

法律人工智能是一个长期且极为消耗资源、需要更多既懂法律又懂人工智能的复合型人才加入的领域与行业。随着法律科技的发展，其在法律服务过程中的作用将越来越凸显，随之而来的是对于法律科技人才的需求也就越大。因此，高校有必要重视法律科技人才的培养层、导师层、选拔层和目标层的建设，为"人工智能+法律"的交叉学科建设奠定坚实的基础。

除高校层面针对于法律科技行业的人才培养外，企业、律所也已开展针对于法律科技复合人才的培养。例如，国内方面，2023年6月，由华东理工大学法学院与汇业律师事务所牵头成立的"华理—汇业"科技法律服务人才培训基地于临港新片区举行揭牌仪式，上海市计算机行业协会、上海市人工智能行业协会、上海临港新片区海洋生物医药科技创新型平台三家单位将成为"华理—汇业"科技法律服务人才培训基地的首批战略合作伙伴以及见习基地共同参与人才培训基地的共建。

三、中国法律科技行业下游需求分析

需求侧的法律科技产品按照服务对象分为 G 端政府（法院、检察院、仲裁机构）, L 端（律师事务所、律师个人）, B 端企业（大型企业、小微企业）, C 端用户。

（一）To G 政府端需求情况

1. 政府端发展现状

中国法院的审判体系和审判能力现代化建设经历了以数字化为核心的 1.0 时期、以网络化为核心的 2.0 时期和以智慧化为核心的 3.0 时期。

"法院信息化 1.0 版"肇始于 20 世纪 90 年代中期，以 1996 年 5 月召开的"全国法院通信及计算机工作会议"为标志，1996 年由此成为我国法院系统信息化建设元年。会上，最高人民法院确定了北京、上海等 8 家高级人民法院作为计算机网络系统建设的试点单位，同时对全国法院信息化建设做了总体部署。其核心任务是解决法院案卷由纸质版向电子版的转换。

"法院信息化 2.0 版"则开始于 21 世纪初，其核心任务则是实现法院办案方式由线下向线上转换。2002~2012 年，法院信息化进入普遍推进阶段。最高人民法院印发了一系列关于人民法院信息网络系统建设的规定、规划、技术规范、基本要求和实施方案等，要求加快"天平工程"建设，高级人民法院主要业务信息化覆盖率应达到 100%，中级人民法院和基层人民法院应分别达到 95% 和 85% 以上。

从 2014 年开始，法院信息化建设开始由 2.0 版向以大数据与人工智能技术为核心的 3.0 版过渡，并于 2016 年全面迈入智能化的 3.0 时期。2013~2015 年，最高人民法院每年举行一次全国法院信息化工作会议，以明确人民法院信息化工作的指导思想和工作任务。截至 2015 年，信息化基础设施建设基本完成，中国法院已经建成以互联互通为特征的人民法院信息化 2.0 版，人民法院基本实现了网上立案、网上办案、网上办公，完成了全国 3500 多家法院的全覆盖，初步形成了信息化与各项审判业务的良性互动格局。2016 年来，最高人民法院相继出台《人民法院信息化建设五年发展规划（2016—2020）》《关于加快建设智慧法院的意见》等文件，引领信息化建设和智慧法院建设全面协调发展。在全国各级法院共同努力下，人民法院信息化3.0版的主体框架已然确立。2017年4月最高人民法院发布的《关于加快建设智慧法院的意见》明确指出，"构建网络化、阳光化、智能化的人民法院信息化体系，支持全业务网上办理，全流程审判执行要素依法公开，面向法官、诉讼参与人、社会公众和政务部门提供全方位智能服务"。

2021年，最高人民法院印发《人民法院信息化建设五年发展规划（2021—2025）》，引领全国法院全面加强智慧法院建设，确定全国法院信息化指导思想、建设目标、重点任务、实施路线，推动全国法院建设全方位智能化、全系统一体化、全业务协同化、全时空泛在化、全体系自主化的人民法院信息化4.0版。"确认了'十四五'智慧法院建设目标即建设以知识为中心、智慧法院大脑为内核、司法数据中台为驱动的人民法院信息化4.0版，面向法院干警、诉讼参与人、社会公众和其他部门提供全新的智能化、一体化、协同化、泛在化和自主化智慧法院服务。"建设人民法院互联网统一账户管理中心，向全国法院发布互联网统一身份认证系统技术规范，推进与人民法院四大公开平台以及最高人民法院统建的诉讼服务系统对接，整合全国法院诉讼服务系统账号体系，满足人民群众"一次注册、全网通办"的司法需求。

2. 政府端需求情况

（1）网上电子诉讼平台

各级人民法院积极构建以App、微信小程序等为载体的网上诉讼平台，推动电子诉讼不断升级完善，"移动微法院"在全国法院推广应用。2020年移动微法院在全国四级法院全面铺开，试点领域扩大至所有民商事案件、执行案件。移动微法院具有法规查询、权威发布、法院导航、跨域立案、多元化解、只能回答、审判公开以及在线立案、缴费、送达、在线调解、在线庭审等20余项功能。2022年，全国共有3438家法院使用统建的中国移动微法院。

电子诉讼在司法审判中的应用范围越来越广，2022年，网上立案率达

39.1%，网上调解率达 93.9%，网上开庭率达 37.3%，见表 6-3。人民法院在线服务移动端提供的网上立案达到 1071.8 万次。

表 6-3 2018~2022 年人民法院电子诉讼情况对比　　　　单位：%

年份	网上立案率	网上开庭率	网上证据交换率	网上调解率	移动微法院使用率
2018	17.4	1.1	<20	9.1	40.5
2019	33.2	1.5	<20	24.8	93.7
2020	34.3	13.3	<20	48.1	98.7
2021	40.8	16.2	23.4	49.9	99.1
2022	39.1	37.3	32.2	93.9	99.7

（2）无纸化办案

利用电子卷宗实现"无纸化办案"才能建成打通全流程、覆盖所有案件、服务全体法官的网上办案系统，继而推动辅助办案、提升审判质效，真正实现审判方式转变。无纸化办案成为近年来人民法院智慧审判建设的重点，发展出电子签章、电子送达、电子归档、电子卷宗随案同步生成等深度应用。

（3）电子签章

截至 2022 年，电子签章支持率为 95.9%，电子签章案件 92.0%，全国法院通过电子签章签发案件共计 3093.6 万件，占年度受理案件数的 92%，见表 6-4。

表 6-4 2018~2022 年人民法院电子签章情况对比　　　　单位：%

年份	电子签章支持率	电子签章案件占比
2018	88.6	29.8
2019	92.5	56.6
2020	97.2	74.6
2021	—	74.8
2022	95.9	92.0

（4）电子送达

司法实践中，"送达难"问题十分突出，2012年《民事诉讼法》首次将电子送达纳入法院送达方式，2021年修改后的《民事诉讼法》将判决书、裁定书、调解书纳入电子送达范围。2022年，电子送达已在全国法院普及，支持电子送达的法院3474家，占法院总数99.8%，电子送达率达63.8%，通过电子方式送达文书的案件有2487.4万件。

（5）电子卷宗

2022年，全国支持电子卷宗随案同步生成的法院占比98.7%，电子卷宗随案同步生成率达83.4%，全国近52.7%的法院实现电子卷宗随案同步生成100%覆盖。

各级人民法院升级改造科技法庭，不断提升法庭科技含量，利用音频、视频采集系统实现同步庭审录音录像，借助语音识别等新技术改造证据展示平台，通过语音找到需要展示的电子卷宗内容。截至2022年年底，全国有91.3%的法院科技法庭支持庭审过程调阅电子卷宗和庭审语音撰转写等功能。

（6）法律文书智能生成

2022年，文书智能生成功能已经在全国大部分地区法院普及，全国支持裁判文书自动生成的法院占法院总数98.8%，支持裁判文书自动纠错的法院占比99.5%。

（二）To L 律师律所端需求情况

1. 律师律所端发展现状

法律科技产品在律所端的应用和发展表现在多个方面，这些产品旨在提高律所的工作效率、优化客户服务体验、增强律所的竞争力，并推动法律服务行业的数字化转型。目前已有的产品主要包含以下方向：

律所管理软件：律所越来越多地采用定制开发或现成的管理软件来整合业务流程，包括案件管理、知识库共享、业务合作、培训与活动管理等。这些软件通过流程管理提高律所的战略规划和风控管理效率。

法律服务产品的数字化：律所开始提供数字化的法律服务产品，如在线法律咨询、电子合同管理、智能合同审查，这些产品通过技术手段简化了传统服务流程，提高了服务的便捷性和可访问性。

客户关系管理（CRM）系统：律所利用 CRM 系统来管理客户信息，跟踪服务过程，并通过数据分析来提升客户服务和维护客户关系。

法律数据分析工具：通过大数据和人工智能技术，律所能够更有效地进行法律研究、案例分析和预测，从而提高案件处理的质量和效率。

电子签名和电子合同平台：这些平台使合同的签署和管理更加便捷，减少了纸质文件的使用，提高了合同管理的效率和安全性。

AI 和自动化工具：律所采用 AI 技术来自动化一些重复性工作，如文件审查、数据检索和法律研究，从而释放律师的时间，让他们专注于更复杂的法律问题。

在线法律服务平台：律所通过建立自己的在线平台或与第三方平台合作，提供在线咨询、案件提交和法律文档下载等服务，拓宽了服务渠道，提升了客户满意度。

法律科技产品创新：律所不断探索和引入新的法律科技产品，如区块链技术在合同执行中的应用，以及智能法律机器人等，以适应不断变化的市场需求。

2. 律师律所端需求情况

总体来看，法律科技产品在律师律所端的需求正在逐步深入，为法律服务行业带来了新的增长点。随着技术的不断进步和法律服务市场的持续发展，预计未来这些产品的使用将更加广泛，律所的数字化转型也将更加深入，见表 6-5。

表 6-5　法律科技在律师律所端的应用情况

应用领域	具体应用情况	代表产品
案件管理	使用案件管理软件来跟踪案件进度，分配任务，管理时间记录和费用，以及维护案件文档	Alpha

续表

应用领域	具体应用情况	代表产品
法律研究与数据分析	利用大数据和人工智能工具进行法律研究，分析案件数据，预测法律趋势	法信、聚法案例
合同管理	通过自动化工具审查合同，确保合规性，提高合同起草和签署的效率	法大大
客户关系管理（CRM）	使用CRM系统来维护客户信息，跟踪客户互动，提升客户服务体验	法务宝
电子诉讼	通过电子诉讼平台提交诉讼材料，参与在线调解和远程庭审	法信微诉平台
知识管理	构建知识库，共享法律知识和案例信息，促进团队协作	元典
大语言模型	如智能律师助理，通过自然语言处理技术协助律师进行法律研究、法律翻译、图文归纳与文书写作，部分大语言模型还具备合同审查、文书起草和文档审查功能	智合-智爱大模型
法律翻译与多语言支持	利用提供商提供的法律翻译和多语言支持服务，以应对跨国法律事务	Morningside

资料来源：智合研究院整理。

（三）To C 个人端需求情况

1.个人端发展现状

中国法律科技在个人端的需求情况表现为对便捷、高效、低成本、隐私保护和应对新型法律问题的法律服务的需求日益增长。随着法律科技的进一步发展和普及，预计这一市场需求将持续扩大，为法律科技行业带来一定的发展空间，并主要受到以下几个因素的影响，见表6-6。

表 6-6　法律科技在个人端的需求情况

影响因素	概述
法律意识的提高	随着社会法治观念深入人心，公众对法律知识的了解和法律服务的需求逐渐增强。个人用户希望通过法律科技获取法律信息，了解自己的权益，预防法律风险
对便捷、高效法律服务有需求	互联网和移动设备的普及使个人用户希望能够随时随地获取法律服务。法律科技产品和服务，如在线法律咨询、智能合同生成，以其便捷性和高效性满足了用户在快节奏生活中的法律需求
降低成本	传统的法律服务往往伴随较高的费用，而法律科技通过提供在线服务和自动化工具，可以显著降低用户获取法律服务的成本，使更多人能够负担得起专业的法律支持
隐私保护	在数字化时代，个人用户对隐私保护的需求日益增强。法律科技产品和服务可以使用区块链技术，在保护用户隐私的同时，提供定制化的法律建议和服务
应对新型法律问题	随着科技的发展和社会的变革，个人用户面临许多新型法律问题，如网络安全、数据保护、电子商务纠纷。法律科技能够快速适应这些变化，为用户提供及时、专业的解决方案
普及法律教育	通过法律科技平台，个人用户可以方便地获取法律教育资源，提高自身的法律素养，更好地维护自身权益

资料来源：智合研究院整理。

2.个人端需求情况

在个人端，近年来我国法律科技的发展呈现出多元化和快速发展的趋势。随着互联网和移动互联网的普及，以及人工智能、大数据等技术的应用，法律科技产品和服务逐渐渗透到个人用户的日常生活、工作中，开始满足部分人群在法律咨询、纠纷解决、合同管理等方面的需求。以下是个人端法律科技市场的几个主要发展方向：

（1）在线法律咨询与服务：许多法律科技企业和律所推出了在线法律咨询平台，如无讼、律师说，为用户提供便捷、高效的法律咨询服务。用户可以通过手机应用、网站或者社交媒体平台随时随地提问，浏览信息。

（2）智能合同与电子签名：随着电子合同的普及，法律科技公司如法大大、e签宝等提供了智能合同生成、审查和管理服务，以及电子签名解决方案。这些服务降低了合同起草、签署和管理的成本，提高了效率，满足了部分个人和小微企业的需求。

（3）在线纠纷解决与调解：一些平台如人民调解在线、法务宝等提供了在线纠纷解决和调解服务，帮助个人用户在不涉及诉讼的情况下解决争议。这些平台利用互联网技术和专业律师资源，为用户提供了一种便捷、低成本的纠纷处理方式。

（4）法律知识普及与教育：通过各种在线课程、问答社区、法律知识库等形式，法律科技公司如法律图书馆、法律百科等为公众提供了丰富的法律知识资源，帮助用户提高法律意识，了解自己的权益。

（5）个人法律服务定制化：针对个人用户的特殊需求，一些法律科技公司提供定制化的法律服务，如知识产权保护、遗嘱规划、房产交易。这些服务通过线上线下相结合的方式，为用户提供一站式的法律解决方案。

中国法律科技在个人端市场的发展呈现出多样化、便捷化、智能化的特点。随着技术的不断进步和市场需求的增长，预计未来个人端法律科技产品和服务将进一步丰富和完善，为公众提供更加高效、便捷的法律服务。

但目前看来此领域的发展阶段还较为早期，尚无在个人需求端产生极大影响力的重量级产品出现。企业端仍需深耕个人用户的需求，在教育用户的同时抓住个人用户的痛点，在满足个人用户的需求下不断迭代产品。

然而，对企业来说，此领域的问题是个人用户的需求频次不高，且商业模式不容易建立，企业不一定愿意为了较小的需求市场投入过多成本研发产品，推广至市场。展望未来，一种可行的方式是法律科技企业在服务好B端客户、保证企业健康生存、良好运营的同时，尝试用较低投入开发面向C端的产品并推广。但企业还需考虑到此举不会遭到B端客户的反对，因为法律科技产品对C端用户越友好，从某种程度上来说对律所客户越不利，见表6-7。

表 6-7　法律科技在个人端的应用情况

应用领域	具体应用情况	代表产品
在线法律咨询	随时随地获取法律咨询服务	律师说
合同管理与电子签	方便地创建、签署和管理电子合同	法大大
知识产权保护	帮助个人用户进行知识产权的申请、维护和维权	知产宝
在线纠纷解决	提供在线调解、仲裁等非诉讼纠纷解决方式	法务宝
法律教育	通过在线课程、讲座等形式获取法律知识	法律图书馆

资料来源：智合研究院整理。

（四）To B 企业端需求情况

1. 企业端发展现状

大型企业法务产品一般是围绕公司法务部的职能划分所设计的。通常一家公司的法务部门具备的职能见表 6-8。

表 6-8　企业法务产品——按公司法务部职能划分

职能	代表产品
案件处理	诉讼、仲裁、劳动争议、刑事追责
法律支持	合同起草与审核，投融资与 IPO 上市、公司治理（狭义指公司生命周期的程序性事项管理，比如工商变更），知识产权，劳动用工，反竞争与反垄断，破产重组清算等
	出具日常的法律咨询和法律意见书
	审核营销内容、对外公关稿件
	管理外部律师和常年法律顾问
	研究法律政策与预判业务风险
	管理业务合规风险

资料来源：智合研究院整理。

法务平台是通过法务职能的履职，提升公司业务的整体协同效率、降低法律风险。通常分为合同管理、诉讼案件管理、知识产权管理、公司管理、营销内容审核、法律智能咨询、新规解读门户、合规事项管理等产品模块。

鉴于律师服务具有市场化的属性，法律科技进入 to L（服务律师/律所）领域后发展更加迅猛。在英国、美国等国，法律科技进入律师事务所最著名的例子是 Legal Zoom 和 Rocket Lawyer，此类成套的自动化法律建议工具（sets of ALAT technologies enabling New law business models）核心在于以自动化等多种法律科技手段提升律师的工作效率，并结合其他策略伙伴以及营销法律服务，建构新的商业模式。事实上，此类公司是法律科技与真人律师的结合，以法律科技向使用者提供标准化、重复性高的服务，而定制化和复杂化的法律服务则移交给真人律师。在丹麦，法律技术初创企业 Legal Hero 也属于这种模式。另外，还有专门在线提供法律服务的虚拟律师事务所，如 DirectLaw 和 SynchLaw，以及提供未决案件的诉状、判例、展示件、笔录和其他案件的在线资源库，如 CaseShare 和 LextraNet。在自主执行任务的工具中，IBM 公司的 Watson 和最近风靡全球的 OpenAI 公司开发的 ChatGPT 都是一个能够回答（法律和其他）问题的系统。多伦多的 Blue J.Legal 也开发了类似的技术，这家初创公司开发了一款人工智能法律预测引擎，最初专注于税法。还有 Luminance 公司，能够结合机器学习、自然语言处理和模式识别等领域的多个学科，快速分析并形成对文档的理解。

在国内，北大法宝、把手科技、法天使等法律科技企业通过大数据、合同管理、区块链等技术，开展法规检索、合同审查、电子取证等服务，为客户提升效率。而随着法律科技的发展，法律服务市场将逐步迎来标准化的自助法律服务，法律服务随之从定制化走向标准化，即法律服务的"商品化"。法律服务的未来将以客户为中心，因为律师事务所存在的终极目的必须是为人服务。在传统法律服务模式下，很多企业认为聘请律师太麻烦和太昂贵，这些将在数字化时代得到有效改观，法律服务在未来将变得更加便捷、低廉和高质量。专注于某个领域以客户为中心并能够提供自助服务的数字化律师事务所将在未来取得成功，因为它们为客户提供无接触、无障碍的在线服务，这些与客户利益的实现有不可分割的联系。

2.企业端需求情况

企业端（B端）是商业法律服务的主要需求方，拥有巨大的市场潜力，面向B端的法律科技产品也因此受到越来越多的关注。其中，一部分是围绕企业法务部展开的法务SaaS、电子签章、合同管理；另一部分则是形成商业法律服务替代方案的AI合同审查、AI法律翻译等。这些需求一部分由企业内部自研满足，如与企业内部系统进行整合；另一部分则由市场提供，如无讼推出的"无讼开务"、电子合同领域的"法大大"等。

市场提供的产品中，电子合同与电子签章领域取得的进展令人关注。2019年，法大大完成3.98亿元C轮融资，由老虎环球基金和腾讯联合领投。据36氪报道，法大大已服务近2000家大中型付费企业客户，为1.3亿用户签署了超过12亿份电子合同，覆盖金融、房地产、汽车、人力资源服务、教育、保险、第三方支付、旅游、医疗、物流、供应链、B2B、B2C线上交易等80多个细分行业及应用场景。疫情影响下，远程办公的潮流将为电子合同的发展带来新的机会。

AI合同审查是另一热门领域。由于英文文本审阅不断投入应用，国内法律科技公司对于中文合同审查的关注度持续增加，幂律智能、爱合同、牛法网、简法帮等纷纷推出AI合同审查产品。总体来说，B端市场有巨大的潜力，但就当前时点来说，替代率还较低，市场潜力尚未得到激发。

展望篇

第七章

中国法律科技行业发展前景

一、中国法律科技行业发展现状总结

目前，中国的法律科技市场正处于早期发展阶段，呈现出中小型企业为主的特点，竞争格局相对分散，尚未形成明显的头部效应。这一市场时期的特征在于充满活力，许多中小型企业正在积极涉足法律科技领域，寻求通过技术创新来提升法律服务的效率和质量。

随着新技术的迅猛发展，中国法律科技市场的竞争格局正在发生重构。过去，市场发展主要集中在技术层面，强调法律技术的研发和创新。然而，目前市场趋势表明，市场发展的重心逐渐从技术本身向应用层面的研发和营销渠道的搭建转变。企业逐渐意识到，除了技术创新外，成功还取决于如何将这些技术应用于实际业务场景，并通过有效的营销渠道将其推向市场。

这一变化意味着，法律科技公司需要更注重产品的实际应用和解决方案的推广，以满足不同企业和行业的具体需求。在这个转型的过程中，企业可能需要建立更强大的营销渠道，与法律服务行业的相关参与者建立合作关系，以确保其创新技术能够得到更广泛的认可和采用。

综合而言，中国法律科技市场正在经历由技术驱动向应用和市场导向的转变，这为企业提供了更多机遇，也对其战略规划和市场定位提出了新的挑战。在这个动态变化的环境中，企业需要灵活调整策略，把握市场机会，提高竞争力。

（一）行业发展促进因素总结

随着新技术的不断涌现，法律科技市场经历供给侧的显著变革，以适应过去未能满足且越发多样化的客户需求。这一趋势在市场上创造了新的机遇，尤其为中小型企业提供了更广阔的发展空间。与此同时，传统的老牌企业在面对市场挑战时，意识到其在原有领域的市场空间相对有限，因而急于寻求第二曲线的拓展，以适应日益变化的市场格局。

这种市场动态背后反映出行业参与者对技术创新和市场趋势的敏感度。新技术的引入不仅满足了用户对更高效法律服务的期望，还催生了一系列新的商业模式和服务范式。中小型企业得以通过灵活运用这些新技术迅速响应市场需求，从而在市场中获得更为灵活的竞争优势。

对于传统老牌企业而言，认识到市场空间的有限性驱使它们迅速调整策略，寻求拓展第二曲线的机会。这可能涉及投资新兴技术领域、开发新产品或服务、建立战略合作伙伴关系等举措，以确保企业在变革中保持竞争力。

（二）行业发展制约因素总结

尽管新技术在法律科技领域崭露头角，但技术落地应用仍面临一些挑战，其中包括实际应用的复杂性和市场接受度的不确定性。这使新兴技术的商业应用过程相对困难。同时，法律科技市场的增量相对较小，加剧了竞争激烈的局面。

这种情况下，企业不得不审慎评估是否可以通过进入其他更广阔的市场来寻求新的发展机会。然而，这一战略的可行性尚未可知，需要对潜在市场进行深入的调研和分析。可能需要考虑的因素包括新市场的规模、竞争格局、消费者需求等。

二、中国法律科技行业发展潜力评估

（一）行业的生命发展周期

中国法律科技行业已经经历了初创、技术导向、市场重构和挑战与调整等阶段。市场初创阶段充满了创新活力，众多中小型企业积极参与，推动了法律服务的数字化和技术创新。随着技术的不断发展，市场逐渐进入技术导向阶段，竞争主要集中在技术的研发和创新。2023 年以来，随着 AIGC 带来的市场重构阶段表明企业逐渐认识到技术应用和市场导向同等重要，老牌企业寻求新的发展机会。然而，当前阶段也面临技术应用难度和市场增量相对较小的挑战，导致一些企业考虑进入其他更广阔的市场以寻找新的增长点。

未来，该行业有望进入成熟和巩固阶段，形成相对稳定的市场格局，但仍需要密切关注市场动态和行业变化，以更好地应对未来的挑战和机遇。

（二）行业发展潜力综合评价

中国法律科技市场具有广阔的发展潜力，然而也面临一些挑战。当前市场处于早期阶段，中小型企业为主，竞争相对分散。新技术的引入使市场呈现出活力勃勃的状态，不仅满足了过去未能满足的需求，还创造了多样化的商业机会。尤其是新兴技术的涌现为法律科技市场带来了新的增长点，让中小型企业有望通过技术创新实现更灵活的竞争优势。

然而，技术应用的难度和市场空间待开发仍然是当前法律科技企业面临的重要挑战，技术的落地应用需要克服复杂性，并确保市场对新技术的接受度。此外，已有市场的相对有限可能导致激烈的竞争局面，对企业提出了更高的要求，需要在创新、营销和服务方面持续提升。

面对这些挑战，企业需要灵活调整战略，不仅关注技术的发展，还要深入挖掘市场需求，寻找合理可循环的商业变现路径。同时，面对可能出现的巨头跨行入局与内部吸收兼并，企业需要尽快构筑自己的竞争护城河，提高自身的"不可替代性"。

三、中国法律科技行业发展前景预测

（一）法律数据智能化

法律检索、案例检索、观点查找、案件信处查询、当事人信息查询等是法律工作者日常工作的内容，法律数据检索系统是法律行业信息化的起点，也是法律行业信息化发展中相对成熟的板块。

法律行业的信息化相比其他行业严重滞后，但法律数据的信息化却走在众行业前列。最高人民法院公开了1亿多份裁判文书，1000多万场庭审直播；全国人大、国务院、司法部和各级政府的政务数据平台也公开了所有法律、法规、政策、行政审批、行政执法和政府采购等信息；全国工商信息查询系统公开了大量的企业信息；各地律协也将所有律师的基本信息都予以公开；目前，全国律协和司法部也已构建律师诚信数据平台。

此外，公众号、头条号、知乎号、百家号等各大平台有海量的法律知识数据，其中包括政务数据、司法数据、互联网平台数据等，这构建了一个法律数据的海洋。大量的科技公司开始关注这些数据的价值，数据技术、AI技术也已经全面进入法律数据领域，传统以信息检索为目的的法律数据系统将面临前所未有的智能化变革。

法律数据智能化将彻底颠覆传统信息检索模式。智能化法律数据系统与传统数据系统相比，不仅检索的效率和准确度得到大幅提升，而且在智能检索的基础上，将逐渐衍生智能分析和智能预测功能。能够辅助分析案情。智能化的数据系统具有很强的自我进化能力，随着用户的增多、数据的累计和AI技术的发展，这个系统也会更加智能。可以预见，在不远的将来，智能化的法律数据系统将代替传统的法律数据系统成为法律人必备的工具。

（二）律师行业数字化加速

根据国际权威数据调查机构Ulitmedia针对全球前100家律师事务所的调查，超过半数的律所在过去两年增加了数字化技术的投入，尽管如此，律师行业的数字化仍然落后于其他行业，很多国际律所提前加快了数字化进程，远远走在了国内律所的前面。国内的头部律所目前也在积极部署，盈科、大成、金杜等大所在数字化方面已经有诸多的举错：盈科提出数字盈科、大成30周年以元宇宙为主题、金杜很早就开始建设云端律所，中国律所的数字化步伐也越走越快。衡量律所数字化的程度主要体现在以下几个方面：

1. 办公方式的数字化。律所是否建立了数字化办公系统，律所行政审批、业务协同、文档处理都能通过远程线上进行处理。

2. 服务产品的数字化。律所是否提供数字化相关的法律服务产品，是否对传统服务产品进行了数字化的改造。

3. 客户管理的数字化。律所是否建立了客户管理的数据系统，该系统不仅能够全程记录客户服务的过程，也能够对客户相关的数据进行智能化的分析，从而改进客户服务，提升客户关系。

4. 市场营销的数字化。律所是否有数字化的营销体系，包括数字营销工具和营销的数字化分析决策机制。

5. 决策管理的数字化。传统的决策方式主要靠合伙人主观经验，而数字时代的决策主要依赖于数据，这些数据包括人才、客户、市场等方方面面，合伙人的决策应该建立在数据分析的基础之上。很多律所已经意识到数字化转型的意义，并开始拥抱数字化技术，通过技术的引进驱动律所数字化转型。

数字化时代也催生出了新的法律服务，比如贝克·麦坚时提出了SMRAT服务框架：

Smart Technologies，针对企业数字化转型不同阶段提供全生命周期的法律服务，包括AI、区块链、物联网、机器学习、大数据、虚拟现实和增强现实等数字技术的法律服务。

Modern Workforce，针对数字化时代的混合工作方式、多元化的用工模式下产生的劳工问题、税务问题、信息安全、商业秘密等提供法律服务。

Aggregated Data，针对数据资产提供相关服务，包括数据合规、数据隐私、网络安全、反垄断、社交媒体等相关的法律服务。

Regulation and Regulator Relationships，针对数字化时代不断变化的立法规则，为客户提供立法政策咨询和风险管控服务。

Transaction，针对数字化时代产生的新交易内容、交易架构提供相关服务，如数据资产的并购、数据处境风险管理。

贝克·麦坚时的 SMART 服务框架很好地诠释了数字经济时代催生出新的业务机会，很多传统大所和新锐律所都在加入这些领域的专业投入，为抢占市场先机创造条件。

（三）垂直类大模型落地应用

垂直类大模型在法律科技行业中扮演关键角色，其广泛应用于法律文本分析、合同智能化、法律问题解答、电子发现和案件分析以及法律预测和趋势分析等领域。这些模型的出现不仅为法律从业者提供了强大的工具，提升了效率，也带来了法律服务的创新和智能化。通过深度学习法律文本，包括法规、案例和合同等，这些模型能够理解和分析法律文本中的关键信息，从而使律师能够更加高效地获取必要的法律知识。合同智能化是另一个重要的应用领域，这些模型通过学习和理解大量合同文本，自动提取、分析和生成合同条款，从而减少了合同审查的时间和工作量。

垂直类大模型在法律问题解答方面展现出强大的潜力：通过构建智能法律助手，这些模型可以回答用户提出的法律疑问，利用大规模的法律知识库为用户提供法律咨询服务。在电子取证领域，大模型可以自动分析和分类大量的法律文件，帮助律师快速定位案件关键信息，提高了电子取证的效率。此外，利用大数据和大模型进行法律预测和趋势分析已经成为可能。通过分析历史案例和法律文本，这些模型能够帮助律师预测案件结果或者评估法律风险，为法律决策提供数据支持，进而为律师事务所和企业提供了更加科学、精准的法律战略制定手段。

垂直类大模型在法律科技行业的发展趋势将呈现多个方面的特征：随着对法律数据隐私和安全的关注逐渐增加，模型的发展将更加注重对敏感法律信息的保护，采用更先进的隐私保护技术。法律科技的未来可能会迎来多模态法律智能的发展，将文本数据与其他数据模态（如图像、语音）结合，实现更全面、多样化的法律信息处理和分析。未来，模型的细分和专业化将成为趋势，以适应不同法律应用场景的需求，如专注于合同分析、法规遵从性检查。同时，模型对领域知识的不断丰富将是一个重要方向，模型需要不断更新和学习最新的法律知识，以保持对法律领域的准确理解。最后，法律伦理与监管问题将成为关注的焦点，确保人工智能系统在法律领域的应用是公正、透明、符合法律规范的。

综上所述，中国的法律科技行业正在以前所未有的速度变革和发展，涌现出各种创新应用。智能化的法律数据系统、完善成熟的智慧法院以及律师行业数字化加速这几大趋势共同推动着行业内法律服务的智能化、效率化和专业化。

尽管这个过程中仍将面临各种挑战，但毋庸置疑的是，随着大数据、AI等前沿技术的不断发展完善，在各个利益相关者——无论是法律从业人员、法律科技公司还是政府机构的共同努力，法律科技行业将会走向一个更为普惠、公正、高效和先进的未来。

第八章

法律科技行业建设机遇
——以上海为例

一、法律科技产业发展机遇

（一）法治需求"内驱+科技"融合发展

从法律行业视角出发，传统法律行业业态多元化的服务需求在法律科技的创新发展中得以解决，律师平台、流程管理、文档自动化、电子取证、智能分析、在线争议解决等新兴法律科技技术逐渐拓宽法律科技应用场景、提升法律行业工作效率，法律科技的发展是法治水平不断进步的内生需求，法律行业未来仍将加速运用区块链、人工智能、互联网等数字技术，持续赋能法律行业升级赋能。从科技行业视角出发，数字化正以不可逆转的势头改变人类社会，数字化牵引的科技创新快速发展、加速突破、广泛渗透，数字技术与其他领域的融合创新驱动对传统经济社会进行全方位、全角度、全链条改造重构，并不断催生新产业、新业态、新模式，数字科技向法律领域的融合渗透也是时代发展的必然趋势。

（二）国际法律服务中心建设的重要构成与支撑

近年来，上海大力发展涉外法律服务，着力打造国际法律服务中心。2021年，《法治上海建设规划（2021—2025年）》提出要将上海打造成为全球法律服务资源集聚高地。《全力打响"上海服务"品牌 加快构筑新时代上海发展战略优势三年行动计划（2021—2023年）》提出要扩大上海法律服务的国际影响力。2022年,《上海市公共法律服务办法》提出上海推动具有国际影响力的法律服务中心建设,"上海建设国际法律服务中心研究"在2022年、2023年连续两年纳入上海全面依法治市调研课题。2023年11月,上海市政府常务会议原则同意《服务浦东社会主义现代化建设引领区 打造上海国际法律服务中心核心承载区实施方案》,上海国际法律服务中心建设课题被上海市委、市政府列为年度重要工作任务。2023年11月,上海市委办公厅、市政府办公厅印发《关于推动上海法律科技应用和发展的工作方案》,旨在通过深化法律与科技的互动和融合,激发创新活力,并为上海市法治发展提供支持。

推动法律科技产业发展是建设上海国际法律服务中心的重要内容和支撑。《法治上海建设规划(2021—2025年)》提出要坚持科技赋能,加强科技和信息化保障,充分运用大数据、云计算、人工智能等现代科技手段,全面建设"智慧法治",推动科技创新手段的深度应用。上海市政府常务会议指出要创新赋能,充分发挥上海在数字城市建设、人工智能产业发展等方面的领先优势,加快推出一批高质量应用场景,在提升法律服务效能的同时,积极带动上下游产业链培育壮大,努力锻造具备上海特色的国际法律服务优势。《关于推动上海法律科技应用和发展的工作方案》更是通过5方面21项工作任务支持推动上海法律科技应用和发展(见表8-1)。

表8-1 上海市委办公厅 市政府办公厅《关于推动上海法律科技应用和发展的工作方案》

类型	举措
促进数据开放共享	(1)加强政法单位公共数据归集;(2)推进政法单位公共数据共享;(3)深化政法单位公共数据开放和开发利用;(4)推动法治领域社会数据流动交易;(5)提高法治领域数据质量
深化法律科技应用	(1)持续推进政法单位科技应用;(2)提升行政执法和行政复议智能化水平;(3)深化律师行业科技应用;(4)提升仲裁、调解工作智能化水平;(5)加快公证、司法鉴定行业数字化转型;(6)加强智能化公共法律服务供给
加大政策支持力度	(1)支持法律科技企业发展;(2)吸引法律科技企业集聚;(3)支持法律服务机构强化法律科技力量支撑;(4)鼓励法律服务机构加大科技投入;(5)推动法律科技产品研发

续表

类型	举措
加强组织实施保障	（1）加强组织领导；（2）加强指导服务；（3）加强交流宣介；（4）加强人才培养；（5）加强安全保障

资料来源：智合研究院整理。

（三）推动法律科技发展是建设科创中心、推进城市数字化转型的重要组成部分

《上海市国民经济和社会发展第十四个五年规划和二〇三五年远景目标纲要》指出，上海到2025年科技创新中心核心功能迈上新台阶，科技创新策源功能。《上海打造未来产业创新高地发展壮大未来产业集群行动方案》提出，全力做强创新引擎，培育发展新动能，打造未来产业创新高地、发展壮大未来产业集群。《关于全面推进上海城市数字化转型的意见》《上海市全面推进城市数字化转型"十四五"规划》深入结合城市数字化转型工作要求，提出深化智慧政法新应用，推动公安、法院、检察数字化转型。《推进治理数字化转型　实现高效能治理行动方案（2021—2023年）》提出打造面向个人的数字服务体系。围绕公共法律服务等领域，拓展个人事项服务场景应用。打造全流程协同的数字法治体系，完善要素化智能审查、大数据辅助量刑、多媒体辅助办案等数字化应用模块，构建智能化矛盾纠纷化解体系。

法律科技产业是运用人工智能、区块链等高技术含量服务法律行业的产业，具有科创属性和未来产业属性，既是科创中心的的重要部分，也是加快城市数字化转型的重要工作内容。

二、推动法律科技产业发展的现有基础与有利条件

（一）法律科技产业基础

上海在法律科技产业领域已具备一定基础。据不完全统计，目前上海至少有27家从事法律科技领域的公司，技术层次覆盖Legal Tech 1.0至Legal Tech 3.0，

法律科技产品/服务包括智能法律检索、文档辅助写作、律师平台、流程管理、在线争议解决、律师案源平台、电子证据等多个领域，面向客户群体包括司法端、律师端、企业端、个人端，形成较为丰富的法律科技业态与服务场景，法律科技产业发展格局初显。

（二）法律科技技术基础

上海作为我国重要的科技创新策源地，在人工智能、区块链等领域的数字基础设施与产业发展水平、技术应用积累等方面全国领先，法律科技产业的发展在底层技术支持方面占据先天优势。以人工智能为例，到2020年年底，上海市人工智能相关企业数量为1298家，形成了基础层（如寒武纪、地平线），技术层（如商汤、依图、深兰），应用层（如联影智能、商米）的全产业链生态格局。在区块链方面，上海区块链综合指数位列全国第二，全国具有投入产出的区块链企业近1400家，上海约占1/4。在参与起草区块链国家标准的单位中，也有蚂蚁区块链、链极智能科技、复旦大学、上海计算机软件技术开发中心等上海身影，见表8-2。

表8-2　上海市部分科技产业政策

发布年份	文件名称
2021	《上海市促进城市数字化转型的若干政策措施》
2021	《上海市数据条例》
2022	《上海城市数字化转型标准化建设实施方案》
2023	《上海市"元宇宙"关键技术攻关行动方案（2023—2025年）》
2023	《上海区块链关键技术攻关专项行动方案（2023—2025年）》
2023	《上海市推动人工智能大模型创新发展若干措施（2023—2025年）》
2023	《关于推动上海法律科技应用和发展的工作方案》

资料来源：智合研究院整理。

其中，《关于推动上海法律科技应用和发展的工作方案》提出推动法律科技产品研发、支持法律服务机构强化法律科技力量支持。可以预见，上海未来将以合作为基础，积极构建开放共享的系统生态，建立龙头企业引领，政府、企业、联盟、科研院所等多方力量协同发展，科技、产业、法律等各领域融通发展的模式，进一步打造更具活力的生态系统。

三、探索打造国际法律科技产业的创新发展路径

（一）打造法律科技全链条的产业集群

1.培育引进法律科技企业，形成法律科技全产业链

上海法律科技产业现已集聚了一批优质的法律科技企业和相关前沿技术领域头部企业，是国内主要的法律科技企业集聚地之一，下一步可继续不断壮大法律科技产业集群，吸引法律科技龙头企业在沪布局业务，形成穿透基础层、技术层、应用层的全产业链体系，打造覆盖 Legal Tech 1.0、Legal Tech 2.0、Legal Tech 3.0 的系统产业生态。

2.优化提升产业空间布局，打造法律科技产业中心

法律科技创新空间是承载法律科技创新产业的重要载体，当前浦东作为上海国际法律服务中心的核心承载区，虹桥国际中央法务区作为上海国际法律服务中心建设的首发示范区，集聚各类高端法律服务行业要素，未来可进一步以此为依托吸引各类法律科技创新要素集聚，推动创新端和需求端深度融合，将法律服务资源聚集区同步打造为为国际领先的法律科技创新策源地、应用赋能先行地和全产业链集聚地，形成上海法律科技产业立体化发展新格局，提高上海法律科技产业与法律服务中心影响力。

（二）培育法律科技企业快速发展

围绕法律科技企业业务模式、规模特点、成长路径打造支持各类法律科技企业政策服务链，通过企业研发费用补贴、税收减免、人才引进、政府采购等一系列支持方式支持法律科技企业创新发展、成长壮大。

充分发挥上海金融中心优势，通过风险投资、资本市场、银行信贷等为法律科技企业发展争取孵化、投资等支持，探索设立上海法律科技产业基

金，打造法律科技的"孵化地"。

支持企业参与制定法律科技产业标准规范，法律科技产业发展处于初期快速发展阶段，相关产业标准规范有待进一步探索与厘清。

（三）推动法律科技技术加快创新

结合上海各类高校、企业、科研院所等资源，筹划组建智能法治研究机构，加强法律科技技术研究与应用研究，推动学术研究成果交流与转化，引领原创成果突破，从实际需求出发，发挥市场体量优势，研发广泛应用场景，以应用场景为牵引做好技术和应用融合，支持企业和科研院所实施跨界合作，加速应用迭代与产业化，见表8-3。

表8-3 国内部分院校、律所法律科技相关研究机构

位置	代表产品
上海	复旦大学智慧法治实验室
上海	上海交通大学智慧法院研究院
上海	华东政法大学数字法治研究院
北京	北京大学法律人工智能实验室
北京	北京大学法律人工智能研究中心
北京	清华大学智能法治研究院
北京	中国人民大学未来法治研究院
北京	中国政法大学法学院大数据和人工智能法律研究中心
南京	东南大学人民法院司法大数据研究基地
成都	四川大学法律大数据实验室
重庆	西南政法大学人工智能法学院/案例大数据研究中心
武汉	中南财经政法大学大数据研究院
深圳	卓建法律人工智能实验室

资料来源：智合研究院整理。

附录 1
中国法律科技行业代表企业案例

附录1中我们选择了五个具有代表性的法律科技企业案例进行深入分析。它们各不相同，但也有一定共性。这些企业分别是华宇软件、国投智能（美亚柏科）、北大法宝、法大大和智合。选择这五个企业案例是为了进一步展示法律科技行业在不同领域的应用和发展。

这五家企业的产品，涵盖了法律科技的不同应用领域，从智慧法院建设到电子数据取证，从法律信息检索到智能律师助手等，它们不仅反映了法律科技行业发展的基本态势，也体现了法律科技在推动法治进步和提升法律服务效率方面的重要作用。这些案例共同描绘了法律科技行业的多元化发展路径，这些企业的成功实践可以为法律科技行业的未来发展提供借鉴和启示，读者也可以更直观地理解法律科技的实际应用和潜在价值。

一、华宇软件

（一）企业基本信息

华宇信息成立于2009年9月，公司名称为北京华宇信息技术有限公司。母公司华宇软件（300271），即北京华宇软件股份有限公司的前身，是北京清华紫光软件股份有限公司。

华宇信息总部位于北京，注册资金8.5亿元，现拥有员工近3000人。其上市主体北京华宇软件股份有限公司2022年度实现营业收入22.22亿元，同比减少61.38%，毛利率为20.85%；扣非净利润为亏损9.88亿元，同比减少456.85%。

（二）业务布局现状

华宇信息以软件与信息服务为主营业务，发展战略是"法律科技"和"智慧政务"双轮驱动，致力于为客户的信息化事业提供全方位的解决方案与服务。

华宇信息在行业内有较深厚的技术积累，核心技术来源主要为自主研发。据华宇2023年上半年度报告，其在全国布局落地了4个研究院、8个研发中心，基于网络应用平台、研发测试平台、大数据平台、非结构化数据应用等，在人工智能、私有云、业务中台、数据和智能中台、信创技术等应用创新领域长期积累。华宇信息近三年度累计新增45项授权专利，累计新增计算机软件著作权514个。据华宇信息官网，其目前拥有200余项具有自主知识产权的软件产品，和100余项行业解决方案，涵盖大数据、人工智能、基础软件、智能终端等。

2016年，华宇设立子公司华宇元典。华宇元典基于智能核心中台"元典睿核"研发了面向不同法律群体的法律产品，如元典智库、元典Yodex智慧法务管理平台，积极为法院、检察院、政法委、监察委、律协、律所/律师、企业等全法律生态圈提供全流程智能法律服务解决方案。大模型时代，华宇元典又参与训练研发了"华宇万象法律大模型"。（见图附1-1、表附1-1）

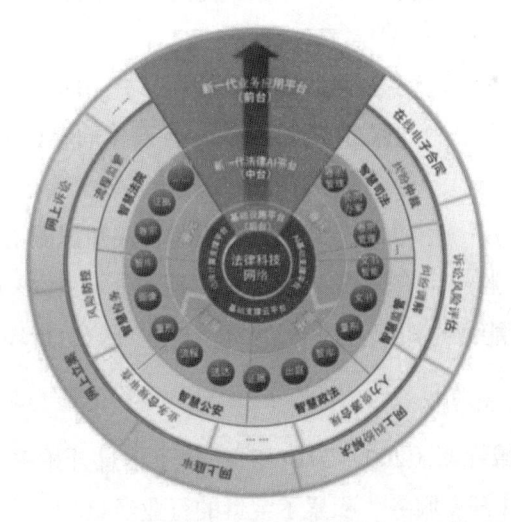

图附1-1　华宇信息在法律科技领域的产品逻辑

资料来源：华宇软件2022年度报告。

表附1-1 华宇信息法律科技布局（主要领域）

类型	概况	应用场景	市场地位
智慧法院领域	"智慧审判系统"，以知识为中心、智慧法院大脑为内核、司法数据中台为驱动的人民法院信息化4.0版	协助全国法院执行局持续提升执行工作规范性；助力人民法院在线服务3.0版上线和全国法院一站式建设升级完善，辅助推动法院诉讼服务	在20余个省区市交付审判智能化辅助类应用，形成以新一代智慧审判系统为核心、以审判智能辅助为支撑的平台型智能化审判标杆案例
纠纷解决领域	破产业务线的网络会议、网络申报及一体化平台及SaaS产品	破产管理人协会；银行业、保险业纠纷化解环节	用户咨询数、服务落单数同比继续增长，在各个地区案源增长率同比达120%；在北京、深圳等地的破产管理人协会拓展落地
企业合规领域	基于企业合规义务图谱模型构建的元典数智合规管理系统	企业法务	中标数家行业头部标杆客户的合规模块

资料来源：智合研究院整理。

华宇信息的产品数量多，其业务中台的产品有10款：睿宗（电子卷宗支撑平台）、睿牍（文书制作服务支撑系统）、睿证（刑事证据智能分析系统）、智库（元典智库系统）、电子档案管理系统、业务数据质检分析系统、电子签名系统、材料识别系统、共享存储平台、犯罪构成知识图谱量刑辅助系统。

法律AI平台的产品有4款：睿元（数据生命）、智核（AI感知力）、睿核（法律AI认知能力与知识管理）、智链（构建可信运行环境）。

（三）企业发展历程

法律科技领域探索（2009~2010年）：华宇信息开始关注法律科技领域，提供定制化的软件开发服务，积累了宝贵的行业经验。

快速发展阶段（2011~2014年）：母公司"北京华宇软件股份有限公

司"2011年在深圳证券交易所创业板上市,华宇进入快速发展阶段,推出了一系列基于人工智能的法律科技产品。

积累技术优势（2015~2017年）：华宇信息开始落地各个研发中心,获ITSS首批信息技术服务咨询设计通用要求标准符合性证书,产品"睿审"获评2017十大软件创新产品。

此阶段华宇信息开始与清华大学法学院、清华大学公共管理学院开展法律大数据、新技术与政务创新研究合作。

蓬勃发展阶段（2018年至今）：华宇加大在技术领域的研发力度,与多家政府机构、高校和研究机构建立战略合作关系,共同推动法律科技的发展。

此阶段华宇还与阿里云签订战略合作框架协议,举办首届"法律科技大会",华宇云间支撑开庭次数突破50万。

（四）未来规划展望

根据华宇信息的官方规划,其"司法"环节（法院、检察院）和"执法"环节（公安、纪检监察、政法委、司法行政等）业务,在已规划的110余个业务应用场景中,已拥有300多款自主知识产权的软件产品。

华宇信息也正在将业务延伸至"守法"环节,打造法律业务智能辅助、风险和诉讼管理、内外部协作、情报分析等软件,服务20余万名法律人,并为多个行业的头部企业提供智能法律服务系统；同时还涉及企业破产、小额金融纠纷、保险等业务领域,围绕司法诉讼积极创新和拓展法律科技服务。

二、国投智能（美亚柏科）

（一）企业基本信息

美亚柏科成立于1999年9月,公司名称为厦门市美亚柏科信息股份有限公司,股票代码300188,总部位于福建省厦门市。

美亚柏科是国投智能的控股子公司，国投集团的重要投资企业，国务院国资委为其实际控制人。依托大数据及人工智能等技术，美亚柏科现已形成数据治理、数据应用和数据安全防护的数据全链条业务。美亚柏科是国内电子数据取证行业龙头企业、公共安全大数据领先企业、网络空间安全与社会治理领域"国家队"。

美亚柏科在网络安全和数据安全领域有技术积累，拥有十多年的网络安全和数据安全行业经验，能够为政府、金融、电信、能源、制造等多个行业客户提供信息安全咨询、安全评估、安全技术服务、安全产品等方面的专业服务。

美亚柏科的主要服务对象为公检法司、政府机关和企事业单位，协助其打击犯罪、完善社会治理及各领域数字化建设，主要提供公共安全大数据、电子数据取证、新网络空间安全和新型智慧城市等相关产品和一站式综合解决方案。据该公司2022年度报告，2022年美亚柏科营业收入22.80亿元，相比2021年同期下降10.08%，净利润亦出现下滑。

（二）业务布局现状

美亚柏科布局现状见表附1-2、图附1-2。

表附1-2　美亚柏科布局现状

类型	概况	应用场景	市场地位
电子数据取证	全证据链取证装备体系、全产业链取证研发以及智能制造体系，已发布解锁大师、固态盘恢复、"慧眼"鉴真、保密检查"天剑"二号、数据审查"亮剑"一号、程序分析"魔剑"三号等产品	"前端取证+后端大数据研判+零信任安全防护"的取证应用场景	能够及时发现信息收集不合法、出境数据涉密超量、敏感信息不加密、个人信息未去标识、收集信息未授权等问题

续表

类型	概况	应用场景	市场地位
网络安全与数据安全	提供多样化、专业化的信息安全技术服务，自主研发零信任安全、安全大脑等自主品牌的安全产品，如"乾坤"大数据操作系统（QKOS）	数据资产梳理、数据脱敏、数据库审计、加密、数据防泄露、安全服务等应用服务场景	为政府、金融、电信、能源、制造等多个行业客户提供信息安全咨询，"乾坤"已在企业、政府等10余个行业进行部署，在北京、广东、福建、云南等全国上百个单位完成大数据融合及应用

资料来源：智合研究院整理。

图附 1-2　美亚柏科主营业务

资料来源：美亚柏科 2022 年度报告，智合研究院整理。

（三）企业发展历程

初创与基础建设（1999~2009年）：美亚柏科在1999年成立，随后几年专注于技术研发和市场初步探索。2005年，美亚柏科开始涉足国际合作，为孟加拉国警方提供计算机安全培训，这标志着美亚柏科开始在国际舞台上发挥作用。2007年，美亚柏科成立党支部，显示出其对企业文化和社会责任的重视。2009年，美亚柏科更名为"厦门市美亚柏科信息股份有限公司"，为之后的上市做准备。

上市与市场扩张（2010~2011年）：美亚柏科入选"国家火炬计划重点高新技术企业"，这标志着美亚柏科在高新技术领域的地位得到提升。2011年，美亚柏科在深圳创业板成功上市，这是其发展历程中的一个重要里程碑，为美亚柏科带来了更多的资金和市场关注。

技术与品牌提升（2012~2015年）：美亚柏科获得了"国家火炬计划软件产业基地骨干企业"的称号，这表明公司在软件产业中的核心地位。美亚柏科设立博士后科研工作站，项目获得公安部科技进步奖。2015年，美亚柏科荣获"世界知识产权组织版权金奖"，提升了国际声誉。

国际化与社会责任（2016~2019年）：美亚柏科在二十国集团峰会（G20峰会）中提供技术支持，显示了公司在国际重大活动中的技术实力。2017年，美亚柏科作为金砖国家领导人会晤的技术保障单位，进一步巩固了其在国际安全领域的专业地位。

战略深化与行业领导（2020年至今）：新型智慧城市事业部成立，美亚柏科在智慧城市建设方面取得进一步发展。公司董事长滕达荣获"全国优秀企业家"称号，同时国投智能对美亚柏科增资，美亚柏科在资本市场稳定发展。

（四）未来规划展望

虽然美亚柏科近期业绩下滑，但其目标始终是持续加大研发投入，推进关键技术攻关，不断提升自主研发能力，加速产品国产化进程，巩固公司核心竞争力。据财报，近年来美亚柏科每年研发投入占营业收入的比例均保持在 15% 以上，曾多次上榜中国软件百强企业，在"2021 年创业板研发驱动力百强榜"中列首位。

加上美亚柏科大部分软件产品为自主研发，为其在电子数据取证、网络空间安全、大数据智能化和新型智慧城市等细分领域的发展奠定了扎实基础；美亚柏科通过不断加强自身的研发能力建设，同时开展产学研合作，近年来形成了独特的技术优势，目前已承接多项国家级和省部级重大科研项目，在行业领域获得了主管机构、行业协会、产业联盟、业内媒体等多方的认可和各项荣誉。2022 年美亚柏科在大数据智能化业务方面分别完成多个重大项目的中标，再次承建国家网络空间治理重大基础工程，进一步巩固公共安全大数据行业地位，成功拓展治安和出入境警种业务。

另外，美亚柏科的公司业务范围覆盖全国各省、区、市及部分"一带一路"共建国家，面对未来数字经济发展的前景，美亚柏科是顺应行业发展趋势与市场需求的。

综上，只要美亚柏科坚持在研发中投入，增强自身技术实力，最重要的是，持续在法律科技领域发力，那么其在法律科技行业将会有不易撼动的位置。

二、北大法宝

（一）企业基本信息

北大法宝成立于 1999 年 12 月，公司名称为北大英华科技有限公司，注册资本 1000 万元。

但如果追溯北大法宝这个产品的历史，它 1985 年诞生于北京大学法律系，是由北京大学法制信息中心与北大英华科技有限公司联合推出的智能型法律信息一站式检索平台。

（二）业务布局现状

北大法宝是国内最早进行法律信息的数据挖掘和知识发现的产品，创造了法规条文和相关案例等信息之间的"法宝联想"功能，能直接印证法规案例中引用的法律法规和司法解释及其条款，还可链接与本法规或某一条相关的所有法律、法规、司法解释、条文释义、法学期刊、案例和裁判文书，目的是让用户方便地查到法条，更能进一步帮助用户理解、研究、利用法条。

现在，北大法宝已发展成为包括"法律法规""司法案例""法学期刊""律所实务""专题参考""英文译本""法宝视频"的七大检索系统，同时其基于北大法宝庞大的内容支持，进行软件开发。

2023年，北大法宝基于GPT大模型研发，发布了能生成自然语言的新AI产品，包括智能问答、模拟法庭、智能写作等产品。

北大法宝积累了一大批优质客户，包括国家电网、中国航天、国家管网、各级检察院、省司法厅、法律高校、大型私企，等等。（见表附1-3）

表附1-3　北大法宝法律科技布局

类型	概况	应用场景	市场地位
法律法规数据库	全面、专业、智能的法律检索平台，汇集了大量的法律法规、司法案例、法学期刊等法律信息资源	律师、法务、法学研究者、政府机关等在处理法律事务、研究案例、制定政策时，可以通过北大法宝法律法规数据库进行高效、准确地法律信息检索	在中国市场具有较高的市场占有率和品牌影响力，是法律专业人士和机构的首选法律信息检索工具
智能立法辅助系统	运用法律大数据分析、自然语言处理、机器学习等人工智能技术，为立法机关提供法规知识图谱构建、法规变迁分析、法规草案审查等功能	立法机关在制定、修改法律法规时，可以利用北大法宝智能立法辅助系统提高立法质量和效率	在国内立法领域具有较高的市场份额，已服务于50余家单位，涵盖国家部委、省市级人大、省市级司法厅局、高等院校、研究机构等

续表

类型	概况	应用场景	市场地位
智慧执法解决方案	为执法单位提供数据支撑解决方案和信息系统解决方案，包括权责清单管理、执法依据查询、流程化系统等功能	政府部门、执法机关在执法过程中，可以利用北大法宝智慧执法解决方案提高执法效率、规范执法行为	在中国市场具有较高的竞争力，已成功应用于多个政府部门和执法机关
智慧司法解决方案	提供智能问答、司法辅助、知识服务、大数据分析等系列产品，如GPT智能问答、法小宝、检务智能问答等	法官、检察官、律师等在处理司法案件时，可以利用北大法宝智慧司法解决方案提高案件处理效率、准确性和专业性	有较高品牌影响力，应用于各级司法机关
企业法治解决方案	帮助识别合规风险，提供法律法规、合规清单、行政处罚、合规政策解读等学习资料	企业在进行合规管理、风险防范、内部审计等活动时，可以利用北大法宝企业法治解决方案提高合规水平	在企业法律服务市场具有较高的竞争力，已服务于多家企业

资料来源：智合研究院整理。

（三）企业发展历程

创立初期（1985~1995年）：1985年，在前北大教授芮沐的支持下，北京大学法学院教授张力行创办了Chinalaw计算机辅助法律研究中心，标志着北大法宝的前身诞生。1986年，该中心成功研发出中国第一套涉外法律数据库。1995年，北大法律信息网成立，成为国内第一家综合性专业法律信息网站。

成长阶段（1996~1999年）：1998年，北大法宝正式定名，并推出了"中国法律检索系统"浏览器版。1999年，北大英华科技有限公司依托北大法学院和北大法制信息中心成立，使"北大法宝"系列产品从销售到服务日益成熟。

发展壮大（2000~2006年）：2006年，北大法宝作为唯一法学项目，通过了教育部"十五"211工程CERNET中国教网重点学科信息服务体系建设项目的验收，形成一个面向法律学术界、法律实务界和社会公众的中国法律平台。

创新突破（2007~2017年）：2013年，北大法宝被评选为北京市著名商标，成为国内法律软件行业史上首个著名商标。2014年，北大法宝推出了中国第一个"规范性文件审查系统"，开启了智慧立法的新时代。2017年，北大法宝建立了法律数据与人工智能平台，并推出了七大新产品，全面加速法律人工智能应用建设。

紧跟趋势（2018年至今）：在这个阶段，北大法宝在法律科技领域持续发展和创新。北大法宝全面推出智能产品，包括北大法宝V6（智能检索）、智慧立法、智慧执法、智慧司法、智慧法务和智能问答等多条智能产品线。这些产品线为职业法律人提供了多环节、多场景、多维度的法律信息服务生态圈。

2018年，北大法宝成立法律大数据与人工智能研发中心，标志着法律智能化工程全面启动。同年，北大法宝学堂在北大法学院挂牌成立，进一步推动了法律科技教育的发展。此外，北大法宝还参与建设了全国人大国家法规库，为各级人大机关、政府机关、司法机关提供有益支撑。

2019年，北大法宝在2.0系统知识服务和智辅办案方面取得了很大发展，在贵州、广东等试点省份实现了部署联调测试和技术贯通。

人工智能浪潮阶段，北大法宝开始拓展海外市场，与国际法律机构、律师事务所等合作，同时继续加大在人工智能、大数据、云计算等前沿技术领域的研发投入，提升法律信息服务的智能化水平。

（四）未来规划展望

北大法宝的主观目标是继续以科技赋能法治中国建设，把法律知识服务、法律人工智能、法律教育培训、法律文化传播和"立、执、司、守、企"

有机结合起来，为全面依法治国建设打造高质量智慧平台。

客观来看，北大法宝在行业内积累深厚，如若抓住人工智能的技术、市场，深化技术研发，继续加大在人工智能、大数据、云计算等前沿技术领域的研发投入，提升法律信息服务的智能化水平，就能通过运用自然语言处理、知识图谱、机器学习等技术，实现更高效、精准的法律信息检索、分析和推荐。

北大法宝有望进一步拓展其业务领域，覆盖更多的法律服务场景，如企业合规、知识产权保护、涉外法律服务。通过与各行业、领域的深度融合，为更多用户提供专业化、定制化的法律解决方案。

随着中国法律体系的国际化进程加快，北大法宝有望进一步拓展海外市场，为全球用户提供优质的中国法律信息服务。通过与国际法律机构、律师事务所等合作，推动中国法律信息的全球化传播。

北大法宝有与高校、研究机构的合作优势，其应该会继续加强与高校、研究机构、企业等的合作，推动产学研一体化发展。

四、法大大

（一）企业基本信息

法大大成立于 2014 年 11 月，公司名称为深圳法大大网络科技有限公司，注册资本约 5000 万元。

（二）业务布局现状

法大大产品的定位是电子合同与电子签云服务平台，致力于为企业、政府和个人提供基于合法数字签名技术的电子合同和电子单据的在线协同签署及管理服务。

法大大电子合同与电子签平台通过 SaaS 和 OpenAPI 为用户提供云服务，其主要产品能力及服务包括：电子签名和电子印章管理、合同模板创作和管理、合同或文件的多方协作签署、签署后的合同管理、合同智能审核及全链路存证和出证服务等。

据法大大的官网介绍，企业的各种数字化业务系统、IT系统及产业互联网平台，可与法大大平台无缝集成，实现具体业务场景与电子签的全链路数字化闭环，进而促进业务发展、效率提升、安全保障和风险控制。法大大产品依据《电子签名法》设计，获得ISO27001及ISO27701等安全认证及保险公司承保。

法大大的客户及合作伙伴包括：腾讯、微软（中国）、SAP、美团、携程、越秀地产、保利地产、红星美凯龙、徐工集团、格力、中国电信、太平鸟、海底捞、新东方、小红书等。（见表附1-4）

表附1-4　法大大法律科技布局

类型	概况	应用场景	市场地位
电子合同和电子签混合云平台（FASC-Cloud）	基于云服务的电子签约和法律服务混合云平台，为中大型企业和组织提供多场景下合同签署、电子签章、用印管理一体化解决方案。该平台支持企业和组织的"签+管"一体化，满足对电子签核心数据本地存储和签署文件不出本地的"私有化"管理需求	适用于HR场景（如入转调离等人事相关文件签署），采购场景（如采购合同、框架协议等签署）和销售场景（如经销商、招商入驻、合作采购等）等多种业务场景	在电子签名行业中具有较高的市场份额和知名度，与多家知名企业建立了合作关系，如腾讯、微软（中国）、SAP、美团、携程等
iTerms合同智审系统	基于人工智能技术的合同智能审核系统，通过自然语言处理（NLP）技术，对合同进行快速审查，提高合同审查效率，降低人力成本。该系统可广泛应用于企业合同业务数智化领域	适用于企业法务部门、律师事务所等需要对合同进行审查的场景，可提高合同审查速度和准确性	在国内市场具有一定的竞争优势，已为顺丰集团、浙江巨化、高灯科技、中国矿业大学、虎牙直播等多家知名企业及单位提供合同审查解决方案与法律知识工程服务

续表

类型	概况	应用场景	市场地位
实槌证据中台（电子证据保全和公证系统）	集音视频双录、全流程公证固证、合同公证、证据管理、证据校验于一体的可信存证和公证系统。该系统利用区块链技术确保电子证据的防篡改、防抵赖，提高证据效力	适用于企业法务部门、律师事务所、仲裁机构等需要对电子证据进行保全和管理的场景	在电子证据保全领域拥有一定的市场份额，已成功应用于上汽财务、齐鲁制药、四川天府银行、广州金服等多家企业，并拥有成功案例

资料来源：智合研究院整理。

（三）企业发展历程

创立初期（2014~2015年）：法大大由黄翔、梅臻和张斌共同创立。在这个阶段，法大大主要关注技术研发和产品打磨，为之后的市场拓展奠定基础。

市场拓展（2015~2016年）：法大大的产品正式推向市场，最初的目标客户是互联网金融企业。在这个阶段，法大大的电子签名技术逐渐得到了市场的认可，吸引了一批互联网金融企业客户。

行业拓展（2016~2017年）：法大大开始向传统大型制造企业、快消品企业、商旅、供应链金融等大型集团客户发力。这一阶段，法大大的客户群体逐渐扩大，市场渗透率逐步提高。

产品创新与升级（2017~2018年）：法大大推出了一系列创新产品，如iTerms合同智能审核系统、实槌证据中台等，为用户提供基于合同签署前、中、后的全生命周期法律科技服务。这些产品进一步提升了法大大的市场竞争力。

生态布局（2018~2020年）：法大大开始与各大行业领导者建立生态合作关系，如腾讯、微软（中国）、SAP、金蝶、致远互联、微盟、明源云、有赞等。通过与这些企业的合作，法大大进一步拓展了市场覆盖，提高了品牌知名度。

持续发展（2020年至今）：法大大继续加大研发投入，优化产品功能，提升用户体验。同时，法大大还积极参与行业标准制定，推动电子签名行业的规范化发展。

（四）未来规划展望

法大大的发展历程充分体现了其在电子签名行业的领导地位和创新能力。通过不断拓展市场、优化产品和建立生态合作关系，法大大已经成为中国电子签名市场的领军企业。在未来，法大大有望继续引领行业发展，为更多企业提供高效、安全的电子签名解决方案。

五、智合

（一）企业基本信息

上海之合网络科技有限公司（以下简称之合公司）成立于2014年2月，是一家在中国具有领先地位的法律科技、教育及信息服务提供商。注册资本585.7192万人民币，现拥有员工近200人。

之合公司通过"智合""智拾""智爱"等品牌向法律专业人士及服务机构提供行业领先的智库研究、品牌增信、继续教育、法律AI大模型等，并通过"中企智合"这一品牌整合其在法律行业积累的丰富资源，向企业提供与企业合规、ESG可持续发展相关的产品和服务。

之合公司于2021年当选"中国中小企业协会副会长单位"和"中国中小企业国际合作协会常务理事会员单位"，并在同年入选工业和信息化部"2021年度国家中小企业公共服务示范平台"。

之合公司的愿景是"做中国法治进程的加速器"，公司的使命是"用AI赋能法律普惠，用科技推动法治进步"，公司的理念是"正心诚意，反求诸己"，公司的价值观是"善良比聪明更重要，以客户为中心，以奋斗者为本，坚持不断创新"。

（二）业务布局现状

目前，智合在法律科技领域主要布局在线教育培训平台和 AI 领域，通过"智拾网""智爱法律大模型"两大产品为律师群体提供支持，见图附 1-3。

图附 1-3　智爱法律大模型

资料来源：智爱 INEXA 官网。

2016 年，智合发布并上线旗下专注法律职业教育的培训平台——智拾网。成立以来，该平台已经积累覆盖中国律师 / 法务各个执业领域的上千套专业课程并且保持每年增加 400 场直播、100 套系列课的高频更新速度。目前，智拾网拥有超过 40 万用户，日访问量数万。

2023 年 11 月 18 日，智合在上海发布首个法律大模型——智爱法律大模型。该产品是一款集前沿人工智能大模型和专业法律资料为一体的法律助手类产品，定位"100 倍提效的法律助手"，旨在通过人工智能技术与法律行业的深度融合，大幅提升律师和法律从业者的工作效率，助力用户把宝贵的时间用在更能创造价值的地方。

智爱法律大模型针对不同法律领域进行单独梳理、处理和训练，同时和各个领域行业领先的律师团队合作，确保用户始终能得到专业的回答和独到的见解。该模型覆盖了海量的法律数据库，包含"350万+"法律法规、"1.5亿+"真实案例。这些数据作为回答的组成部分，保障了用户获取数据的真实可用。（见表附1-5）

表附1-5　智合法律科技布局（主要领域）

类型	概况	应用场景	市场地位
在线教育培训领域	依托智拾网平台，为律师、法务等法律人提供在线培训服务	适用于全体有进一步学习提升需求的法律人，为法律人提供从基础到进阶的各类法律教育培训内容，帮助律师提升技能、精进能力。同时，智拾网也为政务端提供律师"云课堂"服务	在线法律教育培训中居于国内领先地位
AI领域	依托智爱法律大模型，为用户提供不同领域的法律法规、裁判案例、实务文章和专业内容，输出用户需要的专业回答	适用于未来律师执业需要，作为律师工作过程中的辅助工具为其压缩工作时间、提高执业效率	截至2023年11月，拥有千余位体验客户

资料来源：智合研究院整理。

（三）企业发展历程

早期探索阶段（2014~2015年）：智合自创立起即关注法律科技发展创新，借助智合公众号载体持续研究与输出法律科技研究成果。2015年，智合推出智拾网前身——"智合在线沙龙"。当年，智合获天使轮投资500万元人民币。

快速发展阶段（2016~2018年）：2016年1月，智拾网试运营，并于2017年1月正式上线。2016年12月，智合完成PreA轮融资，融资额1200万元人民币，发展进程加速。2017年2月，智拾网为昆明律协提供律师"云课堂"服务；10月，智拾网App上线。

巩固优势阶段（2019~2022年）：智拾网保持用户量与课程量的快速增长，并不断拓展服务形式。2021年5月，智拾网与华东政法大学研究生教育院签约合作，进一步强化线上教育职能。

升级创新阶段（2023年至今）：智合顺应生成式人工智能发展潮流，推出自身首个法律大模型——智爱法律大模型，并持续强化智拾网在资源整合与技术更新方面的建设，将GPT等技术模块吸收应用。2023年12月，智合启动A轮融资。

（四）未来规划展望

根据智合的官方规划，未来智合将向"一体多元"的方向进一步发展，围绕以律师为核心主体的客户群，提供满足律师多种需求的多元产品。

据披露，智合计划在未来十年持续强化自身的"集成"程度和"智能"程度。未来，智合计划针对全国律师群体在培训、品牌、营销、工具、论坛、求职等类目上的具体需求构筑产品矩阵，为其提供全链条的支持服务。同时，智合将进一步拓宽自身的AI产品线，打造更高效、更智能的AI研究智库，穿透律师市场，为包括政府公务员、企业法务人员在内的更广大群体提供法律研究支持。

附录 2

中国法律科技企业基本情况介绍

法律科技行业调研样本（截至 2023 年 12 月 31 日）

序号	品牌	技术层次	法律科技产品/服务介绍	涉及中游产业链位置	运营主体	成立时间	总部所在城市	产业链下游覆盖领域；产品定位、标签	融资情况
1	东软载波	Legal Tech 3.0	智慧平台应用、智能控制等	流程管理、在线争议解决	青岛东软载波科技股份有限公司	1993 年	山东青岛	To G；法院信息化建设厂商	4 次；最新：2015 年 6 月股权融资

续表

序号	品牌	技术层次	法律科技产品/服务介绍	涉及中游产业链位置	运营主体	成立时间	总部所在城市	产业链下游覆盖领域；产品定位；产品标签	融资情况
2	金桥信息	Legal Tech 3.0	智慧法院解决方案，包括智能访客管理系统、诉讼服务平台、科技法庭系统、一体化呈现平台、法院综合运维管理服务系统等	在线争议解决	上海金桥信息股份有限公司	1994年	上海	To G; 面向政务、司法、教育、金融、医疗健康等行业，打造智慧空间信息化解决方案	2015年A股上市
3	通达海	Legal Tech 3.0	金融纠纷一体化办案平台、破产案件一体化管理平台、速裁快审系统、要素式审判平台、电子质证系统、签章管理平台等	流程管理、电子证据、在线争议解决	南京通达海科技股份有限公司	1995年	江苏南京	To G; 法院信息化建设厂商、专业从事司法信息系统研发、信息技术服务	2023年3月A股上市
4	北大法宝	Legal Tech 3.0	包括法律检索、专题数据库等内容产品，知识图谱、预测类量刑建议、案情预测类法条、法律文本翻译工具等平台产品，智能应用、智慧法务、智能合规、智慧风控等解决方案	法律研究、智能分析、文档自动化、电子证据、合规	北京北大英华科技有限公司	1999年	北京	To G, To B, To C, To L; 致力于法律知识工程、法律人工智能、法律教育培训和法律文化传播	2次；最新：2023年10月战略融资

续表

序号	品牌	技术层次	法律科技产品/服务介绍	涉及中游产业链位置	运营主体	成立时间	总部所在城市	产业链下游覆盖领域；产品定位，标签	融资情况
5	科大讯飞	Legal Tech 3.0	智慧教育、智慧城市、金融科技、AI营销、企业数字化等	在线争议解决	科大讯飞股份有限公司	1999年	安徽合肥	To G；法院信息化建设厂商	2008年4月A股上市
6	国投智能（美亚柏科）	Legal Tech 2.0	旗下产品包括电子数据取证、网络空间安全、大数据装备信息化、专项执法装备等，为用户提供存证云+、搜索云+、数据服务及信息安全服务	电子证据	国投智能（厦门）信息股份有限公司	1999年	福建厦门	To G；电子数据取证及网络空间安全服务提供商，主要服务于司法机关以及行政执法部门	2011年A股上市
7	威科先行	Legal Tech 2.0	提供专业法律信息查询工具，涵盖法律法规、裁判文书、常用法律文书模板、法律英文翻译等服务	法律研究、流程管理	北京威科亚大信息技术有限公司	2000年	北京	To B，To L；为律师事务所、总法律顾问办公室和企业法务部门的法律专业人士提供法律数据驱动的决策工具	—

续表

序号	品牌	技术层次	法律科技产品/服务介绍	涉及中游产业链位置	运营主体	成立时间	总部所在城市	产业链下游覆盖领域；产品定位、标签	融资情况
8	必智	Legal Tech 1.0	提供律师事务所信息化管理软件系列产品。包拓律师 e 通律所智能管理移动办公平台、SaaS律师移动办公平台、律所网站定制服务、律所专业定制化解决方案	流程管理	上海必智软件有限公司	2000年	上海	To L; 专业从事律师事务所管理咨询并提供管理软件的开发、推广与服务	—
9	华夏电通	Legal Tech 3.0	法律服务平台解决方案、智慧诉服、电子卷宗智能管理、智慧法庭解决方案等	合规	北京华夏电通科技股份有限公司	2001年	北京	To G; 法院信息化建设厂商	4次；最新：2016年3月A轮
10	e签宝	Legal Tech 2.0	e签宝具备安全可信的电子签名与智能印章管理平台、物联网一体化的印章管理平台、身份认证与智能风控系统、区块链证据保全与管理平台、在线速裁与司法服务体系等应用	文档自动化、电子证据	杭州天谷信息科技有限公司	2002年	浙江杭州	To G、To B、To C；面向企业组织、政务服务体系、个人用户提供全球领先的电子合同全生命周期服务	8次；最新：2021年股权融资

续表

序号	品牌	技术层次	法律科技产品/服务介绍	涉及中游产业链位置	运营主体	成立时间	总部所在城市	产业链下游覆盖领域；产品定位、标签	融资情况
11	一签通	Legal Tech 2.0	公司产品主要涉及信息加密、数字签名、电子签章、身份认证等基于PKI密码技术的应用类信息安全产品	文档自动化	北京安证通信息科技股份有限公司	2003年	北京	专业从事信息安全产品研究开发以及计算机信息系统安全咨询服务的专业化高科技企业	1次；最新：2015年战略融资
12	爱思网安	Legal Tech 2.0	取证系统、电子数据取证服务等	电子证据	爱思科技（重庆）集团有限公司	2004年	重庆	To G, To B；集计算机信息安全产品（包括计算机司法取证分析设备）开发和销售，为系统集成解决方案提供商，业务对象主要为军队、政府、教育、通信及企业	—

续表

序号	品牌	技术层次	法律科技产品/服务介绍	涉及中游产业链位置	运营主体	成立时间	总部所在城市	产业链下游覆盖领域；产品定位、标签	融资情况
13	同道	Legal Tech 2.0	律师一卡通、律协门户网站、全国律师数据管理系统等律师市场公证、智慧立法、法律援助等公共法律服务、基层司法业务综合管理、人民调解业务系统等基层司法服务、OPENLAW、KNOW-HOW、灵麒资讯、ILEGAL等互联网服务	市场平台、流程管理、在线争议解决	上海同道信息技术有限公司	2005年	上海	To G、To B、To C、To L；专注于法律服务信息化的法律科技企业，业务聚焦司法信息化、律师信息化和互联网法律服务三大领域	—
14	万法通	Legal Tech 1.0	发布吾法吾天App，课程内容覆盖金融、财税、建筑工程、知识产权、公司业务等法律事务中的大部分专业领域	在线法律教育	万法通（北京）法律咨询有限公司	2005年	北京	To L；国内法律职业培训企业，为律师、法务提供法律培训课程	—

续表

序号	品牌	技术层次	法律科技产品/服务介绍	涉及中游产业链位置	运营主体	成立时间	总部所在城市	产业链下游覆盖领域；产品定位、标签	融资情况
15	百事通	Legal Tech 3.0	法律咨询、法治宣传、调解、法律援助等公共法律服务、企业法务SaaS、诉调一体化解决方案等企业法律服务	市场平台、智能分析	上海百事通信息技术股份有限公司	2006年	上海	To G、To B；构建了法律数字化智能平台，为下一代法律解决方案提供创新的技术和服务	4次；最新：2014年7月 C轮
16	高柰特	Legal Tech 2.0	产品涉及电子数据采集、智能取证	电子证据	广州市高柰特网络科技有限公司	2006年	广东广州	To G、To B；专注于公共安全领域信息化建设和技术服务的创新型高科技企业。为电子取证、数据采集、数据治理、大数据分析及增值利用提供整体解决方案	—
17	达思凯瑞	Legal Tech 2.0	拥有多种自主知识产权的数据恢复与取证软件	电子证据	达思凯瑞技术（北京）有限公司	2007年	北京	To G、To B；以数据恢复与取证技术研发为核心业务的企业	—

续表

序号	品牌	技术层次	法律科技产品/服务介绍	涉及中游产业链位置	运营主体	成立时间	总部所在城市	产业链下游覆盖领域；产品定位、标签	融资情况
18	安存科技	Legal Tech 3.0	（1）产品：电子合同、语音存证、区块链机硬件设备、案件诉讼管理平台；（2）服务：数字化智能审判、纠纷多元化调解、互联网智能仲裁；（3）解决方案：司法端区块链电子证据平台、司法联盟链、公检法区块链电子存证协同办案平台、区块链在物电同源电子印章的应用保障等	电子证据、智能分析、在线争议解决	杭州安存网络科技有限公司	2008年	浙江杭州	To G、To B、To C、To L；将虚拟化的电子数据有效转化为电子证据，一键直通司法区块链、公证、仲裁、法院等多司法通道	3次；最新：2016年10月A+轮
19	赛尼尔法务智库	Legal Tech 2.0	面向大型企业法务部的法务管理智库	合规	北京赛尼尔风险管理科技有限公司	2008年	北京	To G、To B；围绕公司法务部的工作需求，开展课题研究、咨询、培训、信息资讯等专业服务	—

续表

序号	品牌	技术层次	法律科技产品/服务介绍	涉及中游产业链位置	运营主体	成立时间	总部所在城市	产业链下游覆盖领域;产品定位、标签	融资情况
20	效率源	Legal Tech 2.0	推出手机/监控视频/网络空间/数据库/计算机取证、数据恢复、现场勘验、数据分析等软硬件产品,形成完备的电子数据取证产品体系	电子证据	四川效率源信息安全技术股份有限公司	2008年	成都	To G, To B;为公安、纪委监委、部队、检察院、市场监管、消防、企业和个人等提供安全高效的解决方案	—
21	华恒信安	Legal Tech 2.0	业务涉及电子数据取证,研发了计算机取证产品与移动终端取证产品	电子证据	北京华恒信安科技有限公司	2008年	北京	To G, To B;仪器仪表和信息安全产品的系统集成服务商	—
22	易法通	Legal Tech 2.0	自主研发系列实用创新型人工智能法律信息数据库,如合同文本数据库、诉讼文书库、法律咨询实务数据库、企业规章制度数据库、智能合同审查系统等	市场平台、文档自动化	厦门易法通法务信息管理股份有限公司	2008年	福建厦门	To B;为中小微企业法律咨询、法务外包服务	3次;最新:2014年12月

续表

序号	品牌	技术层次	法律科技产品/服务介绍	涉及中游产业链位置	运营主体	成立时间	总部所在城市	产业链下游覆盖领域；产品定位、标签	融资情况
23	擎盾 Aegis	Legal Tech 3.0	为公检法司客户提供智能化解决方案，为律所提供一体化数智化法律产品方案，并为企业合规和法律服务提供目研"小法智审"等产品	流程管理、智能分析	南京擎盾信息科技有限公司	2009年	江苏南京	To G, To B; 各级公检法司机构及企事业单位大数据智能分析的互联网信息服务商	4次；最新：2021年2月 C轮
24	找大状	Legal Tech 3.0	采用"人工智能＋互联网＋法务"的运作模式，为中小企业客户提供优质高效的全方位法律产品和服务	市场平台	深圳市找大状法务科技有限公司	2009年	广东深圳	To B, To C; 平台拥有高标准法务服务体系，法务团队实时在线，为中小企业客户提供优质高效的全方位法律产品和服务	2次；最新：2017年7月 A轮

续表

序号	品牌	技术层次	法律科技产品/服务介绍	涉及中游产业链位置	运营主体	成立时间	总部所在城市	产业链下游覆盖领域；产品定位、标签	融资情况
25	点睛网	Legal Tech 1.0	通过建立在线法律教育的专业网站，为用户提供专业法律教师资源、法律课程在线直播、课程视频学习等服务	在线法律教育	北京点睛快乐教育科技有限公司	2009年	北京	To L；法律教育技术服务和法律AI应用科技公司，为司法行政、律师、公证、司法行业、基层法律工作者、律所在线培训、智能法律咨询等提供技术和内容服务	1次；最新：2016年7月天使轮
26	方圆众合	Legal Tech 1.0	设有国家统一法律职业资格考试、法律硕士考研、法律实务培训和法律图书发行四大核心业务。已发布众合在线App、竹马App等在线法律教育平台	在线法律教育	北京方圆众合教育科技有限公司	2009年	北京	To C；全国性的国家司法考试教育培训机构，众合在线App定位法律学习一站式平台，为有志于从事中国法律职业的人员提供高度一体化水平的培训服务	1次；最新：2017年8月A轮

续表

序号	品牌	技术层次	法律科技产品/服务介绍	涉及中游产业链位置	运营主体	成立时间	总部所在城市	产业链下游覆盖领域；产品定位、标签	融资情况
27	拓界	Legal Tech 2.0	"电子数据取证解决方案"，业务范围涵盖信息安全产品研发、综合电子取证产品研发与技术培训、保密检测与培训、司法鉴定与数据恢复、实验室建设与认证认可服务等方面	电子证据	南京拓界信息技术有限公司	2009年	江苏南京	To G, To B；面向政府部门和中小型企业、专门针对计算机取证、网络取证、文档防护等方面进行产品的研发以及反销售	—
28	法律快车	Legal Tech 1.0	提供在线法律咨询、找律师等"一站式"法律服务	市场平台	广州网律互联网科技有限公司	2010年	广东广州	To C, To L；以最贴近用户的互联网方式、最先进的营销管理手段、帮助律师突破传统接案局限，与法律需求者、网络当事人近距离互动	—

续表

序号	品牌	技术层次	法律科技产品/服务介绍	涉及中游产业链位置	运营主体	成立时间	总部所在城市	产业链下游覆盖领域；产品定位、标签	融资情况
29	跨盈指数	Legal Tech 2.0	自主研发的iSupport数字化全栈平台为多功能一体化企业微信私域营销平台，通过搭建企业微信私域营销合木同运营场景，赋能律所获取外部公共案源，搭建内容资源中心，提高品牌信任、活动运营效率	智能分析	上海跨盈信息技术有限公司	2011年	上海	To B；覆盖管理咨询、法务服务、人力资源服务、信息技术服务、财税服务等多个专业服务行业细分领域提供服务	—
30	多问	Legal Tech 1.0	快速高效的法律咨询服务平台，律师一站式移动办公平台	市场平台	广州法度信息科技有限公司	2011年	广东广州	To C, To L; "互联网+" 法律领域的创业公司	1次；最新：2016年1月天使轮
31	汇法网	Legal Tech 1.0	国内大型法律资讯信息网站，提供数据查询，帮助用户找到律师、企业、公共需求为中心搭建互联网和无线网上法律服务平台	市场平台	北京汇法正信科技有限公司	2011年	北京	To B, To C, To L；针对法律行业进行深入的研究，以资深金融行业的风险控制信息系统，面向大众的法律网站	1次；最新：2017年1月天使轮

续表

序号	品牌	技术层次	法律科技产品/服务介绍	涉及中游产业链位置	运营主体	成立时间	总部所在城市	产业链下游覆盖领域；产品定位、标签	融资情况
32	法信公证云	Legal Tech 2.0	通过云计算技术实现跨平台数据同步，开发出相应的网络应用产品，如公证云在线公证平台、公证办证系统、公证在线受理平台、电子数据公证保管平台等	流程管理、电子证据	法信公证云（厦门）科技有限公司	2012年	福建厦门	To C；公证信息化应用和知识服务领域的创新型企业，为客户提供个性化的软件产品与系统解决方案	1次；最新：2021年10月战略融资
33	律兜	Legal Tech 2.0	（1）智慧法务：互联网无人律所、村居法网助手、省级法务网运营、共法律服务大数据等；（2）企业云法务：会员制服务、云端法务部等	市场平台、智能分析	无锡中铠信息咨询服务有限公司	2012年	江苏无锡	To G、To B、To C、To L；面向个人用户的律兜系列服务产品；面向企业用户的企业云法务、企业法律风险在线检测系统等服务产品；面向政府部门的互联网无人律所、村居法务助手等服务产品	3次；最新：2022年11月A+轮

续表

序号	品牌	技术层次	法律科技产品/服务介绍	涉及中游产业链位置	运营主体	成立时间	总部所在城市	产业链下游覆盖领域；产品定位、标签	融资情况
34	绿狗网	Legal Tech 1.0	提供工商注册、涉外服务、财税社保、海南产品、法律服务、商标版权专利六大板块业务	市场平台	北京市律购信息技术有限责任公司	2012年	北京	To B；互联网创新法律工序平台	2次；最新：2013年8月A轮
35	杭州平航	Legal Tech 2.0	产品涉及智能手机取证等应用	电子证据	杭州平航科技有限公司	2012年	浙江杭州	To G；一家专注于电子取证产品和解决方案的高新技术企业。致力于为公安、检察、工商、海关、纪委等执法机构提供优质的产品和服务	—
36	大连睿海	Legal Tech 2.0	由始创于1994年的大连东海通讯技术有限公司全资设立的，专门面向电子物证取证及安全审计领域的专业公司。致力于移动通信终端检测、取证、分析、维修设备研发和相关软件开发集成	电子证据	大连睿海信息科技有限公司	2012年	辽宁大连	To G；专门面向电子物证取证及安全审计领域的专业公司	—

续表

序号	品牌	技术层次	法律科技产品/服务介绍	涉及中游产业链位置	运营主体	成立时间	总部所在城市	产业链下游覆盖领域；产品定位、标签	融资情况
37	彩虹律师	Legal Tech 1.0	法律咨询、合同审写、合同管理、法律风控、诉讼仲裁、知识产权等企业法务事务	市场平台	上海九加信息科技有限公司	2013年	上海	To B, To L；中小企业的法务部，彩虹SaaS平台为企业管理法务事务提供服务。提供企业法务顾问、商标注册、劳动仲裁、合同起草、商务陪同、法律咨询、期权股权顾问、企业内部培训等服务	2次；最新：2017年5月天使轮
38	赢了网	Legal Tech 3.0	包括业务增长、品牌打造、律师管理、案件协作等一系列数字化产品，致力于帮助律师、律师所进行数字化转型	市场平台（律师案源平台）、流程管理（律师管理工具）	上海法和信息科技有限公司	2013年	上海	To L；围绕律师、律师团队和律师所提供用户获取、效率提升、流量增长等方面闭环的数字化解决方案	2次；最新：2016年3月B轮

续表

序号	品牌	技术层次	法律科技产品/服务介绍	涉及中游产业链位置	运营主体	成立时间	总部所在城市	产业链下游覆盖领域；产品定位、标签	融资情况
39	安盾网	Legal Tech 3.0	依托大数据、区块链、人工智能等先进技术，对侵权行为进行智能监控、精准溯源、实时取证	流程管理、电子证据、智能分析	深圳市安盾知识产权服务有限公司	2013年	广东深圳	To B；定位知识产权服务产业互联网平台，提供反侵权假冒服务，融合了知识产权、法律、咨询调查、信息技术等专业服务领域	3次；最新：2021年9月 B轮
40	厚大法考	Legal Tech 1.0	发布厚大法考、厚大法硕、厚大爱题库、厚大律学等数款法律教育App，全面覆盖法考教育全品类类目	在线法律教育	北京厚大轩成教育科技股份公司	2013年	北京	To C；以法律行业人才培训为主导的教育培训机构，从事司法考试培训、律师、法硕培训咨询服务	新三板挂牌
41	万国	Legal Tech 1.0	产品深蓝法考App定位法律职业资格考试备考"一站式"服务平台	在线法律教育	北京万国易源咨询有限责任公司	2013年	北京	To C；提供包括配套学习课程、模拟考试、随堂测试等完整解决方案	—

续表

序号	品牌	技术层次	法律科技产品/服务介绍	涉及中游产业链位置	运营主体	成立时间	总部所在城市	产业链下游覆盖领域；产品定位、标签	融资情况
42	智合	Legal Tech 3.0	通过"智合"这两大品牌向法律服务机构及行业人士及品牌提供专业人领先的智库研究、品牌增信、继续教育、法律AI等，向企业提供与合业合规、ESG可持续发展相关的产品和服务	在线法律教育、法律研究、智能分析	上海之合网络科技有限公司	2014年	上海	To L, To B; 法律科技、教育及信息服务提供商	2次；最新：2017年2月Pre-A轮
43	快法务	Legal Tech 1.0	提供注册公司、财税记账、商标知产、高新资质、社保人事、专业律师服务	市场平台、文档自动化	北京快又好信息技术有限责任公司	2014年	北京	To B, To L; 为中小微创业者提供高品质的创业法律服务	3次；最新：2017年2月B+轮
44	未来法律联盟（X LegalAlliance）	Legal Tech 2.0	提供新经济领域投融资、并购、股权期权、知识产权、劳动人事等多方面法律服务	市场平台、文档自动化	联众律商（北京）科技有限公司	2014年	北京	To B; 创业者身边的法律顾问	3次；最新：2018年11月A轮

续表

序号	品牌	技术层次	法律科技产品/服务介绍	涉及中游产业链位置	运营主体	成立时间	总部所在城市	产业链下游覆盖领域；产品定位、标签	融资情况
45	法大大	Legal Tech 2.0	主要产品能力及服务包括：电子签名和电子印章管理、合同模板创作和管理、合同或文件的多方协作签署、签署后的合同管理、合同智能审核及全链路存证出证服务等	文档自动化、电子证据	深圳法大大网络科技有限公司	2014年	广东深圳	To G、To B、To C；电子合同与电子签云服务平台，致力于为企业、政府和个人提供基于数字签名技术的电子合同和电子单据的在线协同签署及管理服务	7次；最新：2021年3月D轮
46	聚法科技	Legal Tech 3.0	案例法规大数据平台，相似案例检索系统、法律文书智能纠错系统、企业法律风险防控系统等可满足类案检索、文书纠错、精准量刑、司法数据分析、企业风险防控等需求	法律研究、电子证据、文档自动化	聚法科技（长春）有限公司	2014年	吉林长春	To G、To B、To L；基于法律大数据、人工智能的解决方案提供商，服务客户包括法院、检察院、法学院、司法行政机关、政府机关、律师律所、大型企业领域	1次；最新：2016年12月天使轮

续表

序号	品牌	技术层次	法律科技产品/服务介绍	涉及下游产业链位置	运营主体	成立时间	总部所在城市	产业链下游覆盖领域；产品定位、标签	融资情况
47	律大大	Legal Tech 2.0	电子合同模板+在线编辑、全流程电子合同开放平台、电子签名、云端法务、律师营销、律师工具法律资讯等于一体的律师O2O平台	市场平台、文档自动化	律大大网络（深圳）有限公司	2014年	广东深圳	To B、To C、To L；致力于为企业及个人提供更安全、高效的电子合同解决方案与服务，通过SaaS系统搭建起企业与客户、云端法务和顾问律师的协同工作平台	1次；最新：2014年12月天使轮
48	律品	Legal Tech 3.0	智能法律咨询机器人、文书智能生成、公共法律服务智能化解决方案、12348公共法律服务智能终端机	流程管理、法律研究、智能分析	律品汇（北京）有限公司	2014年	北京	ToG、ToC；专注于智能法律服务的科技公司，面向司法机关单位、社区便民服务中心等提供法律咨询系统接入与硬件设备，面向法律服务需求方提供律师、律所、法律法规、案例库查询	—

续表

序号	品牌	技术层次	法律科技产品/服务介绍	涉及中游产业链位置	运营主体	成立时间	总部所在城市	产业链下游覆盖领域；产品定位、标签	融资情况
49	律谷科技	Legal Tech 1.0	提供律师事务所信息化管理软件系列产品。（1）律师事务所网站建设；（2）律师事务所法律服务网络综合信息系统定制开发等	流程管理	上海律谷信息科技有限公司	2014年	上海	To L；中国法律服务业在线运营产品的技术服务供应商，专注于为法律服务行业提供管理软件定制开发及IT运维服务	—
50	律联科技	Legal Tech 1.0	律师事务所信息化管理解决方案、律师个人移动办公管理平台、云上智慧党建通讯录、司法解决方案、集团企业法律风险管控系统等；软件定制开发及外包、运维、培训服务	流程管理	浙江律联信息科技有限公司	2014年	浙江杭州	To B，To L；律师事务所管理软件公司，为律师提供程序、软件、平台等技术支持，为客户提供电子数据程序、托管平台等服务	—

续表

序号	品牌	技术层次	法律科技产品/服务介绍	涉及中游产业链位置	运营主体	成立时间	总部所在城市	产业链下游覆盖领域；产品定位、标签	融资情况
51	无讼	Legal Tech 3.0	应用大数据、人工智能和云计算技术，在法律服务和法律科技领域积极探索，打造出了多款法律行业热门的互联网科技产品，如无讼阅读App	市场平台、法律研究	无讼网络科技（北京）有限公司	2014年	北京	To B、To C、To L；致力于为企业及个人提供更安全、合规、高效的电子合同解决方案与服务，通过SaaS系统搭建起企业与客户、云端法务和顾问律师的协同工作平台	3次；最新：2022年8月股权融资
52	法律先生	Legal Tech 2.0	国际资源综合服务、涉外培训和国际交流所/团队品牌推广服务、领导力等赋能服务、律所投资服务等	在线法律教育	成都律云科技有限公司	2014年	四川成都	To G、To B；国内专业法律+互联网精英共同打造的全球法律服务协作平台，法律经济国际交流平台，涉外人才培训平台，以及法律行业的深度研究与传媒机构	—

续表

序号	品牌	技术层次	法律科技产品/服务介绍	涉及中游产业链位置	运营主体	成立时间	总部所在城市	产业链下游覆盖领域、产品定位、标签	融资情况
53	上上签	Legal Tech 2.0	为企业提供智能合同云服务，包括电子签名、合同全生命周期智能管理、AI合同等一体化电子签约解决方案	文档自动化（电子合同）	杭州尚尚签网络科技有限公司	2014年	浙江杭州	To B, To C; 专注企业电子签约SaaS服务，"一站式"解决签约问题	5次；最新：2018年8月C轮
54	权大师	Legal Tech 2.0	提供智能搜索、智能注册、监控、交易等全流程数据资源以及工具产品，同时还为用户提供高效的商标、专利、版权等全链条知识产权服务解决方案	法律研究、智能分析	北京梦知网科技有限公司	2014年	北京	To B; 互联网知识产权服务公司（互联网+知识产权垂直领域）	4次；最新：2021年6月B轮
55	杭州云嘉	Legal Tech 3.0	云平台、大数据、平台管控	流程管理、在线争议解决	杭州云嘉云计算有限公司	2014年	浙江杭州	To G; 法院信息化建设厂商	1次；最新：2015年3月天使轮

续表

序号	品牌	技术层次	法律科技产品/服务介绍	涉及中游产业链位置	运营主体	成立时间	总部所在城市	产业链下游覆盖领域；产品定位、标签	融资情况
56	奇安信	Legal Tech 2.0	开发有数字证据云服务系统（奇证云），集成了区块链技术的数据价值司法保护平台，依托奇安信整体安全能力和多年取证鉴定经验积累，提供"一站式"取证、存证、鉴证服务	电子证据	奇安信科技集团股份有限公司	2014年	北京	To G, To B；为政府、军队、企业、教育、金融等机构和组织提供企业级网络安全技术、产品和服务	2020年A股上市
57	智器云	Legal Tech 3.0	业务涉及网络取证、移动智能终端取证、恶意代码取证电子取证与大数据分析	电子证据、智能分析	智器云南京信息科技有限公司	2014年	江苏南京	To G, To B；提供大数据分析方案的公司，致力于物联网应用与大数据分析。主要业务包括物联网解决方案和大数据可视化分析解决方案	4次；最新：2021年7月B轮融资

续表

序号	品牌	技术层次	法律科技产品/服务介绍	涉及中游产业链位置	运营主体	成立时间	总部所在城市	产业链下游覆盖领域；产品定位、标签	融资情况
58	Alpha/iCourt	Legal Tech 3.0	提供法律人思维技能课程，以及集法律大数据、专业模板库、律所管理、案件管理、文档管理等工具于一体的法律智能操作系统	在线法律教育、流程管理	北京新橙科技有限公司	2015 年	北京	To L；推出 SCRM 数智化客户管理系统、OKR 目标管理系统等为法务人、律所提供数智化服务	—
59	法蝉	Legal Tech 3.0	进行法律人工智能技术服务及法律大数据研发，推出智能法律机器人、法律智能 SaaS 系统与服务的团队	流程管理、文档自动化、法律研究、智能分析	成都斯沃兹科技有限公司	2015 年	四川成都	To L；法蝉平台聚合律师的常用工具，创造性地将案例法视检索、工商大数据、合同数据库等进行了有效整合，从而辅助律师为客户提供高效的法律服务	4 次；最新：2022 年 10 月股权融资

续表

序号	品牌	技术层次	法律科技产品/服务介绍	涉及中游产业链位置	运营主体	成立时间	总部所在城市	产业链下游覆盖领域；产品定位、标签	融资情况
60	理脉	Legal Tech 3.0	SaaS系统服务和咨询服务搭建专业的商业管理解决方案平台	流程管理（企业管理平台）	北京公富信息技术有限公司	2015年	北京	To B；创造性地利用人工智能技术与专业知识资源，对中国法商及行业数据进行深度挖掘，通过数据分析输出知识成果，智囊团队的解决方案，满足专业人士在数据精准匹配、合规管理、风险管控、投资评估及战略决策等方面的需求	—
61	律图	Legal Tech 2.0	提供法律咨询与法律知识两项核心服务，通过律图、微信服务系统、微博等网络平台，满足公众与律师沟通、咨询、办案等方面的需求	市场平台（在线律师咨询平台）	成都律图科技有限公司	2015年	四川成都	To G、To C；与天府市民云战略联手，打造"问问律师"法律服务专区，致力于为用户提供法律问题咨询	—

续表

序号	品牌	技术层次	法律科技产品/服务介绍	涉及中游产业链位置	运营主体	成立时间	总部所在城市	产业链下游覆盖领域；产品定位、标签	融资情况
62	法天使	Legal Tech 2.0	合同数据库检索、合同库插件、合同助手、合同学院在线学习平台、线上合同实训营等服务	文档自动化、在线法律教育	法天使（北京）科技有限公司	2015年	北京	To B, To L；为中小企业提供合同文书拟订与审查服务	4次；最新：2019年5月 A轮
63	晓法AI	Legal Tech 3.0	智能法律尽调系统：一键收集公开信息。智能法务系统：一键生成风控报告	流程管理、智能分析	晓法网络科技（上海）有限公司	2015年	上海	To B, To L；助力律师/商管/政企/教育数字化转型，为法律行业提供企业、机构提供智能尽调系统、智能风控系统、劳动法合同生成器、智能匹配计师虚拟电调按时计费系统、智能外呼中心等	1次；最新：2017年3月 Pre-A轮

续表

序号	品牌	技术层次	法律科技产品/服务介绍	涉及中游产业链位置	运营主体	成立时间	总部所在城市	产业链下游覆盖领域；产品定位、标签	融资情况
64	律家保	Legal Tech 3.0	（1）法税服务：保险、银行等机构标配的法税咨询服务；（2）异诉通SaaS平台：全国异地查勘、办谈和诉讼服务平台；（3）法税讲座：提供各类法税专题讲座，提供保险商思维的培训产品等	法律研究、市场平台	上海律保科技有限公司	2015年	上海	To B、To C；联网法税科技平台，通过7×24小时呼叫中心、移动端网约抢单平台，AI智能问答系统，法律垂直领域大数据技术，让中国每个用户拥有专业、高效而贴心的私家律师、税务师	3次；最新：2023年6月B轮
65	赢火虫	Legal Tech 3.0	建立了债权监测、诊断、律师匹配、诉讼投资、案件执行、不良资产处置为一体的全周期服务体系等	市场平台、智能分析	赢火虫软件科技（上海）有限公司	2015年	上海	To B、To C；国内首批从事诉讼投资业务的法律产业互联网平台，结合"大数据+SaaS系统+人"的全栈服务体系，面向不同规模中国企业提供数字化法律风险防控服务	—

续表

序号	品牌	技术层次	法律科技产品/服务介绍	涉及中游产业链位置	运营主体	成立时间	总部所在城市	产业链下游覆盖领域；产品定位、标签	融资情况
66	LEX	Legal Tech 2.0	Lex法务工作平台：基于互联网为律师提供专业的办公管理软件和建站服务	流程管理	珠海横琴邻邦科技有限公司	2015年	广东珠海	To B、To L；专为律师个人、团队及律所设计"办公+营销"的智能系统	—
67	把手科技	Legal Tech 2.0	法律数据库、司法辅助工具、行政辅助应用、企业风控系统、公共法律服务	合规、法律研究	长春市把手科技有限公司	2015年	吉林长春	To G、To B；司法大数据研究服务提供商	1次；最新：2018年8月战略融资
68	道律信息	Legal Tech 2.0	形成"行政办公统一门户平台""互联网+党建平台""电子档案管理及应用系统""司法政务办公自动化平台""司法文书送达平台""审判综合服务平台"等多个覆盖行业专业业务的成熟产品	在线争端解决、智能分析	上海道律信息技术有限公司	2015年	上海	To G；法律服务行业产品的开发与运营企业	—

续表

序号	品牌	技术层次	法律科技产品/服务介绍	涉及中游产业链位置	运营主体	成立时间	总部所在城市	产业链下游覆盖领域；产品定位、标签	融资情况
69	法在	Legal Tech 2.0	产品覆盖劳动人事、知识产权、公司治理、合同管理、财务税务等	市场平台、文档自动化	杭州直捷科技有限公司	2015年	浙江杭州	To B；以共享经济为基础的"互联网+法律"平台	—
70	帮瀛网络	Legal Tech 1.0	从事民商事诉讼、行政诉讼、刑事诉讼、仲裁等重大纠纷解扶的成本投资、律师匹配、项目管理的整合型高品质法律服务	市场平台	帮瀛网络科技（北京）股份有限公司	2015年	北京	To B, To C；通过移动互联网平台为客户提供专业的法律产品和服务	1次；最新：2017年1月A轮
71	耶法网络	Legal Tech 2.0	提供危机处理、诉讼应对、行业风控、非诉服务等业务	市场平台	深圳市耶法网络科技有限公司	2015年	广东深圳	To B；垂直于互联网行业的SaaS平台，为互联网企业提供法律服务	3次；最新：2017年8月A轮
72	人人法	Legal Tech 2.0	在线自助填写生成合同、法律咨询、常年法律顾问、投融资法律服务、电子签署合同	文档自动化	北京人人法科技有限公司	2015年	北京	To B, To C；人人法是电子合同全生命周期管理平台，面向企业提供电子签署、合同管理和法律服务	1次；最新：2016年2月天使轮

续表

序号	品牌	技术层次	法律科技产品/服务介绍	涉及中游产业链位置	运营主体	成立时间	总部所在城市	产业链下游覆盖领域；产品定位、标签	融资情况
73	米律	Legal Tech 1.0	互联网企业法务外包平台，专门提供互联网创业法律支持，高效、精准和以合理价格的链接用户和专业律师	市场平台、文档自动化	米律（厦门）法务信息管理有限公司	2015年	北京	To C；专注为创业者提供自营法律服务平台之一，致力于为创业者提供专业法务公司	1次；最新：2015年7月天使轮
74	牛法网	Legal Tech 3.0	牛法的自然语言检索方案实现了法律检索机器人问答、合同智能审核、案例检索、证据识别定位	律师平台、文档自动化	深圳市牛法信息科技有限公司	2015年	广东深圳	To C；互联网法律平台	1次；最新：2015年5月天使轮
75	华宇元典	Legal Tech 3.0	一站式智能检索平台、智慧法务管理平台、合规体系研判辅助系统、案情研判辅助分析、裁判规律分析、文书自动生成、量刑辅助分析、案件可视化分析、类案精准推荐等智能化服务	法律研究、流程管理、文档自动化、电子证据、智能分析、在线争议解决、合规	北京华宇元典信息服务有限公司	2016年	北京	To G、To B、To C、To L；法律人工智能的探索者和智能的法律服务解决方案提供商，覆盖法院、检察院、司法行政、政法委、纪检监察、公安等法律机关以及律师、公司法务等商业法律服务领域的法律服务生态	上市企业分公司

续表

序号	品牌	技术层次	法律科技产品/服务介绍	涉及中游产业链位置	运营主体	成立时间	总部所在城市	产业链下游覆盖领域；产品定位；标签	融资情况
76	易参	Legal Tech 3.0	基于SaaS的"一站式"股权激励及管理服务平台，为上市前后各阶段企业提供"一站式"股权解决方案及SaaS管理。目前基于股权激励、扩展企业对股权服务的上下游服务，为律师服务的替代产品	市场平台（股权激励及管理服务平台）	北京果蝠科技有限公司	2016年	北京	To B；为企业提供股权咨询、inX系统等一站式股权管理解决方案	5次；最新：2022年5月股权融资
77	小包公·法律AI	Legal Tech 3.0	机构/企业合规管理、智能法务工具、司法大数据检索、智慧司法、智能量刑预测、大数据法律监督平台	法律研究、智能分析、文档自动化、电子证据、合规	广东博维创远科技有限公司	2016年	广东佛山	To G, To B, To C, To L；为检法单位提供数字法治建设服务，为企业提供法律SaaS服务，为律师提供智能办案服务，为高校法律研究提供大数据分析服务，为群众提供学法普法服务	—

续表

序号	品牌	技术层次	法律科技产品/服务介绍	涉及中游产业链位置	运营主体	成立时间	总部所在城市	产业链下游覆盖领域；产品定位、标签	融资情况
78	法狗狗	Legal Tech 3.0	智能文档比对、审阅、纠错系统、智能对话系统、法律大数据分析系统、基于5000万份文书、帮助用户一键生成多维度的深度分析报告	文档自动化、电子证据、智能分析	法狗狗（深圳）科技有限公司	2016年	广东深圳	To G、To B、To L；帮助政府及企业在信息化、智能化改革过程中获得优质稳定的技术服务支持	2次；最新：2017年9月Pre-A轮
79	信任度	Legal Tech 2.0	电子证据管理系统、电子律师函系统、数据共享交换系统、TDChain区块链系统、司法生态链；法院诉源治理、知识产权保护、司法局行业监管、企业法务中台、检察院公益诉讼、金融纠纷司法处置、公检法司数据交换、行业数据共享交换等	流程管理、电子证据	北京信任度科技有限公司	2016年	北京	To G、To B；数权经济司法服务提供商，北京互联网法院、广州互联网法院区块链电子证据平台的建设方，面向广大律师、公司法务提供的专业电子司法函件系统、企业法务中台等	4次；最新：2021年12月A+轮

续表

序号	品牌	技术层次	法律科技产品/服务介绍	涉及中游产业链位置	运营主体	成立时间	总部所在城市	产业链下游覆盖领域；产品定位、标签	融资情况
80	趣链科技	Legal Tech 2.0	专注于区块链技术产品与应用解决方案，核心产品包括国际领先的联盟区块链底层平台、自主研发的链原生数据协作平台 BitXMesh、区块链跨链技术平台 BitXHub，以及一站式区块链开放服务 BaaS 平台飞洛	流程管理、文档自动化、电子证据	杭州趣链科技有限公司	2016年	浙江杭州	To G、To B; 企业级区块链技术服务商，数字司法: 电子档案、非羁押人员管理、大数据法律监督平台、公检法司联盟链	4次；最新：2021年4月 C轮
81	金助理	Legal Tech 2.0	产品包括金助理 SaaS 平台、规范化管理、精准财务结算、多维度统计分析等	流程管理、文档自动化	知律科技（深圳）有限公司	2016年	广东深圳	To L; 致力于为国内各大律师事务所提供专业的律所管理系统，打通律所内部业务、认识、行政和财务流程	—

续表

序号	品牌	技术层次	法律科技产品/服务介绍	涉及中游产业链位置	运营主体	成立时间	总部所在城市	产业链下游覆盖领域、产品定位、标签	融资情况
82	数泰科技	Legal Tech 2.0	（1）产品：区块链商业化平台（保全网）等；（2）解决方案：区块链+司法解决方案、区块链+知识产权解决方案、区块链+政务解决方案等	电子证据	浙江数泰科技有限公司	2016年	浙江杭州	To G、To B；全流程可信数据技术与运营服务商	4次；最新：2021年5月A轮
83	华律集团	Legal Tech 1.0	为客户提供完善的品牌保护战略、在线下产权保护和线上产权推广，以及产权价值提升等各方面进行整合服务	在线法律教育	广东华律知识产权服务有限责任公司	2016年	广东广州	To B；主要运营企业商标、专利、版权、品牌推广等业务，致力于推进中国企业品牌发展	—
84	法律快车	Legal Tech 1.0	律邦诉讼助手App：优质第三方法律资助平台	市场平台	云南律邦经济信息咨询有限公司	2016年	云南昆明	To C、To L；以庞大数据与"互联网+"为支持，为案件的诊断、诉讼、执行、债权收购等提供数据支持服务，对当事人提供"一站式"案件进行资助。为当事人提供"一站式"诉讼服务，实现先赢官司，回款付费	—

续表

序号	品牌	技术层次	法律科技产品/服务介绍	涉及中游产业链位置	运营主体	成立时间	总部所在城市	产业链下游覆盖领域；产品定位、标签	融资情况
85	庭立方	Legal Tech 3.0	庭立方法律：智能办案系统市场平台、培训学院市场平台、数字图书馆市场平台	市场平台、法律研究、智能分析	成都庭立方法律咨询有限责任公司	2016年	四川成都	To B、To C、To L；致力于为客户提供刑事法律咨询，为刑事律师（团队）提供连接和赋能的全国刑事市场平台网站	—
86	律者	Legal Tech 2.0	包括律者 OA、律者 CRM、律者项目管理、律者 HRM、律者知识库、律者云会客等应用	流程管理	成都中企法顾科技有限公司	2016年	四川成都	To L；律所全面数字化管理系统	—
87	律视文化	Legal Tech 1.0	律视：由各领域的专业律师为需求用户服务的法律平台	市场平台、在线法律教育平台	北京律视文化传播有限公司	2016年	北京	To G、To C；"短视频+普法"运营模式的互联网法律服务提供商	—
88	君子签	Legal Tech 3.0	标准 SaaS、行业定制系统、Open AI、混合云服务等	文档自动化	重庆君子签科技有限公司	2016年	重庆	To G、To B；电子签名平台	1次；最新：2014年3月天使轮

续表

序号	品牌	技术层次	法律科技产品/服务介绍	涉及中游产业链位置	运营主体	成立时间	总部所在城市	产业链下游覆盖领域；产品定位、标签	融资情况
89	律途科技	Legal Tech 2.0	产品包包括律师镖局、智慧律管、律师地图	流程管理	杭州律途科技有限公司	2016年	浙江杭州	To L；专注于律师行业的软件系统（律师/律所管理）	—
90	契约锁	Legal Tech 2.0	数字身份、电子签章、印章管控、数据存证、安全合规	合规、电子证据、文档自动化	上海亘岩网络科技有限公司	2016年	上海	To B；安全有效的电子合同签署云平台	1次；最新：2016年10月天使轮
91	瑞达法考	Legal Tech 1.0	旗下拥有瑞达e学线上直播互动服务课堂，是专注于法律职业资格考试培训的在线网络课程	在线法律教育	北京瑞达成泰教育科技有限公司	2016年	北京	To C；专业从事国家法律职业资格考试、全国法律硕士联考的教育培训机构	3次；最新：2019年5月
92	觉晓法考	Legal Tech 3.0	发布觉晓法考App，PC网页端，iPad版本，推出了主观题AI智能批改，可以通过AI（自然语言NLP）识别考生答案，批改成绩，上线主观题法条系统，AI批改和法条查询系统	智能分析、在线法律教育	重庆觉晓科技有限公司	2016年	重庆	To C；从事法律类教育考试培训业务，包括司法考试培训、法律硕士考试培训、公务员考试培训等	—

续表

序号	品牌	技术层次	法律科技产品/服务介绍	涉及中游产业链位置	运营主体	成立时间	总部所在城市	产业链下游覆盖领域;产品定位、标签	融资情况
93	天宇宁达	Legal Tech 2.0	电子数据取证产品的研发、培训、咨询顾问及产品销售服务	电子证据	武汉云迹科技有限公司	2016年	湖北武汉	To G, To B; 以数据恢复与取证技术研发为核心业务的企业	—
94	兴百邦	Legal Tech 2.0	多通道高速免拆机取证系统——取证前锋、计算机取证分析软件——取证神探、仿影动态仿真取证软件、图像内容智能分析系统、超级取证塔、便携式取证机（Forensic Mini）等	电子证据	厦门市兴百邦科技有限公司	2016年	福建厦门	To G, To B; 电子数据取证解决方案提供商及服务商	—
95	幂律智能	Legal Tech 3.0	基于自然语言处理、数据挖掘等技术，提供智能合同审查、合同全生命周期管理系统和法律咨询等产品和服务	文档自动化、电子证据、智能分析	北京幂律智能科技有限责任公司	2017年	北京	To B, To L; 专注于法律领域的初创型人工智能公司，致力于提高法律从业者工作效率，让大众享受更加智能、便捷、低成本的法律服务	5次；最新：2023年12月Pre-B轮

续表

序号	品牌	技术层次	法律科技产品/服务介绍	涉及中游产业链位置	运营主体	成立时间	总部所在城市	产业链下游覆盖领域；产品定位、标签	融资情况
96	想问律师	Legal Tech 1.0	想问律师：法律咨询软件、胜诉法律咨询软件	在线律师咨询平台	杭州享律科技有限公司	2017年	浙江杭州	To C；互联网+法律科技公司	—
97	智法智调	Legal Tech 1.0	整合运用科技、大数据、知识工程等数字化手段，为客户提供智能化调解产品与服务	在线争议解决	上海智法网络科技有限公司	2017年	上海	To G；主要客户群体是人民法院，司法局，人民法院立案庭进行诉前服务辅助工作，包括但不限于送达业务，调解业务，诉服外包等业务	—
98	WeLegal法盟	Legal Tech 2.0	核心业务包括行业会议、专题研讨会、媒体、名企法务部走访、法商培训以及人才服务	法律研究、在线法律教育	上海法培网络科技有限公司	2017年	上海	To B；针对重点法律领域进行法律研究和法律分析，参与立法立规推动，旨在为法律界营造更好的营商环境，为全体法律人提供有力的法律知识支持	—

续表

序号	品牌	技术层次	法律科技产品/服务介绍	涉及中游产业链位置	运营主体	成立时间	总部所在城市	产业链下游覆盖领域；产品定位、标签	融资情况
99	律蛙科技	Legal Tech 3.0	智慧司法公共法律服务平台建设运营、智慧法院要素式审判——智能文书	智能分析	成都律蛙科技有限公司	2017年	四川成都	To G; 专注于智慧司法公共法律服务平台建设运营、智慧法院要素式审判——智能文书为主要产品的科技公司	—
100	LEX法律科技	Legal Tech 1.0	在线法律助手、合同文书服务、诉讼服务等	市场平台、文档自动化	湖南律豆网络科技有限公司	2017年	湖南长沙	To G、To B、To C、To L; 致力于改造法律服务生态圈的平台类技术公司	—
101	律呗	Legal Tech 3.0	"律呗"软件：集律所管理、法律大数据和专业法律应用于一体，将可视化、大数据和人工智能三大前沿技术融入每一个模块	文档自动化	南京法奔信息科技有限公司	2017年	江苏南京	To L; 律师办案管理系统软件	—

续表

序号	品牌	技术层次	法律科技产品/服务介绍	涉及中游产业链位置	运营主体	成立时间	总部所在城市	产业链下游覆盖领域；产品定位、标签	融资情况
102	中经天平	Legal Tech 3.0	司法电子证据云平台：专注于国家法治建设与信息化建设领域的产品研发	电子证据、企业合规	北京中经天平科技有限公司	2017年	北京	To G；国家法治建设与信息化建设领域的产品研发	—
103	慧狮科技	Legal Tech 3.0	危机处理，诉讼应对，行业风控，非诉服务	市场平台、企业合规	广州慧狮信息科技有限公司	2017年	广东广州	To B；专注"TMT行业领域"，致力于打造精品法务	1次；最新：2017年6月天使轮
104	股加加	Legal Tech 2.0	股加加智能一体化股权激励平台涵盖股权期权信息管理、在线建立股权激励计划、方案定制、在线授予、电子签章、成熟剥离管理、行权回购、股权转让等多个方面	市场平台、文档自动化	苏州墨腾智能科技有限公司	2017年	江苏苏州	To B；致力于为企业提供股权激励解决方案及智能化股权管理	2次；最新：2019年10月
105	上海臻相	Legal Tech 2.0	博智安全控股子公司，是一家专业从事电子数据取证工具自主研发和技术支持服务的高科技软件企业	电子证据	上海臻相软件科技有限公司	2017年	上海	To G；主要客户群体来自公安、检察、保密、税务、工商、海关等各级执法机关	—

续表

序号	品牌	技术层次	法律科技产品/服务介绍	涉及中游产业链位置	运营主体	成立时间	总部所在城市	产业链下游覆盖领域；产品定位、标签	融资情况
106	苏州龙信	Legal Tech 2.0	核心业务主要涵盖取证工具研发、大数据融合分析、案件技术支持、取证能力培训等，先后为执法部门提供了一系列先进的电子数据取证和大数据分析等产品	电子证据	苏州龙信信息科技有限公司	2017年	江苏苏州	To G；信息安全服务商，专注于电子数据取证、大数据、信息安全等领域	—
107	秘塔	Legal Tech 3.0	在智能法检索、多语种法律文件翻译等方向上进行技术研发和产品落地，如AI翻译、文档辅助创作、智能合同、智能法律检索	法律研究、文档自动化、电子证据、智能分析	上海秘塔网络科技有限公司	2018年	上海	To L；法律人工智能领域的一家新锐科技公司，致力于运用人工智能技术为法律人打造得心应手的生产工具，大幅提升法律行业工作效率	2次；最新：2021年5月Pre-A轮

续表

序号	品牌	技术层次	产品/服务介绍	法律科技产品/服务介绍	涉及中游产业链位置	运营主体	成立时间	总部所在城市	产业链下游覆盖领域；产品定位、标签	融资情况
108	共道科技	Legal Tech 3.0	通过应用区块链、大数据、知识图谱、云计算、人工智能等前沿技术提供智慧法院、数字监管、企业智能法务系统、司法基础设施服务	流程管理、文档自动化、在线争议解决	共道网络科技有限公司	2018年	浙江杭州	To G, To B, To C；专业法律科技服务商，为法院、市场监督管理局等司法机关、行政机关以及各类企业提供专业的数智化解决方案，进而通过"技术+服务"的方式为需求侧（To B/C）提供高效、便捷、低成本的法律服务	—
109	得理	Legal Tech 3.0	律师智能云办公平台、智能检索系统、法律智能顾问、企业法务数字化转型	市场平台、流程管理、文档自动化、法律研究、智能分析	深圳得理科技有限公司	2018年	广东深圳	To G, To B, To C, To L；注研发法律人工智能的新兴科技公司，提供文档办同、知识共享、任务分发、智能法律咨询、合同文本智能审查、合同全生命周期智能管理、企业智能合规、律师智能匹配等服务	—

续表

序号	品牌	技术层次	法律科技产品/服务介绍	涉及中游产业链位置	运营主体	成立时间	总部所在城市	产业链下游覆盖领域；产品定位、标签	融资情况
110	快问律师	Legal Tech 1.0	在线律师咨询平台	市场平台	简诉（深圳）法务集团有限公司	2018年	广东深圳	To B, To C, To L; 致力于中小企业法律服务的公司，专注于法律顾问服务	—
111	海蜂法务	Legal Tech 2.0	推出面向中小型企业的"共享法务部"产品和面向中大型企业的"智能合规引擎"产品，均以SaaS模式收费	流程管理、合规	海蜂坤行（厦门）法务信息管理有限公司	2018年	福建厦门	To B; 数字化企业合规与法律风控服务商，为企业提供科技加持的高端常年法律顾问服务	1次；最新：2021年8月Pre-A轮
112	知呱呱	Legal Tech 3.0	依托人工智能、大数据等技术手段，提供智能检索、智能管理、知产交易、研发导航、侵权预警分析、分析等知识产权产品和服务	流程管理、法律研究、智能分析	知呱呱科技有限公司	2018年	北京	To G, To B; 知识产权大数据整体解决方案提供商，为企业、高校、科研院所、政府等用户提供知识产权全生命周期的智能化工具和专业服务	—

续表

序号	品牌	技术层次	法律科技产品/服务介绍	涉及中游产业链位置	运营主体	成立时间	总部所在城市	产业链下游覆盖领域；产品定位、标签	融资情况
113	摩知轮	Legal Tech 3.0	AI可视化商标大数据专业检索及智能分析平台、智能商标管理SaaS系统	流程管理、法律研究、智能分析	北京摩知轮科技有限公司	2018年	北京	To B、To L；商标品牌大数据AI智能检索和管理SaaS系统提供商，致力于为广大商标代理机构及企业，提供更专业的信息服务，打造"一站式"、全流程、自动化的管理软件	—
114	丁丁律师	Legal Tech 1.0	找律师、预约律师、打官司、代写文书、代发律师函、诉讼保全保险、合同下载、律师费计算器、诉讼费计算器、法律援助等功能	市场平台	爱法（北京）信息技术有限公司	2018年	北京	To B、To L；免费法律咨询、律师电话咨询、案件委托、提供律师费、诉讼费计算器等多种法律工具类服务，申请法律援助与政府合作，设立在线申请、受理平台	1次；最新：2017年3月天使轮

续表

序号	品牌	技术层次	法律科技产品/服务介绍	涉及中游产业链位置	运营主体	成立时间	总部所在城市	产业链下游覆盖领域；产品定位、标签	融资情况
115	债主帮	Legal Tech 2.0	AI律师函、律师办案、免费案件评估、数字化逾期通知系统、大数据优选办案律师、外部信控大数据、对内部信息系统、逾期风险决策系统、案件线上管理系统	合规	上海诚收信息科技有限公司	2018年	上海	To B；线上及线下法催服务均采用以债务人为中心、数据驱动的方式，帮助用户获得快速回款，有效改善现金流。始终致力于为用户提供专业、便捷、高效、合规、平价的"一站式"法催解决方案	—
116	共律科技	Legal Tech 3.0	智慧律所管理系统：律师办案管理信息化、律师服务线上化、AI律所智能管理等	市场平台、流程管理	南京共律科技有限公司	2018年	江苏南京	法律人工智能技术与保险领域深度结合的研发与应用	2次；最新：2022年8月Pre-A轮
117	律回网	Legal Tech 3.0	涉外法律咨询、涉外律师函、涉外合同服务等	市场平台、在线法律教育平台	江苏律回网络技术有限公司	2018年	江苏南京	To C、To L；法律服务平台	—

续表

序号	品牌	技术层次	法律科技产品/服务介绍	涉及中游产业链位置	运营主体	成立时间	总部所在城市	产业链下游覆盖领域；产品定位、标签	融资情况
118	法询科技	Legal Tech 2.0	依托 App、H5 微信公众号为中国金融行业提供培训及信息咨询服务	智能分析、法律研究	深圳法询科技信息有限公司	2018年	广东深圳	To B；专业提供金融监管政策咨询的研究型机构	—
119	识度科技	Legal Tech 3.0	"度蓝"法律服务机器人、公共法律服务自助机、"度蓝"在线法律咨询、法律服务数据分析平台	智能分析	杭州识度科技有限公司	2018年	浙江杭州	To G、To B、To L；智慧法律服务平台和解决方案提供商	—
120	艾特律宝	Legal Tech 2.0	大数据检索、文档自动生成与团队协同、律所组织赋能等	智能分析	苏州艾特律宝智能科技有限公司	2018年	江苏苏州	To L；打造法律服务垂直领域集成律所协同办公＋律师作业的"一站式"数字化智能工作平台	1次；最新：2022年5月战略融资

续表

序号	品牌	技术层次	法律科技产品/服务介绍	涉及中游产业链位置	运营主体	成立时间	总部所在城市	产业链下游覆盖领域；产品定位、标签	融资情况
121	志岩软件	Legal Tech 2.0	提供相关行业电子数据采集、处理；应用及检验鉴定流程管理等相关领域的整体解决方案	电子证据	志岩软件（北京）有限公司	2018年	北京	To G；致力于公安、纪委监委、检察、安全等政府部门电子数据实验室建设、实验室检验鉴定业务流程管理、大数据综合分析等业务领域	—
122	亿律	Legal Tech 3.0	开发有亿律App法律咨询平台，已建律师库、法规库、案例库、法律咨询库、区块链遗嘱库等，开发了智能矛盾调解ODR和智能法律机器人等主要产品	市场平台、文档自动化、智能分析	亿律科技集团有限公司	2018年	浙江杭州	To B，To C；创新型现代法律科技企业，致力于法律内容数字化和场景化应用	—

续表

序号	品牌	技术层次	法律科技产品/服务介绍	涉及中游产业链位置	运营主体	成立时间	总部所在城市	产业链下游覆盖领域；产品定位、标签	融资情况
123	LS路先生	Legal Tech 1.0	致力于解决中小企业经营过程中遇到的法律风险、员工风险等法务事务	市场平台	山西亿动法律科技集团有限公司	2018年	山西太原	To B；企业的在线法务部	—
124	人人律	Legal Tech 3.0	政府公共法律服务、普法在线教育、律师律所服务、企业法律服务、公民法律服务	流程管理、智能分析、在线法律教育	北京人人律智能大数据科技有限公司（北京法宣在线科技有限公司）	2018年（2013年）	北京	To G、To B、To C、To L；专注服务于司法行政工作和公共法律服务体系建设的科技公司，向客户提供法律培训服务、法律咨询服务、法律普及服务和法律考试等服务等	—
125	中国法律服务网	Legal Tech 3.0	政府网站，提供民事、刑事、行政的法律咨询	市场平台（法律咨询平台）	中华人民共和国司法部	2018年上线	北京	To G、To B、To C、To L；提供法律法规、法律职业资格、法律援助、法律刑事、法律公证等服务内容	—

续表

序号	品牌	技术层次	法律科技产品/服务介绍	涉及中游产业链位置	运营主体	成立时间	总部所在城市	产业链下游覆盖领域；产品定位、标签	融资情况
126	法姥姥	Legal Tech 3.0	法姥姥App：全球智慧法律服务平台	在线律师咨询平台	杭州律享互联网科技有限公司	2019年	浙江杭州	To B；智慧法律服务平台公司	—
127	破易云	Legal Tech 1.0	产品包括破产数字化协作平台、破产办案一体化工作平台、破易通	流程管理	坚持一下科技（重庆）有限公司	2019年	重庆	To L；破产生态链的数字化服务商，为破产管理人打造的办案管理系统	2次；最新：2021年11月天使轮
128	法保网	Legal Tech 3.0	法保网、在线法律咨询、合同定制、合同审核、电子签章、企业圈等	法律研究、合规、文档自动化	浙江法之道信息技术有限公司	2019年	浙江杭州	To B, To C；通过引入人工智能、大数据等前沿科技，促进企业服务转型，扩大服务发展。以"互联网+法律"为接入点，结合第三方服务，全方位、多方面解决不同层次的企业服务需求	2次；最新：2021年12月A轮

续表

序号	品牌	技术层次	法律科技产品/服务介绍	涉及中游产业链位置	运营主体	成立时间	总部所在城市	产业链下游覆盖领域；产品定位、标签	融资情况
129	企慧网	Legal Tech 1.0	全国性企业服务B2B"一站式"聚焦工商财税、知识产权、法律、金融等企业服务	市场平台	安徽神州企慧科技有限公司	2019年	安徽合肥	To B、To C、To L；全国性企业服务B2B"一站式"平台，核心业务聚焦工商财税、知识产权、法律、金融等企业服务，为中小企业提供品牌赋能、订单赋能及业务转化赋能等	—
130	律职welegal	Legal Tech 1.0	致力于拓展人才战略规划、人才发展计划、人才精准推荐以及灵活外包服务的一站式职业发展平台	市场平台	律钻（上海）网络信息科技有限公司	2019年	上海	To B、To L；为企业、律所定制多元化的法律人才外包解决方案；为法律人拓展更广阔的职业发展空间	—
131	律搜搜	Legal Tech 2.0	找律师、查律所、法律信息普及等	市场平台	深圳通法智能科技有限公司	2019年	广东深圳	To B、To C、To L；大数据＋人工智能的律师信用平台	—

续表

序号	品牌	技术层次	法律科技产品/服务介绍	涉及中游产业链位置	运营主体	成立时间	总部所在城市	产业链下游覆盖领域；产品定位、标签	融资情况
132	法捕快	Legal Tech 2.0	通过互联网科技连接司法资源与金融科技的包新型科技平台，专注于为金融服务提供牢靠的风险管理、高效的司法处置服务	在线争议解决、文档自动化	法捕快（北京）科技有限公司	2019年	北京	To G、To B；司法催收服务商	—
133	智法宝	Legal Tech 3.0	法律咨询、合同审核、合同拟订、案件解决、批量处理、线上签约、大课堂等	在线争议解决、文档自动化、在线法律教育	智法宝科技（深圳）有限公司	2019年	广东深圳	To B；智能法律服务提供商	—
134	海视网络	Legal Tech 3.0	金融类智能审判、司法区块链存证平台、金融纠纷调解平台、创新执行、证券期货纠纷智能化解平台等	合规、在线争议解决	深圳海视网络科技有限公司	2019年	广东深圳	To G、To B；基于AGI的法律应用平台	—
135	知法科技	Legal Tech 1.0	合同纠纷、刑事纠纷、经济纠纷、劳务纠纷等	市场平台	四川知法科技有限公司	2019年	四川成都	To B、To C、To L；法律服务App	—

续表

序号	品牌	技术层次	法律科技产品/服务介绍	涉及中游产业链位置	运营主体	成立时间	总部所在城市	产业链下游覆盖领域；产品定位、标签	融资情况
136	法友网络	Legal Tech 1.0	"法友生态软件系统"为法律行业提供"一站式"法律服务管理软件，为律师业务办理、团队协同作业、文书成果的共享、客户管理、律所管理和行业管理等提供有力的技术支撑	流程管理	上海法友网络科技有限公司	2019年	上海	To L, To C; 法律产品软件开发的高科技公司，针对律师/律所的业财一体化平台	—
137	摩达	Legal Tech 1.0	提供商事诉讼与仲裁、金融证券、企业破产、房地产与建设工程、税收、劳动人事等"非诉""诉讼"法律服务	市场平台	摩达法律科技（西安）有限公司	2019年	陕西西安	To B, To C; 创建摩达法律策略研究院，摩达法律事务所，摩达法律科技有限公司。摩达联合体以"一体三维多元化"模式提供为客户提供创新型集成法律服务	—

续表

序号	品牌	技术层次	法律科技产品/服务介绍	涉及中游产业链位置	运营主体	成立时间	总部所在城市	产业链下游覆盖领域；产品定位、标签	融资情况
138	无商法务	Legal Tech 3.0	以企业法律"风险防控"+"问题解决"双重保障为服务特色的企业法律服务平台	市场平台、智能分析	上海逆熵法律咨询有限公司	2020年	上海	To B；由各专业领域律师和各行业法务所组成的法律顾问机构，专注于为中小企业提供常年法律顾问/法务外包服务	—
139	教授加	Legal Tech 1.0	咨询教授、专家论证等法律服务，法官实务讲堂、大先生法塾等等法官讲堂	市场平台	教授加（北京）科技集团有限公司	2020年	北京	To C、To L；全国唯一融高校、教授、律师于一体的法律服务共同体，实现教授、首家律师、当事人有效链接的平台	—
140	优啊网络	Legal Tech 3.0	法律营销多端协同系统、案源智能分发引擎、法律资源库和法律资讯分发平台、在线法律课堂	市场平台、在线法律教育	成都优啊网络科技有限公司	2020年	四川成都	To C、To L；法律服务平台	—

续表

序号	品牌	技术层次	法律科技产品/服务介绍	涉及中游产业链位置	运营主体	成立时间	总部所在城市	产业链下游覆盖领域；产品定位、标签	融资情况
141	秀合同	Legal Tech 3.0	AI+合同管理产品、秀合同SAAS等	文档自动化	上海纪擎信息技术有限公司	2020年	上海	To B；合同管理智能中台	2次；最新：2021年10月A轮
142	从法信息	Legal Tech 3.0	会见业务、在线争议解决、远程公证业务、在线检务、法治e宝、法治区块链	文档自动化、智能分析、流程管理、在线争议解决	从法信息科技有限公司	2020年	上海	To G，To B；创新法律服务平台	—
143	千纳美	Legal Tech 2.0	提供风险监测系统、司法风险审查、司法涉诉检测、千律达系统、千纳美外呼系统、千纳美获系统、客户管理系统等	市场平台、企业合规	陕西千纳美法律科技有限公司	2020年	陕西西安	To B，To C；提供法律服务解决方案的运营商，为合作商和客户提供法律科技服务和解决方案	—

续表

序号	品牌	技术层次	法律科技产品/服务介绍	涉及中游产业链位置	运营主体	成立时间	总部所在城市	产业链下游覆盖领域；产品定位、标签	融资情况
144	诉呗	Legal Tech 1.0	在线提交、查看、监督并结案等操作企业应收账款，金融机构不良债权，民生经济纠纷等领域的咨询、解决方案与服务	市场平台	诉呗法律科技（西安）有限公司	2020年	陕西西安	To B, To C; 综合性法律服务工具	—
145	甄零科技	Legal Tech 2.0	自一诺智能合同云平台：主要提供合同模板、合同拟订、合同审批、合同签署服务	文档自动化	上海甄零科技有限公司	2021年	上海	To B; 合同管理SaaS解决方案提供商，专注于企业级合同全生命周期管理产品研发领域	3次；最新：2023年1月A+轮
146	趣法律	Legal Tech 2.0	互联网在线法律服务平台	智能分析，文档自动化	杭州趣法网络技术有限公司	2021年	浙江杭州	To B, To C; 同时服务B端和C端的互联网在线法律服务平台	—

续表

序号	品牌	技术层次	法律科技产品/服务介绍	涉及中游产业链位置	运营主体	成立时间	总部所在城市	产业链下游覆盖领域；产品定位、标签	融资情况
147	数安信	Legal Tech 2.0	法律+科技数据合规一体化解决方案提供商。（1）软件产品：日常合规管理、智能合规授权等；（2）解决方案：数据全流程智能合规	合规	数安信（北京）科技有限公司	2021年	北京	To B；法律科技服务平台	—
148	证法科技	Legal Tech 2.0	（1）产品：公证云——在线公证平台、法智达——金融案件管理系统；（2）解决方案：智能制造解决方案、金融机构在线赋强公证解决方案、SEO整体解决方案管理系统等	流程管理、电子证据	四川证法科技有限公司	2021年	四川成都	To B；在线司法服务提供商	—

续表

序号	品牌	技术层次	法律科技产品/服务介绍	涉及中游产业链位置	运营主体	成立时间	总部所在城市	产业链下游覆盖领域；产品定位、标签	融资情况
149	法伴云	Legal Tech 3.0	以"AI+数据+工具+服务"的模式，国内领先的企业AI数智化法务共享平台，旨在基于自然语言处理、数据挖掘等技术，为企业提供智能、高效、标准化的法律服务和企业风控合规产品	市场平台、智能分析、文档自动化	北京法伴科技有限公司	2022年	北京	To B；企业数智化法务共享平台	1次；最新：2023年2月天使轮
150	云法台	Legal Tech 3.0	借助互联网、大数据、AI等先进技术推出了企业法律服务平台——云法台，开创了"科技+法律"服务"线上+线下"深度结合的新模式	合规、智能分析	重庆云法台信息技术股份有限公司	2022年	重庆	To B；法务智慧新平台	1次；最新：2022年11月天使轮
151	值法猫	Legal Tech 3.0	值法猫App："一站式"智能法务平台，为用户量身定制个性化的法律解决方案，解决用户法律问题	市场平台、智能合规、智能分析	新法网（深圳）信息科技有限公司	2022年	广东深圳	To B，To C；法律服务提供商	1次；最新：2023年12月天使轮

续表

序号	品牌	技术层次	法律科技产品/服务介绍	涉及中游产业链位置	运营主体	成立时间	总部所在城市	产业链下游覆盖领域；产品定位、标签	融资情况
152	海纳千律	Legal Tech 3.0	自研法律大模型压缩六大类法律知识，自研法律向量数据库存储与管理法律行业海量数据，与自研大模型微调平台联动，提升法律行业数据基础建设与数据智能化	智能分析、合规	六边智慧（北京）科技有限公司	2023年	北京	To C、To L；海纳千律AI法律服务	—
153	微法科技	Legal Tech 2.0	提供遗嘱制作、遗嘱评估、遗嘱见证、遗嘱保管、遗嘱执行、遗产规划及争议解决等遗嘱全周期管理支持服务	文档自动化	北京微法科技有限公司	2023年	北京	To C；数字遗嘱在线服务平台	1次；最新：2023年5月天使轮
154	海瑞智法	Legal Tech 3.0	海瑞智法是一款基于大模型的律师对话协作工具，核心功能包括专业法条检索，精准案情分析和法律文书写作翻译	智能分析	宏海智法（上海）科技软件有限责任公司	2023年	上海	To L、To C；提供的私有化部署方案帮助企业安全构建全面专属的知识图谱模型	—

续表

序号	品牌	技术层次	法律科技产品/服务介绍	涉及中游产业链位置	运营主体	成立时间	总部所在城市	产业链下游覆盖领域；产品定位、标签	融资情况
155	法赢家	Legal Tech 1.0	提供劳动用工、合同/文书起草修改、股权设计方案、应收账款服务、知识产权侵权等服务	市场平台	法赢天下（深圳）法律科技有限公司	2023年	广东深圳	To B, To C；企业法律服务一线平台	—

注：附录中信息来源于各企业官网及企业相关资讯，其中"技术层次"与"所属中游产业链位置"分析逻辑基于已有公开资料，信息更新至本书出版日期前，仅供读者参考，对准确性、完整性或可靠性作尽可能的追求但不做任何保证。

资料来源：智合研究院整理。

参考文献

一、英文参考文献

[1] The Boston Consulting Group, *How Legal Technology Will Change the Business of Law*, 2016.

[2] Houlihan Lokey, *Legal Technology and Services Q3 Update*, 2022, October.

[3] Whalen, R., Defining Legal Technology and Its Implications, *International Journal of Law and Information Technology*, 2022, 30, 47-67.

[4] Association of Corporate Counsel, 2023 *Legal Technology Report for in-house Legal Professionals*, 2023, March.

[5] Tyna Eloundou1, Sam Manning, Pamela Mishkin, Daniel Rock, GPTs are GPTs: An Early Look at the Labor Market Impact Potential of Large Language Models, 2023.

二、中文参考文献

[1] 京都律师事务所：《2017年度互联网法律服务行业调研报告》。

[2] 京都律师事务所：《2018年度创新法律科技行业调研报告——"互联网＋法律"，迈向新征程》。

[3] 问策管理咨询（南京）有限公司：《2019法律科技行业白皮书》。

[4] 张妮、徐静村：《计算法学：法律与人工智能的交叉研究》，载《现代法学》2019年第6期。

［5］赵蕾、曹建峰：《法律科技：法律与科技的深度融合与相互成就》，载《大数据时代》2020年第5期。

［6］高璐、王栋：《区块链技术开启法律科技新时代》，载《中国信息安全》2020年第6期。

［7］吴懿：《法律科技与纠纷分流双重视角下电子督促程序构建》，载《延边教育学院学报》2021年第1期。

［8］和芫：《法律科技发展和法律语言研究》，载《今日科苑》2021年第4期。

［9］汪政：《法律科技剑指何方》，载《21世纪商业评论》2021年第8期。

［10］郭烁：《法院信息化建设二十二年：实践、问题与展望》，载微信公众号"上海市法学会"2021年8月17日。

［11］中国信息通信研究院：《大数据白皮书（2022年）》。

［12］中国信息通信研究院：《云计算白皮书（2022年）》。

［13］《新兴法律服务业精品指南（2022）》，载微信公众号"律新社"。

［14］网络安全等级保护与安全保卫技术国家工程研究中心：《通用人工智能AGI等级保护白皮书（2023版）》。

［15］孙婧：《生成式人工智能将引领法律科技成为风口行业》，载参考网，2023年5月15日。

［16］马群主编：《全球法律科技行业蓝皮书》，法律出版社2023年版。

［17］Haina：《Harvey：OpenAI投资的法律Copilot，最适合LLM落地的垂直行业》，载"海外独角兽官方账号"2023年8月4日。

［18］唐子晗：《法律科技中的自然语言处理（NLP）》，载微信公众号"清华大学智能法治研究院"2023年8月20日。

［19］汪政：《法律科技重构法律服务市场》，载《法治研究》2023年第11期。

［20］北京市科学技术委员会、中关村科技园区管理委员会：《北京市人工智能行业大模型创新应用白皮书（2023）》。

［21］陈国平、田禾主编：《中国法院信息化发展报告 No.7（2023）》，社会科学文献出版社 2023 年版。